영어로 문장을 만들 수 있다

어순 문법
집중

저자 **Max Lee** (이충훈)

영어 콘텐츠 개발 및 영어 교육업체 English Edition을 운영하고 있는 저자는 네이버 온라인 영어 카페 "나도 영어로 말할래"를 통해 재미없고 수동적인 영어 공부가 아닌 미드, 팝송, 영화와 함께 즐기는 능동적이고 재미있는 영어 공부를 강조하고 있다. 청소년기 때부터 뉴질랜드, 호주 등에서 유학했고, 성균관대학교 대학원에서 TESOL 석사 과정을 수료했다. 또, 공동경비구역 JSA에서 육군 통역병으로도 복무했다.

학생들에게 토익, 텝스, 수능, 공무원, 경찰영어 등 다양한 시험 영어를 가르치면서 시험 영어의 뼈대인 문법과 회화 훈련을 결합한 커리큘럼 완성을 인생의 목표로 삼고 있다. 저서로는 〈영어로 문장을 만들 수 있다〉 시리즈, 〈미드&스크린 영어회화 표현사전〉, 〈영어회화패턴 이건 기본이야〉 등이 있다.

영어로 문장을 만들 수 있다
어순 문법 집중

지은이 Max Lee (이충훈)
초판 1쇄 인쇄 2018년 10월 25일
초판 1쇄 발행 2018년 11월 8일

발행인 박효상 **총괄 이사** 이종선 **편집장** 김현 **기획 · 편집** 김효정, 김설아
디자인 이연진 **마케팅** 이태호, 이전희 **관리** 김태옥

종이 월드페이퍼
인쇄 · 제본 현문자현

출판등록 제10-1835호 **발행처** 사람in
주소 04034 서울시 마포구 양화로 11길 14-10 (서교동) 3F
전화 02) 338-3555(代) **팩스** 02) 338-3545
E-mail saramin@netsgo.com **Homepage** www.saramin.com

ISBN
978-89-6049-684-2 14740
978-89-6049-683-5 (세트)

사람이 중심이 되는 세상, 세상과 소통하는 책 **사람in**

영어로 문장을 만들 수 있다

어순 문법 집중

| Max Lee 지음 |

사람in
saram
in.com

이제는 어순 중심의 문법 시대!

영어를 잘하려면 먼저 필요한 영어 단어를 알아야 하고, 그 단어들을 적절히 조합하고 배치하여 영어 문장을 만들어 낼 수 있어야 합니다. 말로만 읽으면 쉬울 것 같은 이게 힘든 이유는 뭘까요? 일단은, 영어와 우리말이 단어가 배열되는 순서가 다르기 때문이죠. 그래서 영어 단어를 활용하여 문장을 완성하기 위해서는 영어식 어순에 맞춰서 단어를 적절히 배열할 수 있는 능력을 키워야 합니다. 이를 위해 필요한 것이 바로 어순에 포커스를 두는 문법 학습입니다.

이렇게 어순 중심의 문법을 학습해야 한다고 하면 어떤 분들은 영어를 잘하기 위해서 문법 학습은 전혀 필요가 없다고 말하기도 합니다. 음, 아주 틀린 말은 아닙니다. 하지만 여기에는 한 가지 전제 조건이 있어야 해요. 바로 완벽하게 영어에 노출되는 환경을 갖추고 있어야 한다는 거죠. 다시 말해서 문법을 학습하지 않아도 영어를 자연스럽게 익힐 수 있게 하루에 절대 다수의 시간을 영어로 듣고, 말하고, 쓰고, 읽을 수 있는 환경이 주어져야 한다는 겁니다. 그렇게 되면 자연스럽게 영어를 영어라는 언어 자체로 익힐 수 있게 되니 굳이 문법 학습이 필요 없습니다. 하지만, 현실에서 대한민국 성인 영어 학습자들이 하루에 과연 몇 시간, 아니 몇 분이나 영어라는 환경에 노출될 수 있을까요? 1시간? 30분? 아마 하루 10분도 영어에 노출되기 어려울 때가 많을 겁니다. 이런 현실적인 제약 속에서 문장이 어떻게 만들어지는가에 대한 기본적인 이해도 없이 무작정 회화 표현을 외우고 단어만 외우고 혹은 책의 절반 이상이 그림이나 그 밖의 것들로 채워진 영어책을 눈으로 읽는다고 해서 무에서 유를 창조하듯 영어 문장을 만들 수 있는 능력이 절대로 생기지 않습니다. 그렇기 때문에 초보 학습자는 최소한의 기초, 기본 문법에 대한 이해를 바탕으로 영어식 어순에 포커스를 맞추며 영어 문장을 만드는 연습이 반드시 필요합니다.

본 교재는 너무 많은 문법을 다루지 않습니다. 실제 일상 회화에서 여러분들이 말해야 하는 문장의 다수는 절대로 복잡한 문법 구조가 필요하지 않기 때문입니다. [주어＋동사＋목적어] 어순처럼 간단한 문법이면 실생활에서 필요한 문장들을 충분히 직접 만들어 말할 수 있습니다. 그렇다면 긴 문장은 도대체 뭐냐? 라고 묻는 분도 계실 거예요. 기본 어순에 여러 가지 꾸며 주는 말이 붙어서 나온 것으로 그것 역시 어순을 기본으로 하여 만들어지는 것이죠. 그러므로 이 책에서 담고 있는 기본 문법에 대한 배경 지식을 바탕으로 한글 문장이 어떤 식으로 어순이 재배열되어 영어 문장으로 바뀌는지 예문을 통해서 이해하고 또, 직접 문장을 쓰면서 만들어 보는 노력을 해주셔야 합니다. 이렇게 하나하나 영어식 어순에 대한 감각을 키워 나가면서 다양한 문장을 익히고, 대화문을 듣고 말해 보는 연습을 통해 단계적으로 영어 실력의 향상을 꾀하셔야 합니다.

영어는 언어이고 언어는 결국 얼마나 많은 시간을 직접 말하고 쓰고 듣는 학습에 투자했는가에 따라서 달라집니다. 그리고 가장 효율적인 시간 투자의 첫걸음은 반드시 회화에서 필요한 문법을 기준으로 해당 문장들을 직접 만들어 써 보고 들어보고 말해 보는 연습과 함께 시작하는 것입니다.

본 교재에서 제공하는 무료 동영상 강의를 포함한 학습 자료들을 적절히 활용하면서, 꾸준히 하루하루 정해진 분량을 학습해 나간다면, 튼튼하게 장착된 영어식 어순 감각과 함께 문법이 제대로 적용된 회화 문장을 직접 만들어 말하는 대견스러운 자신의 모습을 발견하실 수 있을 겁니다. 마지막으로 이 책이 완성되기까지 제게 많은 조언과 함께, 학습자 입장에서 필요한 내용과 정보를 담을 수 있게 끝없는 도움의 손길을 주신 김현 편집장님께 진심으로 감사의 말씀을 드립니다.

Max 올림

'아름다운'은 알지만 '아름답다'는 영어로 모르는 당신에게...

———

문제를 하나 내보겠습니다. 쉬우니까 맞춰 보세요.
영어로 '아름다운'이 뭐죠?
철자까지는 정확히 몰라도 '뷰티풀 (beautiful)' 여기까지는 아실 거예요.
그럼 '그녀는 참 아름답습니다'에서처럼 '아름답다'는 뭘까요?

———

여기서 대부분의 사람들이 멈칫합니다. 우리말이야 '예쁜'이 '예쁘다'로 바로 나오고, '친절한'이 '친절하다'로 바로 종결어미가 붙으니까 전혀 어려운 게 없는데, 영어는 그렇지가 못하거든요. 일단, **영어에는요, '아름답다' 이것에 딱 해당하는 단어가 없습니다.** '아름다운'이란 beautiful 단어에 뭔가를 붙여서 '아름답다'로 만들어야 하는 거죠. 뭘 붙일까요? 네, 우리가 be동사라고 알고 있던 걸 붙입니다. 근데, 이게 또 beautiful be가 아닌 거죠. 이렇게 놓아 두면 원어민들은 아마 바로 be를 beautiful 앞에 놓아서 be beautiful이라고 할 겁니다. 왜냐고요? 그네들 눈에는 이게 맞거든요. 그래서 '아름답다'라는 종결어미 형태(유식한 말로 동사형)가 되었습니다. 그러니까 be라는 애는 '~이다/하다'의 뜻이 있어서 '친절한, 예쁜'이란 말에 붙어 우리말의 '친절하다', '예쁘다' 같은 형태를 만든다는 거죠.

자, 여기서 하고 싶은 말은, 영어는 '~다'에 해당하는 말이 우리말처럼 문장 끝에 오지 않는다는 거예요. 우리말과 가장 큰 차이점입니다. 그래서 우리말은 끝까지 들어봐야 알 수 있다고 하잖아요. **영어는 동사까지만 들으면 대충 무슨 내용일지 파악할 수 있습니다.** 이렇게 동사의 위치가 다르다는 것을 확실하게 이해하면 그 멀고 험하다는 문법의 절반은 한 거라고 감히 말씀드릴 수 있습니다. 나머지는 일반 상식에 기초한 것으로 막 두뇌를 완전히 바꿔 가면서 공부할 건 없어요. 그런 게 있다 해도 고매하신 문법학자들이 하실 일이지, 일상 영어 문장을 만들어 쓰려는 우리에게는 해당 사항이 없습니다.

믿어지지가 않는다고요? 예를 하나 들어 드릴게요. 예전에 학교 다니면서 **1형식, 4형식, 5형식 이런 말** 많이 들으셨죠? 그게 문장 만드는 것에 하등 도움이 되나요? **그런 용어 따위는 몰라도 됩니다.** 상식적으로 생각해 보죠. **give라는 동사**가 있습니다. '주다'라는 뜻이에요. 음, 동사가 뭔지 잘 모르겠다고요? 동사는요, 일단 기본 어미가 '~(하/이)다'로 끝나는 녀석입니다. 어떤 행위나 상태를 나타내는 말을 총칭합니다. '뛰다, 먹다, 마시다, 공부하다' 이런 애들은 행동을 나타내는 동사라고 하고요, '사랑하다, 알다, 증오하다'처럼 행동이 보이지 않고 어떤 추상적인 상태를 나타내는 걸 상태 동사라고 합니다. 이런 행동을 취하거나 상태에 처하게 되는 주체를 주어라고 하지요. 영어 공부할 때 기본 중의 기본이니까 꼭 알아두세요. 다시 give로 돌아와서, 주는 행위를 하는 사람, 주어가 있어야겠죠? 내가 주는 거라고 하면 I give (나는 준다)가 됩니다. 이 문장이 완전한 문장일까요? 밑도끝도없이 이렇게 말하면 '누구한테 뭘 주는데?'라고 물어볼 겁니다. 그래서 제인에게 연필 한 자루를 준다고 하면 I give Jane (제인에게) a pencil (연필 한 자루).이라고 하면 돼요. 이게 기본 문법에서 말하는 4형식이지만 그런 말 필요 없이 동사 기본 뜻으로 '**주는 사람과 받는 사람, 그리고 주는 대상물이 있어야겠구나**' 이 생각이 들면 됩니다. 그리고 이런 요소들을 영어에서는 어떻게 배열하는지 알면 되겠구나 생각하면 문법은 여러분께 훨씬 쉽게 다가갈 겁니다.

정말, 모든 문법을 관통하는 기본을 말씀드렸습니다. 이 기본을 제대로 알면 뜻도 모르는 용어를 외울 필요가 없습니다. 새로운 내용을 배울 때도 거부감이 없습니다. 왜냐, 이 기본을 바탕으로 뻗어 가는 것이기 때문에 고개를 끄덕이면서 이해가 될 겁니다.

아마, 눈치 있는 분들은 알아채셨을지도 모르지만, **영어 문장을 좌지우지 하는 건 뭐다?** 네, 바로 동사입니다. 개별 동사의 뜻과 특징을 제대로 파악하고, 영어에서 동사는 주어 뒤에 착 붙어 오는 경우가 '대부분'이라는 것만 알면 이제 내 인생 마지막으로 문법 공부 한번 해보겠다고 마음먹은 여러분께 정말 도움이 될 겁니다. (이 대부분이라는 말에 좌절을 많이 하시는데요, 세상에 예외 없는 법칙이 어디 있습니까? 헌법도 뜯어고치고 하는데. 문법의 묘미는 이 예외랍니다^^ 하지만, 충분히 받아들일 수 있을 정도의 예외이니 너무 걱정 안 하셔도 됩니다.)

자, 이제 슬슬 시작해 볼까요?

차례

01 Be동사가 들어간 기본 문장
Be동사를 모르고 영어를 잘할 순 없어요.

02 다양한 영어 문장
무수히 많은 영어 문장도 알고 보면 크게 다섯 가지예요.

03 명령하고 제안하고 물어보기
늘 평서문만 말하고 살 수는 없어요!

다른 책에는 없는
〈영어로 문장을 만들 수 있다 어순 문법 집중〉 만의 특징

어려운 용어가 없습니다.
문법을 공부하는데 왜 어려운 용어가 필요하죠? 딱, 필요한 것만 알면 되는데요. 그래도 꼭 알아야 하는 것들은 왜 그런 말이 붙었는지 조근조근 설명하면서 이해시킵니다. 이해가 되어야 외우고, 외워야 문장을 만들어 쓸 수 있으니까요.

쓰잘데기 없는 내용은 안 알려줍니다.
쓰잘데기 있다 없다의 기준은 바로 말할 때 필요하냐 아니냐입니다. 그래서 글에서만 쓰이는 분사구문(아, 용어도 어렵죠?) 같은 건 과감히 뺐습니다. 그러니 왜 그런 게 없냐고 따지지 마세요. 회화에서 말할 때 잘 안 쓰니까 안 알려드리는 겁니다.

예문이 너무나도 현실적입니다.
기껏 문법 개념 익혀 놨더니 들어주는 예문이 어디 가서 써 먹지도 못할 거라면 맥빠지죠? 우리 책은 그런 거 없습니다. 일단 미드나 영화에서 활용될 정도로 실용적인 예문들을 들어주거든요. 그렇다고 문장이 어렵냐, 그것도 아닙니다. 어렵지 않으면서도 현실적인 문장, 그 어려운 것을 〈영어로 문장을 만들 수 있다 어순 문법 집중〉은 해냅니다.

저자의 동영상 강의가 일품입니다.
강의하시는 선생님의 외모에 신경 쓰느라 혹시라도 집중하지 못할까 봐(?) 저자분은 자신을 철저히 숨긴 채 오로지 강의로만 승부합니다. 책 자체로도 이해가 가지만, 오랜 집필과 강의 경험이 녹아든 동영상 강의를 보고 있자면 예전에 그렇게나 힘들었던 문법이 쏙쏙 이해가 됩니다.

어순 전환 배치 과정을 문장마다 보여줍니다.
우리말과 영어의 어순이 다르다는 건 알지만 진짜 영어를 잘하는 사람 빼고 머릿속에 떠오른 우리말 문장을 영어로 바로 바꾸기는 쉽지 않습니다. 그렇게 바로 바꿀 수 있으려면 훈련을 해야 하잖아요. 그런데 이게 말처럼 쉽지 않고 내가 하는 게 맞는지 물어볼 사람도 없습니다. 그런데 〈영어로 문장을 만들 수 있다 어순 문법 집중〉에서는 들어준 예문마다 어떤 식으로 전환해서 영어 문장이 되는지를 보여주기 때문에 그걸 보다 보면 어순 배치가 시간이 가면서 잘 될 수밖에 없습니다. 자꾸 보다 보면 감이라는 게 생기거든요. 그 감이 생길 때까지 계속하는 게 필요합니다.

이렇게 하면 영어 실력 향상 100% 보장!

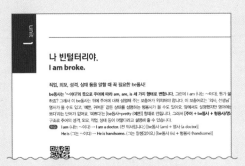

유닛 설명

각 유닛에 들어가면 기본 설명이 나옵니다. 이 부분에 모든 게 달려 있어요. 절대 그냥 지나치지 말고 꼼꼼히, 이해가 갈 때까지 읽으세요. 이 부분만 이해하면 다른 건 어려울 게 없어요.

문법 감잡기

왼쪽 한글 문장을 영어로 만들어 보면서 어순 문법에 관한 감을 잡아 봅시다. 한국어 문장을 바로 영어로 하는 게 어려울 거예요. 하지만 걱정하지 마세요. 어떤 식으로 어순을 재배치해야 하는지 자세히 나와 있으니까 보면 바로 감이 탁 올 거예요. QR코드를 찍어서 원어민들의 발음을 들어보는 건 필수죠!

궁금해요

한국어 문장을 읽고 영어 문장으로 만드는 걸 해봤는데 그래도 궁금한 사항이 있을 거예요. 초급 수준에서 궁금해 할 만한 것들을 콕 찍어서 자세하게 설명했습니다.

Max쌤의 강의

QR 코드를 찍어 보세요. 선생님이 아주 이해가 쏙쏙 가게 설명해 놨습니다. 옆의 대화 문장은, 보기에는 쉬워 보이지만, 요게 아주 일상 회화에서 응용하기 좋은 것들이라서 반드시 달달 외워두시기를 강추합니다. 해당 유닛의 어순 문법에서 핵심이 되는 내용이 다 담겨 있거든요.

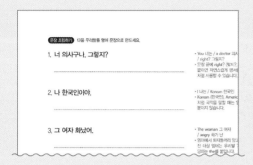

문장 조립하기

이제, 설명도 읽었고, 선생님 강의도 들었으니까 한국어 문장을 여러분이 직접 영어로 만들어 보세요. 어렵지 않습니다. 오른쪽에 힌트 단어랑 설명이랑 다 수록했으니까 조금만 머리 굴리면 다 할 수 있어요. 여기에 나온 문장에서 단어만 바꿔 말하면 얼마든지 멋지게 말할 수 있습니다.

회화로 연결하기

백문이불여일견이라고 하죠? 백 번 듣는 것보다 한 번 보는 게 낫다고요. 영어에서는 백견이불여일화라고 바꾸어야 합니다. 앞의 페이지에서 열심히 만들었던 영어 문장, 그냥 만들기만 하고 안 쓰면 소용 없습니다. 어떤 상황에서 어떤 뉘앙스로 쓰이는지 말할 수 있어야 진정한 영어 문장 만들기가 완성됐다고 할 수 있는 거죠. 그래서 너무 부담스럽지 않게 배운 문장을 활용할 수 있는 회화를 넣었습니다.

＊ 회화 표현을 보면 빨간색 별＊ 표시가 있습니다. 문법이라는 게 사실 이 책 한 권으로 다 설명될 수 있는 게 아니잖아요. 그래서 이 책에서 담지 못했지만 회화 문장을 만드는 데 꼭 필요한 내용은 요렇게 하나씩 콕 찍어 설명을 해주었습니다. 이 설명 부분만 모아도 웬만한 책이 나올 분량은 되거든요. 최대한 쉽게 설명했으니까 꼭 자기 것으로 만들어 주세요.

이제 제대로 한판 공부해 볼 준비가 되셨나요? 그럼, 출발해 볼까요?

01

Be동사가 들어간 기본 문장

Be동사를 모르고 영어를 잘할 순 없어요.

Be동사는 '〜이다/〜입니다'의 뜻이 있어요. '의사+입니다, 선생님+입니다'처럼 말이죠. 물론, 영어는 '입니다+의사, 입니다+선생님'의 순서로 쓰이기에 우리말과는 큰 차이가 있지요. pretty는 '예쁜'입니다. 그럼 영어로 '예쁘다'는 뭘까요? 사실 영어에는 우리말과 달리 '예쁘다'를 나타내는 한 단어가 없습니다. be동사를 써서 그런 단어를 만들어 줄 수 있을 뿐이지요. 그러니까, be동사는 '예쁜'을 '예쁘다'의 종결형으로 만들어 주는 녀석이기도 합니다. 그래서 pretty는 '예쁜', [be동사+pretty]는 '예쁘다', kind는 '친절한', [be동사+kind]는 '친절하다'가 되는 것이죠.

그럼, 누가 예쁘고 친절한지 그 주체를 나타내줘야 문장이 완성되겠죠? 그런 주체는 be동사 앞에 써 주면 됩니다. 그래서 '내가 예쁘다'는 [be동사+pretty] 앞에 I (나는, 내가)를 써 주면 되고요, '제인이 친절하다'는 [be동사+kind] 앞에 Jane을 써 주면 됩니다.

세상에 많고 많은 Be동사가 들어간 문장도 결국 분석해 보면 여기에서 크게 벗어나지 않습니다. 자, 문장 만들기와 회화로 이어지는 문법의 첫 시간, Be동사가 들어간 기본 문장 만들기부터 시작해 볼까요?

나 빈털터리야.
I am broke.

직업, 외모, 성격, 상태 등을 말할 때 꼭 필요한 be동사!

be동사는 '~이다'의 뜻으로 주어에 따라 **am, are, is** 세 가지 형태로 변합니다. 그런데 I am (나는 ~이다), 뭔가 불완전하죠? 그래서 이 be동사는 뒤에 주어에 대해 설명해 주는 보충어가 위치해야 합니다. 이 보충어로는 '의사, 선생님' 같은 명사가 올 수도 있고, '예쁜, 귀여운' 같은 상태를 설명하는 형용사가 올 수도 있어요. 앞에서도 설명했지만 영어에는 '예쁘다'라는 단어가 없어요. '예쁘다'는 [be동사+pretty (예쁜)] 형태로 만듭니다. 그래서 [**주어 + be동사 + 형용사/명사**]의 구조로 주어의 성격, 외모, 직업, 상태 등이 어떻다라고 설명해 줄 수 있습니다.

e.g. I am (나는 ~이다) → I am a doctor. (전 의사입니다.) [be동사 (am) + 명사 (a doctor)]
　　　 He is (그는 ~이다) → He is handsome. (그는 잘생겼어요.) [be동사 (is) + 형용사 (handsome)]

▶ 001-2

문법 감 잡기　다음 우리말이 영어로 어떻게 바뀌는지 확인해 보세요.

나 빈털터리야.
나는 I / ~이다 am / 빈털터리인 broke

I am broke.
[= I'm broke.] *I am은 I'm으로 축약해 말해요.

너 게으르구나.
너는 You / ~이다 are / 게으른 lazy

You are lazy.
[= You're lazy.] *You are은 You're로 축약해 말해요.

걔 귀여워.
그는 He / ~이다 is / 귀여운 cute

He is cute.
[= He's cute.] *He is는 He's로 축약해 말해요.

그 남자 사기꾼이야.
그 남자는 The man / ~이다 is / 사기꾼 a con artist

The man is a con artist.
미드: Constantine

날씨가 완벽해.
날씨가 The weather / ~이다 is / 완벽한 perfect

The weather is perfect.
미드: Elementary

궁금해요　언제 am, are, is 중 하나를 써야 해요?

단수		축약형	복수		축약형
I 나는	am	I'm	We 우리는		We're
You 너는	are	You're	You 너희들은		You're
He 그는		He's			
She 그녀는		She's	They 그들은, 그것들은	are	They're
It 그것은	is	It's			
This 이것은		This is	These 이것들은		These are
That 저것은		That's	Those 저것들은		Those are

주어가 대명사 I, You, We, They 등일 때는 아래 표처럼 be동사를 선택해 씁니다. 그 외의 명사일 경우 혼자일 때는 is가, 둘 이상(복수)일 때는 are를 쓰지요. [주어(대명사)+be동사]는 축약형으로 쓰이기도 합니다. 하지만 This is, These are, Those are는 축약해서 쓰지 못합니다.

내가 누구인지 말할 때

A Hi, **I'm Jack.** Nice to meet you.
B **I'm Amy.** Nice to meet you, too.
A So how are you today?
B **I'm great. The weather is awesome.**

A: 안녕, 난 잭이야. 만나서 반가워. B: 난 에이미야. 나도 만나서 반가워.
A: 그래, 오늘 기분은 어때? B: 아주 좋아. 날씨가 끝내주네.

문장 조립하기 다음 우리말을 영어 문장으로 만드세요.

1. 너 의사구나, 그렇지?

....

- You 너는 / a doctor 의사 / right? 그렇지?
- 문장 끝에 right? (맞지?, 그렇지?)를 붙이면 자연스럽게 평서문을 의문문처럼 사용할 수 있습니다.

2. 나 한국인이야.

....

- I 나는 / Korean 한국인
- Korean (한국인), American (미국인)처럼 국적을 말할 때는 앞에 a/an을 붙이지 않습니다.

3. 그 여자 화났어.

....

- The woman 그 여자 / angry 화가 난
- 영어에서 화자들끼리 알고 있는 정해진 대상 앞에는 우리말 '그 ~'에 해당하는 the를 붙입니다.

4. 톰과 제인은 친구야.

....

- Tom and Jane 톰과 제인 / friends 친구
- and는 '~과/~와'란 뜻으로 단어와 단어를 연결시켜 줍니다. 이럴 때 주어는 거의 대부분 복수 취급합니다.

5. 이 아파트 비싸.

....

- This apartment 이 아파트 / expensive 비싼
- This는 '이것'의 뜻도 있지만 명사 앞에 쓰여 '이 ~'라는 뜻을 전할 수 있습니다. **e.g.** this car (이 차)

1. A **You are a doctor, right?**
   B No. I am *a nurse.

   너 의사구나, 그렇지?
   아니. 나 간호사야.

> be동사 뒤에 보충해 주는 말로 명사가 오면 주어의 직업이나 신분, 정체를 설명하는 문장이 됩니다. 이 중 직업을 말하게 될 때, 직업은 셀 수 있는 명사라서 막연한 여러 개 중 '하나'란 의미의 관사 a 또는 an을 붙여야 합니다. 명사의 첫 발음이 자음일 경우 a가 붙고, 모음일 경우 an이 붙습니다. **e.g.** a doctor (의사) an accountant (회계사)

2. A You are *from Japan, right?
   B No. **I am Korean.**

   너 일본에서 왔구나, 그렇지?
   아냐. 나 한국인이야.

> from은 '~로부터, ~ 출신인'의 뜻이에요. 우리말은 '일본 출신인'처럼 '출신인'이 뒤에 오지만 영어는 from Japan처럼 앞에 옵니다. 이렇게 명사 앞에 놓인다고 해서 전치사라고 하지요. 이 전치사는 절대 혼자 못 쓰이고 반드시 뒤에 명사가 와서 [전치사+명사] 덩어리로 사용됩니다. 이 [from+지명]이 be동사 뒤에 놓이면 주어의 출신지를 말해 줄 수 있습니다. **e.g.** I am from Korea. 전 한국 출신이에요.

3. A **The woman is angry.**
   B I don't *think so. *Look! She is happy.

   그 여자 화났어.
   난 그렇게 생각 안 하는데. 봐 봐! 행복해하잖아.

> 영어에서 be동사 외의 동사들은 일반동사라고 합니다. 위 문장의 think (생각하다), look (보다) 역시 모두 일반동사지요.

4.　A　**Tom and Jane are *friends.**

　　B　Not anymore. They are husband and wife now.

톰과 제인은 친구야.

더 이상은 아니지. 걔들 이제는 부부잖아.

[= 걔들 결혼했어.]

셀 수 있는 명사가 두 개 이상일 때는 복수형이 되고요, 이때는 명사 반드시 뒤에 +(e)s를 붙여 주어야 합니다.
e.g. a box (상자) – box<u>es</u> (상자들)　a car (자동차) – car<u>s</u> (자동차들)

5.　A　**This apartment is expensive.**
　　　It is *really expensive.

　　B　Yeah, it's absurd. Look. It's very small.

이 아파트 비싸. 정말로 비싸.

그래, 터무니가 없어. 봐 봐. 굉장히 작잖아.

really (정말), very (매우, 굉장히) 등의 단어들을 부사라고 해요. 다른 말(동사나 형용사) 앞에 놓여 그 뜻을 분명하게 해 주는 말이지요. 앞의 부사들은 형용사 앞에 위치해 형용사의 의미 정도를 강조해 줍니다.
e.g. handsome　(잘생긴) – very handsome (매우 잘생긴)
　　　 absurd (터무니없는) – really absurd (정말 터무니없는)

[주어 + be동사 + 형용사/명사] 구조를 활용해 자신의 이야기를 말해 보세요.

넌 혼자가 아니야.
You're not alone.

'~ 아니다'의 be동사 부정형은 be동사 뒤에 not만 붙이면 끝!

성격, 외모, 직업, 상태 등이 '~ 아니다'라고 부정하고 싶을 때는 **be동사 뒤에 not을 붙이면 됩니다.** am not/are not/is not처럼 말이죠. 이 녀석들은 다음과 같이 축약해 쓸 수 있습니다.

I am not	You are not	They are not	He is not	This is not	That is not
I'm not (am과 not은 축약형 없음)	You're not You aren't	They're not They aren't	He's not He isn't	This isn't (This is는 축약형 없음)	That's not That isn't

 ▶ 004-5

문법 감 잡기 다음 우리말이 영어로 어떻게 바뀌는지 확인해 보세요.

넌 혼자가 아니야.
너는 You / 아니다 are not / 혼자인 alone

You are not alone.
[= You're not alone. / You aren't alone.]

그녀는 못생기지 않았어.
그녀는 She / 아니다 is not / 못생긴 ugly

She is not ugly.
[= She's not ugly. / She isn't ugly.]

이거 내 거 아니야.
이것은 This / 아니다 is not / 내 것이 mine

This is not mine.

내 남편은 살인자가 아니야.
내 남편은 My husband / 아니다 isn't
/ 살인자가 a murderer

My husband isn't a murderer.
미드: Dickensian

이것들이 쉬운 질문들은 아니지.
이것들은 These / 아니다 are not
/ 쉬운 질문들이 easy questions

These are not easy questions.
미드: Dexter

궁금해요 '내 것 (mine)'처럼 '~의 것'이란 표현은 영어로 어떻게 말해요?

'내 것, 네 것, 우리 것'처럼 소유를 나타내는 대명사를 소유대명사라고 합니다. 영어의 소유대명사 종류는 아래 표와 같습니다.

내 것	네 것 / 너희들 것	그의 것	그녀의 것	우리의 것	그들의 것
mine	yours	his	hers	ours	theirs

*it은 소유대명사 형태가 없습니다.

Tom, Jane과 같은 단어를 '톰의 것', '제인의 것'으로 만들려면 단어 뒤에 's를 붙이면 됩니다.
e.g. Tom's (톰의 것) Jane's (제인의 것)

내 것이 아니라고 부정할 때

A **This cell phone is not mine.** It's yours, right?
B That's right. These books are yours, right?
A No, **they're not mine.** They're Tom's.
B Tom's? Are you sure? Because Tom never reads.

A: 이 휴대폰 내 거 아닌데. 네 거지, 그렇지? B: 맞아. 이 책들은 네 거지, 맞지?
A: 아니, 그것들 내 거 아니야. 그것들 톰 거야. B: 톰 거라고? 확실해? 왜냐하면 톰은 절대 책 안 읽거든.

문장 조립하기 다음 우리말을 영어 문장으로 만드세요.

1. 오늘 금요일 아닌데.

....

• Today 오늘 / Friday 금요일

2. 그들은 미국인 아니야.

....

• They 그들은 / Americans 미국인들
• America는 '미국', American은 '미국의, 미국인(한 사람)'의 뜻이에요. 그래서 '미국인들'은 복수형이니까 뒤에 -s를 붙인 Americans라고 써야 합니다.

3. 나 목 안 말라.

....

• I 나는 / thirsty 목마른

4. (날씨가) 오늘 안 따뜻하네.

....

• warm 따뜻한 / today 오늘
• 날씨 관련 문장을 말할 때 원어민들은 주어 자리에 It을 쓰고 뒤에 [be동사+형용사] 형태를 써요. 이때 it은 '그것'이라고 해석하지 않습니다.

5. 메시는 야구선수 아니야.

....

• Messi 메시 / a baseball player 야구선수
• '야구 (baseball)+선수 (player) = baseball player 야구선수'처럼 명사 두 개가 붙어 하나의 의미를 완성하는 걸 '복합명사'라고 합니다.
e.g. English book (영어 책)
computer keyboard (컴퓨터 키보드)

1. A **Today isn't Friday.** *It's Saturday.
   B What? That's impossible!

   오늘은 금요일 아니야. 토요일이야.
   뭐라고? 그럴 리가 없는데!

영어에서는 요일, 시간 등을 말할 때 주어 자리에 It을 쓰는 경우가 많아요. 요일, 시간 외에 계절, 날씨 등을 말할 때도 주어 자리에 It을 씁니다. 이때는 '그것'이라고 해석하지 않아요.
e.g. It is spring. (봄이에요.–계절) It is windy. (바람이 부네요.–날씨)

2. A *Your friends are Americans, right?
   B No. **They are not Americans.** They're from Canada.

   네 친구들 미국인이지, 그렇지?

   아니. 걔네 미국인 아니야.
   걔네 캐나다에서 왔어.

이번에는 단어 앞에 놓여 그 단어의 소유 관계를 나타내는 말을 정리합니다.

나의, 내 my	너의 / 너희의 your	그의 his	그녀의 her	그것의 its	우리의 our	걔네들의 their
my book 내 책	your book 네 책	his desk 그의 책상	her mother 그녀의 엄마	its impact 그것의 영향	our parents 우리 부모님	their friend 그들의 친구

이외에 Tom, my teacher 같은 단어는 뒤에 's를 붙이면 됩니다.
e.g. Tom's car (톰의 차) my teacher's advice (우리 선생님의 조언)

3. A Do you want some water?
   B No, thanks. **I'm not thirsty.** *Actually, I'm hungry.

   너 물 좀 줄까?
   아니, 됐어. 괜찮아. 나 목 안 말라. 사실, 나 배
   고파.

actually는 '사실은, 실은'의 뜻입니다. 이 actually는 하고 싶은 말 앞에 붙여 그게 아니라 사실은 이거다란 식으로 정보를 정정할 때 즐겨 사용하지요.
e.g. Actually, my name is not James. (사실, 내 이름은 제임스가 아니야.)

4. A **It isn't warm today.** Actually, it's a little cold.

   B Yeah. Let's *put on some more clothes.

(날씨가) 오늘 안 따뜻하네. 사실, 약간 춥다.

그러게. 옷 좀 더 입자.

영어에는 옷을 '입다'의 뜻으로 wear와 put on 두 가지 표현이 있어요. 차이가 있는데요, wear는 I wear skirts. (난 치마를 입어.)처럼 평소에 어떤 옷을 입고 다닌다는 뜻입니다. 반면, put on은 Put on a jacket. (재킷을 입어.)처럼 손발을 넣어 옷을 입는 동작을 뜻합니다.

5. A Messi is a *great baseball player.

   B Are you dumb? **Messi is not a baseball player.** He's a great soccer player.

메시는 대단한 야구선수야.
너 바보냐? 메시는 야구선수 아니야.
위대한 축구선수라고.

great (대단한), good (좋은), bad (나쁜) 같은 형용사는 be동사와 함께 be great (위대하다), be good (좋다), be bad (나쁘다)처럼 쓰이기도 하고요, good book (좋은 책), great baseball player (대단한 야구선수)처럼 단어 앞에 놓여 뒤의 단어를 수식하기도 합니다.

[주어 + be동사 + not ~]으로 자신의 이야기를 만들어 말해 보세요.

나 뚱뚱해?
Am I fat?

be동사 의문문은 [Be동사+주어 ~?] 형태로!

be동사가 들어간 문장을 물어보는 의문문으로 만들 때
는 각 **주어 앞에 Am, Are, Is를 놓아서 말하면 끝**입니다.
I am handsome. → Am I handsome? (나 잘생겼어?),
You are a teacher. → Are you a teacher? (네가 선생님
이라고?)처럼 말이죠. 이렇게 물어볼 때 옆의 표처럼 단답
형으로 말할 수 있습니다. 참고로, this와 that은 단답형 대
답에서 주어로 쓰이지 않습니다.

긍정 대답			부정 대답		
	I	am.		I	'm not.
Yes,	we/you/they	are.	No,	we/you/they	're not. aren't.
	he/she/it	is.		he/she/it	's not. isn't.

▶ 007-8

문법 감 잡기   다음 우리말이 영어로 어떻게 바뀌는지 확인해 보세요.

나 뚱뚱해?
~이니? Am / 나는 I / 뚱뚱한 fat

Am I fat?

이거 네 차야?
~이니? Is / 이것이 this / 네 차 your car

Is this your car?

그게 네 전화번호야?
~이니? Is / 그것이 it
/ 네 전화번호 your phone number

Is it your phone number?

너희 부모님 엄격하시니?
~이니? Are / 너희 부모님은 your parents
/ 엄격한 strict

Are your parents strict?

이것들이 네 사진이니?
~이니? Are / 이것들이 these
/ 네 사진들 your photos

Are these your photos?

미드: Law and Order

궁금해요   '내 것 (mine)'처럼 '~의 것'이란 표현은 영어로 어떻게 말해요?

한국어 문장만 보고 영어로 바꿀 때 be동사를 써야 하는지 결정하기 힘들 때가 많아요. 이건 어떤 규칙이
있다기보다는 우리말 문장이 영어로 바뀌는 과정, 그 반대의 과정을 많이 접하다 보면 감이 생겨서 알게 됩니다.
이 책에 나와 있는 문장만이라도 100% 자기 것으로 만들면 큰 도움이 될 거예요.

몰라서 물어볼 때

A Kevin, **are you a chef?**

B Yes, I am. You're a public servant, right?

A No, I'm not. I'm an engineer. What is your favorite food?

B My favorite food is pizza. What is yours?

A: 케빈, 너 요리사야? B: 응, 맞아. 넌 공무원이지, 그렇지?
A: 아니. 나 엔지니어야. 네가 가장 좋아하는 음식은 뭐야? B: 내가 가장 좋아하는 음식은 피자야. 너는 뭐야?

문장 조립하기) 다음 우리말을 영어 문장으로 만드세요.

1. 네가 존이니?

• you 너는 / John 존

....

2. 톰 결혼했니 아님 싱글이니?

• married 결혼한 / single 싱글인
• or는 A or B의 형태로, 앞 단어와 뒤의 단어를 연결하면서 'A 혹은/아님 B'의 의미 덩어리를 만듭니다

....

3. 샘이 호주 출신이니?

• from ~로부터, ~ 출신인 / Australia 호주

....

4. 네 이름이 Jay야?

• your name 너의 이름 / Jay 제이

....

5. 너 27살이야?

• you 너는 / ~ years old ~ 살
• 나이는 be동사 뒤에 숫자만 쓰기도 하고요, [숫자+years old] 형태로 쓰기도 합니다.

....

1. A **Are you John?**
    B No, I'm not. I'm Kevin. *That is John.

네가 존이니?

아니, 난 케빈이야. 쟤가 존이야.

> This와 That이 사람을 지칭하게 되면 각각 '이 분, 이 사람', '저 분, 저 사람'의 뜻이 됩니다. 전화에서 상대방에게 자신을 밝힐 때도 This를 주어로 써서 Hello. This is Jay. (여보세요. 저 제이예요.)라고 말하지요.

2. A **Is Tom married or single?**
    B He is not married, *but he has a girlfriend.

톰 결혼했니 아님 싱글이니?

걔 결혼 안 했는데, 여자친구는 있어.

> but은 '하지만, 그러나'의 뜻으로 내용상 서로 대조되는 앞 문장과 뒤 문장을 서로 이어 주는 역할을 합니다. 이렇게 문장과 문장을 이어 주는 말로 and (그리고)와 so (그래서)도 있지요. 이 and는 단어와 단어를 이어 주기도 합니다.
> **e.g.** I am American, so I speak English. (난 미국인이야. 그러니까 내가 영어를 하는 거지.)

3. A Where is Sam from? *Is Sam from Australia?
    B No, he isn't. He's from South Africa.

샘이 어디 출신이지? 샘 호주 출신인가?

아니. 걔 남아공 출신이야.

> 상대방의 국적, 출신지를 물을 때 가장 빈번하게 쓰는 문장이 바로 Where are you from?입니다. '너 어디서 왔어?, 너 어디 출신이야?'의 뜻을 전달하지요. 이 나라 출신이겠거니 확신을 가질 때는 나라 이름을 써서 Are you from America? (너 미국에서 왔니?)라고 물을 수 있습니다.

4. A **Is your name Jay?**

네 이름이 제이야?

B **My name is Alicia. My *surname is Brown.**

내 이름은 앨리시아야. 성은 브라운이고.

영어는 우리와 달리 [이름+성]의 순서로 옵니다. '이름'은 first name이라고 하고요, '성'은 last name 혹은 surname이라고 합니다.

5. A **Are you twenty-seven years old?**

네가 27살이라고?

B **No, I am *thirty-seven. My wife is twenty-seven.**

아니, 난 37살이고. 내 아내가 27살이야.

나이를 말할 때는 one (1), two (2), three (3)...처럼 우리가 기수라고 하는 숫자를 써서 표현합니다. 회화에서는 〈주어+be동사+숫자〉로 간단하게 나이 표현을 하지요.

[Be동사 + 주어 ~?]의 틀로 상대방이나 다른 사람에 대해 궁금한 것을 물어보세요.

쟤 귀엽지 않아?
Isn't she cute?

내 생각을 밑바탕에 깔고 물어볼 때는 [Isn't/Aren't+주어 ~?] 형태로!

'쟤 귀여워?'와 '쟤 귀엽지 않냐?'에서 두 번째 질문은 상대방에게 자신의 의견을 다소 강요하는 듯한 느낌을 줍니다. 첫 번째 질문이 자신의 의견을 드러내지 않고 객관적으로 상대방의 의견을 묻는 것인 반면에 말이죠. 이렇게 **[Isn't/Aren't+ 주어 ~?]**로 '~이지 않아?'라는, 내 의견을 밑바탕에 깐 질문을 던질 수 있습니다.

e.g. Is she cute? (쟤 귀여워? : 귀여운지 안 귀여운지에 관한 정보를 물음)

Isn't she cute? (쟤 귀엽지 않냐? : 이미 나는 쟤가 귀엽다고 생각하고 상대에게 의견을 물음)

▶ 010-11

문법 감 잡기 다음 우리말이 영어로 어떻게 바뀌는지 확인해 보세요.

쟤 귀엽지 않아?
그녀는 ~이지 않아? Isn't she / 귀여운 cute

Isn't she cute?

너 뉴욕 출신이지 않아?
너는 ~이지 않아? Aren't you
/ 뉴욕 출신인 from New York

Aren't you from New York?

걔들 네 친구 아냐?
그들은 ~이지 않아? Aren't they
/ 네 친구들 your friends

Aren't they your friends?

여기 안이 덥지 않냐?
(날씨가) ~이지 않아? Isn't it / 더운 hot
/ 여기 안이 in here

Isn't it hot in here?
미드: Law and Order

이 헬스장 끝내주지 않아?
이 헬스장 ~이지 않아? Isn't this gym
/ 끝내주는 awesome

Isn't this gym awesome?
미드: Difficult People

궁금해요 1 그럼, '나 예쁘지 않아?'는 Am not I pretty?로 하면 돼요?

안타깝게도 am not의 축약형은 없어요. 그래서 주어가 I일 때는 am not 대신 are not의 축약형인 aren't를 써서 문장을 만듭니다. 그래서 '나 잘생겼어?'는 Am I handsome?이지만 '나 잘생기지 않았냐?'는 Aren't I handsome?이라고 하면 되지요.

궁금해요 2 '~이지 않아?' 이런 질문에 답변은 어떻게 해요?

우리말은 좀 특이해요. '배 안 고파?'라고 물으면 '응, 안 고파.' 또는 '아니, 배고파.' 이렇게 앞뒤가 안 맞게 대답합니다. 영어는요, 이렇게 '배 안 고파?'라고 물어봤어도 '배고프다'처럼 대답이 긍정이면 Yes로, '배 안 고프다'처럼 부정이면 No 로 말하면 됩니다. 고민하지 말고 전체 대답이 긍정이냐, 부정이냐만 생각하세요.

내 생각을 깔고 물어볼 때

A Excuse me, **aren't you Tom?**

B Yes, I am. Do I know you?

A I'm Susan Miller. We went to the same high school.

B Oh, my god. Susan! Long time no see.

A: 실례지만, 너 톰 아니니? B: 맞는데. 저 아세요?
A: 나 수잔 밀러야. 우리 같은 고등학교 다녔잖아. B: 헐, 세상에. 수잔이구나! 진짜 오랜만이다.

문장 조립하기 다음 우리말을 영어 문장으로 만드세요.

1. 나 섹시하지 않아?

....

• I 나는 / sexy 섹시한
• 주어가 I일 때 부정의문문은 Am not 이 아니라 Aren't를 씁니다

2. 오늘 수요일 아닌가?

....

• Wednesday 수요일 / today 오늘
• 시간, 날씨, 요일 문장을 말할 때, 주어 자리에 It을 씁니다. 그때는 '그것'이라고 해석하지 않지요.

3. 이 옷들 비싸지 않아?

....

• these clothes 옷 / expensive 비싼
• this와 these는 둘 다 '이 ~'의 뜻이에요. 단, this는 단수 명사, these는 복수 명사 앞에 씁니다.
e.g. this book (이 책 : 책이 한 권 있는 것) – these books (이 책들 : 책이 두 권 이상 있는 것)

4. 저 카메라 네 거 아냐?

....

• that camera 저 카메라 / yours 네 것
• 앞서 배웠던 소유대명사를 기억해 봅시다. **e.g.** mine (내 것) his (그의 것) yours (네 것)

5. 이 영어 책 굉장히 도움되지 않니?

....

• this English book 이 영어 책 / very helpful 굉장히 도움되는
• very는 '매우, 굉장히'란 뜻의 단어로 상태를 나타내는 형용사 앞에 놓여 그 뜻을 강조해 줍니다.

회화로 연결하기

앞서 배운 문장을 대화문에서 확인해 보세요.

▶ 012

1. A **Aren't I sexy?**
   B You're *not sexy at all.
   You're just cute.

나 섹시하지 않아?
너 전혀 안 섹시해. (너) 그냥 귀여운 거야.

> not ~ at all은 '전혀 ~가 아닌'의 뜻이에요. not이 들어간 부정문 끝에 at all (조금도)이 붙어 부정의 뜻을
> 한층 더 강조해 주는 것이지요.
> **e.g.** This is <u>not</u> heavy <u>at all</u>. (이거 전혀 안 무거워.)

2. A **Isn't it Wednesday today?**
   B No, it's not. *It's Thursday.

오늘 수요일 아닌가?
아니야. 오늘 목요일이야.

> '오늘은 월요일이야.' 이 말은 크게 세 가지로 표현 가능합니다. 첫 번째, 주어 자리에 today (오늘)를 써서 Today is
> Monday.라고 할 수 있어요. 두 번째, 주어 자리에 it을 써서 It is Monday.라고 할 수 있죠. 마지막으로, 두 번째 문장 끝에
> today를 붙여 It is Monday today.라고 할 수 있습니다. 보통 간결하게 It is Monday.라고 하는 게 가장 일반적입니다.

3. A **Aren't these *clothes expensive?**
   B Yes, they are. We can't afford them.

이 옷들 비싸지 않아?
응, 맞아. 우리 그 옷들 살 여유가 안 돼.

> '옷'을 뜻하는 clothes는 반드시 여러 개를 뜻하는 복수 형태로 사용해야 합니다. −es를 생략한 cloth는
> '옷'이 아니라 '헝겊, 천'이란 뜻으로 쓰이거든요.

4. A **Isn't that camera yours?**

    B **No, it's not mine. I think it's**
       *Jane's.

    저 카메라 네 거 아냐?

    아니, 그거 내 거 아냐. 제인 것 같은데.

Tom, New York처럼 사람 이름이나 지명 등의 고유 단어를 고유명사라고 합니다. 이 고유명사 뒤에 's를 붙여 주면 '~의 것'이 되죠. 예를 들어, '그건 톰의 것이야.'는 It's Tom's.라고 하지요. 그런데, 이 Tom's는 문장에 따라서 '톰의'라는 소유의 주체를 나타내기도 하고, '톰의 것'이라는 뜻도 돼요. 문장을 보며 파악해야 합니다.
e.g It's Tom's car. (그건 톰의 차야.–톰의) Yes, it's Tom's. (맞아. 그건 톰의 것이지.–톰의 것)

5. A **Isn't this English book very**
       helpful?

    B **Yes, it is. I *like its author. He's a**
       great English teacher.

    이 영어 책 굉장히 도움되지 않니?

    응, 맞아. 난 그 책의 저자가 마음에 들어. 훌륭
    한 영어 강사거든.

like는 '~을 좋아하다'의 뜻이지만, 상황에 따라 '~을 마음에 들어 하다'의 뜻으로도 해석할 수 있습니다.

[Isn't ~/Aren't ~?] 부정의문문으로 의견을 바탕으로 하여 상대방에게 질문을 해 보세요.

02

다양한 영어 문장

무수히 많은 영어 문장도 알고 보면
크게 다섯 가지예요.

여러분, 5형식이라고 들어보셨나요? 갑자기 머리가 아파진다고요? 이런, 릴랙스~. 5형식은 간단하게 말해서 무수히 많은 영어 문장을 갈라보면 크게 5가지 형식으로 구분할 수 있다고 영어 문법학자들이 말한 거예요. 그냥 딱 여기까지만 알면 됩니다. 여러분이 아셔야 할 내용은 다음이니까요.

1. 아주 특별한 경우를 제외하고 문장은 [주어+동사]의 순서로 쓰인다.
2. 영어에서 be동사를 제외하고 '~다'라고 끝나는 동사는 일반동사이다.
3. 동사의 의미에 따라서 '~을, ~를'의 목적어를 취하는 동사가 있다.
   e.g. love (~을) 사랑하다
4. 동사의 의미에 따라서 주어만 있어도 되는 문장이 있다.
5. 문장의 핵심은 동사다. 왜냐? 동사에 따라 모든 것이 좌우되기 때문이다.
6. 시간, 장소, 방법을 나타내는 표현이 붙으면 정보가 더 풍부한 문장이 되지만, 이런 표현이 없다고 문장이 틀린 건 아니다.

이것만 확실하게 알고 다음 내용을 보면, 영어가 절대 어렵지 않습니다.
화이팅입니다!

너 구려.
You suck.

영어 문장의 기본 틀은 '주어'가 '동사'한다!

be동사 (~이다) 외에 '먹다, 자다, 사랑하다'처럼 **행동, 상태 등을 설명하는 동사를 일반동사**라고 해요. 이런 동작이나 상태의 주체를 '주어'라고 합니다. 주어는 boy (소년), woman (여자), desk (책상) 같은 명사 또는 I (나는), He (그는) 같은 대명사가 그 역할을 합니다. 영어는 특수한 경우를 제외하고 주어가 되는 단어와 동사 단어를 **[주어+동사] 순으로 나열해 줘요.** 동사의 의미에 따라서 He died. (그가 죽었어요.)처럼 **[주어+동사]만으로도 완전한 문장**을 만들 수 있답니다. 이번 강에서는 주어와 동사만 있어도 완전한 문장이 되는 경우를 공부합니다.

 ▶ 013-14

문법 감 잡기 다음 우리말이 영어로 어떻게 바뀌는지 확인해 보세요.

너 구려.
너는 You / 구리다(짜증난다) suck

You suck.

이거 되네.
이것은 This / 된다(통한다) works

This works.

우리 아빠가 요리해.
우리 아빠는 My father / 요리한다 cooks

My father cooks.

시간이 빨리 가네.
시간은 Time / 날아간다 flies

Time flies.
미드: Dawson's Creek

이 파티 짱이다.
이 파티는 This party / 짱이다(끝내준다) rocks

This party rocks.
미드: The O.C

궁금해요 1 왜 꼭 [주어+동사] 이런 순서로만 놓아야 해요?

우리말은 은, 는, 이, 가, 을, 를 같은 조사가 있어서 그 조사만 보면 위치가 어디든 주어와 목적어가 무엇인지 바로 파악할 수 있어요. 하지만 영어에는 이런 조사가 없답니다. 그래서 동사를 기준으로 그 앞에 있는 것이 주어이고 동사 뒤에 오는 것이 목적어라는 걸 알기 때문에 순서대로 놓는 게 중요합니다.

궁금해요 2 works, cooks는 동사 뒤에 -s가 붙었는데, 이건 뭐예요?

주어가 3인칭이면서 혼자인 단수이고, 현재 상황을 나타날 때는 동사 뒤에 -s를 붙입니다. 그러니까 대명사 He. She. It 혹은 명사 The dog (그 개), The building (그 건물) 같이 주어가 한 명이거나 하나인 경우에 동사 뒤에 -s를 붙인다는 얘기입니다. 동사의 철자에 따라서 -es가 붙는 경우, ies가 붙는 경우가 있습니다. 또 have (가지다)의 경우는 has처럼 완전히 다른 형태가 되기도 하지요. 주어가 복수형일 때는 동사는 원래 모습을 유지합니다.

파티가 이렇게 형편없을 수 있다니!

A **This party sucks!**

B **I agree.**

A Let's go somewhere else.

B Yeah, let's go.

A: 이 파티 완전 구리네! B: 그러게 말이야. A: 다른 데로 가자. B: 그래, 가자.

문장 조립하기 다음 우리말을 영어 문장으로 만드세요.

1. 잭이 사라졌어.

....

- Jack 잭 / disappear 사라지다
- 동사의 과거형은 몇 개 동사를 제외하고는 동사에 -ed를 붙여 만듭니다.

2. 외계인은 존재해.

....

- Aliens 외계인들 / exist 존재하다
- 주어가 복수 명사일 때는 동사 뒤에 -s를 붙이지 않습니다. -(e)s는 3인칭이면서 단수일 때만 붙이거든요.

3. 애기들만 우는 거야.

....

- Only babies 오직 아기들 / cry 울다
- baby처럼 [자음+y]로 끝나는 단어를 복수형으로 만들 때는 y를 i로 바꾸고 -es를 붙여 줍니다.

4. 사람들은 거짓말을 해.

....

- People 사람들 / lie 거짓말 하다
- people은 그 자체가 '사람들'로 복수의 의미를 띕니다. 단수형은 뭘까요? 바로 person (사람)입니다.

5. 경찰이 도착했어.

....

- The police 경찰 / arrive 도착하다
- 동사가 -e로 끝나면 과거형을 만들 때 -d만 붙이면 됩니다.

1. A Oh, no. **Jack disappeared.**
   B *What?

   아. 이런. 잭이 사라졌어.
   뭐라고?

   > What (무엇), When (언제) 같은 말을 의문사라고 합니다. 우리가 대화하면서 "왜?", "어디서?"처럼 추임새를
   > 넣어 대화를 계속 이어가듯이 원어민들도 상대방 말에 다음과 같이 추임새를 넣을 수 있습니다.
   > What (뭐라고?), Why (왜?), Where (어디로?/어디에?/어디서?), When (언제?), How (어떻게?), Who (누가?/누구를?)

2. A **Aliens exist.**
   B *Bullshit!

   외계인은 존재해.
   개소리!

   > Bullshit! (개소리!)처럼 한 단어만으로 의사소통에 유용하게 쓸 수 있는 단어들을 많이 알아두면 좋습니다.
   > 하지는 않더라도 알아들어야 반박도 하고 응수도 할 수 있잖아요. 다음 어휘들은 꼭 기억해 두세요.
   > **e.g.** Shit! (젠장!) Really? (진짜?) Congratulations! (축하해!) Cool! (멋진데!) Oops! (아이쿠!)

3. A My life sucks.
   B Hey, *don't cry. **Only babies cry.**

   내 인생이 진짜 구리다니까.
   야. 울지 마. 아기들만 우는 거야.

   > [Don't+동사원형]은 '~하지 마'라는 명령문 형태입니다. 좀 더 부드럽게 말할 때는 문장 앞이나 뒤에 please를 붙이면
   > 되지요.
   > **e.g.** Don't go. (가지 마.) → Please don't go. (가지 마요.) Don't go, please. (가지 마요.)

4. A **People lie.**

    B Yeah, we all *lie.

사람들이 거짓말을 해.

그래, 우리 모두 거짓말하잖아.

> 동사에 아무것도 붙지 않은 동사원형 혹은 동사에 -(e)s를 붙인 형태를 현재형이라고 합니다. 현재형은 현재 하고 있는 행동을 나타내는 게 아니에요. 어제도, 오늘도, 내일도 할, 평소에 늘 하는 행동이나 상태를 나타낼 때 현재형을 씁니다. 또, 일반적이거나 보편적인 사실을 나타낼 때도 현재형을 쓰지요. 사람들 모두가 거짓말한다는 건(거짓말 한 번도 안 한 사람은 없잖아요?) 보편적인 사실을 나타내는 거라서 이렇게 현재형을 씁니다.

5. A **The police arrived.**

    B Really? Where? Oh, shit.

       *Let's run.

경찰이 도착했어.

진짜? 어디? 오, 젠장. 튀자.

> [Let's+동사원형]은 '~하자'로 같이 무언가를 하자고 제안할 때 쓰는 형태입니다.
> **e.g** Let's study. (공부하자.) Let's sleep. (자자.)

> [주어+동사] 기본 틀을 사용해 평소에 어떤 행동을 하는지 말해 보세요.

우리 여기 있어.
We are here.

[주어+be동사+장소 · 위치 표현]으로 주어가 있는 장소를 나타낸다.

I am happy. (난 행복하다.)에서 be동사는 주어의 상태 등을 설명하는 '~이다'의 뜻입니다. 하지만 이것 외에 **'(~에) 있다'의 뜻도 있어서 장소, 위치를 설명하는 문장에 쓰이기도 합니다.** 즉, [I am]은 '나는 ~이다' 외에 '난 (~에) 있다'란 해석도 가능하다는 뜻이지요. 대신 후자의 경우, be동사 뒤에 장소, 위치를 설명하는 표현이 나와야 합니다. 대표적인 장소, 위치 표현으로는 here (여기에), there (거기에, 저기에)가 있고, 그 외에 [in (~ 안에), behind (~ 뒤에), in front of (~ 앞에)+장소 명사] 형태가 오기도 합니다.

e.g. She is there. (그녀는 저기에 있어.)
　　 It is behind the box. (그건 상자 뒤에 있어.)

 ▶ 016-17

문법 감 잡기　다음 우리말이 영어로 어떻게 바뀌는지 확인해 보세요.

우리 여기 있어.
우리는 We / 있다 are / 여기에 here

We are here.

그 개는 저기 있어.
그 개는 The dog / 있다 is / 저기에 there

The dog is there.

그 가수들은 무대 위에 있어.
그 가수들은 The singers / 있다 are
/ 무대 위에 on the stage

The singers are on the stage.

제인과 니콜은 차 안에 있어.
제인과 니콜은 Jane and Nicole / 있다 are
/ 차 안에 in the car

Jane and Nicole are in the car.
미드: Mentalist

당신 전 남편은 집에 없어.
당신 전 남편은 Your ex-husband / 없다 isn't
/ 집에 at home

Your ex-husband isn't at home.
미드: Law and Order

궁금해요　at/in/on은 어떻게 구분해서 쓰나요?

셋 다 우리말 기본 해석은 '~에'입니다. 하지만 분명한 차이점이 있지요. in은 주로 공간의 내부, 혹은 도시나 국가 같이 비교적 넓은 장소를 가리킬 때 쓰입니다. at은 특정한 지점이나 위치, 혹은 학교나 회사 같이 특정한 일이 벌어지는 곳에 쓰이죠. 마지막으로 on은 on the stage (무대 위에), on the wall (벽 위에), on the roof (지붕 위에)처럼 표면과 접촉해 있는 상태를 나타냅니다. 이 at/in/on은 절대 혼자 쓰이지 않고, 반드시 뒤에 명사가 와서 같이 쓰여야 한다는 것, 꼭 기억하세요.
e.g. in France (프랑스에서)　at school (학교에서)　on the desk (책상 위에)

내가 있는 곳을 나타낼 때

A Where are you, Jim?
B Oh, **I'm on the bus right now. I'm with Mike.**
A Is Kelly with you, too?
B Yes, she is. **We're on the bus together.**

A: 짐, 너 어디 있어? B: 아, 나 지금 버스야. 마이크랑 함께 있어.
A: 켈리도 너랑 같이 있어? B: 응. 우리 같이 버스에 있어. (= 버스 탔어.)

문장 조립하기 다음 우리말을 영어 문장으로 만드세요.

1. 내 열쇠들이 탁자 위에 없어.

....

- My keys 내 열쇠들
  / on the table 탁자 위에
- 표면과 접촉해 있는 상태는 전치사 on으로 표현합니다. '없다'라고 할 때는 be동사 뒤에 not을 쓰면 됩니다.

2. 잭은 자기 방에 있니?

....

- Jack 잭 / in his room 그의 방에
- 방 내부에 있는 것을 의미하므로 전치사 in을 사용합니다. be동사가 들어간 의문문은 be동사를 주어 앞에 놓으면 됩니다.

3. 우리가 맞는 장소에 있는 건가?(= 맞게 찾아온 건가?)

....

- in the right place 맞는 장소에
- be동사의 의문문은 주어 앞으로 be동사를 이동시킵니다.

4. 버스 정류장이 어디 있어?

....

- Where 어디에
  / the bus stop 버스 정류장
- Where (어디에), When (언제) 같은 의문사는 문장 맨 앞에 위치합니다.

5. 우리 집은 6번가에 있어.

....

- My house 우리 집
  / on 6th street 6번가에
- 도로명을 언급하면서 무언가가 위치해 있음을 말할 때는 전치사 on을 사용합니다.

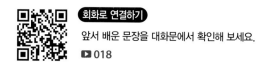
1. A **My keys are not on the table.**   내 열쇠들이 그 탁자 위에 없어.
   B Oh, I saw *them. They are in the   아, 내가 그거 봤는데. 화장실에 있더라고.
   bathroom.

> they는 '그들이, 그것들은'의 뜻으로 문장의 주어 자리에 쓰입니다. them은 '그들을, 그것들을'의 뜻으로 행동이나 동작
> 의 대상이 되어 동사 뒤 목적어 자리에 쓰입니다. 이렇게 목적어 자리에 올 수 있는 대명사를 정리하면 다음과 같습니
> 다.

나를	너를, 너희를	그를	그녀를	그것을	우리를	그들을
me	you	him	her	it	us	them

2. A **Is Jack in his room?**   잭은 자기 방에 있니?
   B No, he's out. *I think he's at the   아니, 걔 나갔는데. 지금 체육관에 있을 걸.
   gym now.

> 문장 앞에 I think (~라고 생각한다)를 붙이면 100% 확실한 게 아니라 '내 생각에 ~일 것 같다'라고 의견을
> 밝히는 게 됩니다. I think 대신 I guess (나는 추측한다)도 자주 쓰입니다.

3. A Is this the building? **Are we *in**   이게 그 건물이야? 우리 맞게 찾아온 건가?
   the right place?
   B Maybe, but I'm not sure.   아마도, 근데 나도 잘 모르겠다.

> 도시 이름이나 국가 이름 외에 공간의 내부를 가리킬 때 in을 씁니다. 주로 다음과 같이 많이 쓰이죠.
> **e.g** in the kitchen (부엌에) in the car (차에) in the river (강에)
>   in the water (물속에) in the classroom 교실에

4. A **Where is the bus stop?**

   B It's right there. It's *at the corner of the street.

   버스 정류장이 어디에 있어?

   바로 저기 있어. 길모퉁이에 있잖아.

   at은 특정한 위치, 지점을 가리킬 때 씁니다. at이 쓰이는 관용표현들로 다음을 기억해 두세요.
   e.g. at the corner (모퉁이에) at the center (중앙에) at the end (끝에)
   at the traffic lights (신호등에) at the bottom (맨 아래에)

5. A Is that your house on 11th street?

   B No, **my house is on 6th street.**

   11번가의 저게 너희 집이야?

   아냐, 우리 집은 6번가에 있어.

   표면과 접촉하는 것에 초점을 두어 위치를 나타내는 on이 쓰이는 표현들로 다음을 기억해 두세요.
   e.g. on the shelf (선반에) on the ceiling (천장에) on a plate (접시 위에) on the floor (바닥에)

   [주어+be동사+장소 · 위치 표현] 틀을 이용해 사람과 사물의 다양한 위치와 장소를 묘사하는
   문장들을 만들어 보세요.

사람들이 많이 있어.
There are many people.

[There is/There are 〜] 구조로 무언가가 존재함을 말한다.

be동사는 주어에 따라서 am, are, is로 그 형태를 바꾸며, 어떤 대상이 '있다, 존재하다'의 뜻으로도 쓰입니다. 그런데 이 be동사를 이용해 '어떤 대상이 있다, 존재한다'고 말할 때 원어민들은 **[There is+단수 명사], [There are+복수 명사]** 구문을 즐겨 사용한답니다. 우리말로 간단히 **'〜가 있다'**고 해석하면 되죠. 뒤에 오는 단어가 단수냐 복수냐에 따라 is를 쓰거나 are를 쓴다는 것에 꼭 주의하세요.

'〜가 없다'고 부정할 때는 be동사 뒤에 not을 붙여 주면 되고요, '〜가 있니?'라고 물을 때는 be동사를 there 앞에 놓으면 됩니다. be동사가 들어 있는 문장의 부정문 만드는 법과 의문문 만드는 법만 알면 그리 어렵지 않습니다.

 ▶ 019-20

문법 감 잡기 다음 우리말이 영어로 어떻게 바뀌는지 확인해 보세요.

사람들이 많이 있어요.
〜가 있다 There are / 많은 사람들이 many people

There are many people.

책들이 있어요.
〜가 있다 There are / 책들이 books

There are books.

도서관이 있어요.
〜가 있다 There is / 도서관이 a library

There is a library.

그 방에 개가 있어요.
〜가 있다 There is / 개가 a dog /
그 방에 in the room

There is a dog in the room.

우리 가족은 6명이에요.
〜가 있다 There are / 6명이 six people
/ 우리 가족에 in my family

There are six people in my family.

궁금해요 1 There is, There are에서 there는 해석 안 해도 되나요?

네. 원래 There는 '거기에, 거기서'의 뜻입니다. I work there. (전 거기서 일해요.)처럼 말이죠. 하지만 [There is/There are+주어]에서 중요한 것은 '주어가 있다'라는 정보 전달이기에 굳이 there를 해석하지 않습니다.

궁금해요 2 구체적으로 어디에 있는지 말하고 싶을 때는 어떻게 해야 하나요?

위의 예문에서처럼 구체적으로 어디 있는지 말하고 싶을 때는 문장 끝에 in the room (그 방에), in my family (우리 가족에)처럼 [장소를 나타내는 전치사+명사] 덩어리를 붙이면 됩니다.

가족 수를 말할 때

A Do you have a big family?

B Yes, I do. **There are six people in my family.**

A Six? Wow, that's a lot.

B I know. My wife and I have four children, three girls and one boy.

A: 너희는 대가족이야? B: 응. 우리 가족은 6명이야.
A: 6명? 와우, 많네. B: 그러게. 아내랑 내가 아이를 넷 뒀거든. 딸 셋에 아들 하나야.

문장 조립하기 다음 우리말을 영어 문장으로 만드세요.

1. 탁자 위에 고양이가 한 마리 있어.

....

• a cat 고양이 한 마리
/ on the table 그 탁자 위에
• 표면에 접촉한 상태의 위치를 말할 때는 전치사 on을 사용하세요.
e.g. on the wall (벽에)

2. 그 가방 안에 돈이 있어.

....

• money 돈
/ in the bag 그 가방 안에
• 영어에서 money (돈)는 셀 수 없는 명사예요. 셀 수 없는 명사는 단수 취급합니다! 그래서 There is ~로 시작해야 해요.

3. 타이어에 작은 구멍이 있어.

....

• a small hole 작은 구멍
/ in the tire 타이어에

4. 일주일에는 7일이 있지.

....

• seven days 7일
/ in a week 한 주에, 일주일에
• 일주일이란 개념 안에 7일이 있으므로 '일주일에'는 전치사 in을 써서 표현합니다.

5. 2월은 28일이 있어.

....

• twenty eight days 28일
/ in February 2월에
• 달, 월 (month)을 가리키는 표현은 a 나 the 없이 대문자로 씁니다.
e.g. January(1월) March(3월)

1. A Look. **There is a cat on the table.**
   B Really? Oh, I hate *cats.

   봐 봐. 탁자 위에 고양이가 한 마리 있어.
   진짜? 아, 나 고양이 싫어하는데.

   > "나 고양이 싫어해."란 문장에서 고양이에 주목해 주세요. 이때의 고양이는 한 마리가 아닌 세상에 존재하는 모든 고양이를 의미하니까 복수형인 cats를 써야 합니다. 영어에서 셀 수 있는 명사는 반드시 앞에 a/an을 붙이거나, -(e)s를 붙인 복수형으로 표현해야 합니다. 참고로, 대부분의 경우 복수형을 쓰는 걸 선호합니다.

2. A Look. **There is money in the bag.**
   B *How much? Let's split the money.

   봐 봐. 그 가방 안에 돈이 있어.
   얼마나? 돈 나눠 갖자.

   > 우리말에서 '돈 하나, 돈 둘...' 셀 수 있나요? 천 원짜리 한 장, 두 장... 이렇게는 셀 수 있어도 돈 자체를 셀 수는 없습니다. 영어에서도 돈은 셀 수 없는 명사로 취급합니다. 그래서 "얼마나?/얼마야?"라고 물을 때 How much?라고 물어봅니다. 셀 수 있는 명사일 때는 How many?라고 묻고요. many와 much는 둘 다 '많은'의 뜻이지만 much는 셀 수 없는 명사와, many는 셀 수 있는 명사와 함께 쓰입니다.
   > e.g. much money (많은 돈)   many books (많은 책들)

3. A *Don't drive this car. **There is a small hole in the tire.**
   B Don't worry. I have a spare one.

   이 차 운전하지 마. 타이어에 작은 구멍이 있어.

   걱정하지 마. 내게 여분 타이어가 하나 있어.

   > '~하지 마'라고 명령할 때는 [Don't+동사원형] 구조를 사용합니다. Don't go (가지 마.), Don't study. (공부하지 마.)처럼 말이죠. Don't는 발음을 [돈트]라고 하지 마시고 간단히 [돈]이라고만 하세요. [돈 고]처럼요.

4. A Mom, how many days *are there in a week?

엄마, 일주일은 며칠이 있어요?

B **There are seven days in a week.**

일주일은 7일이 있단다.

[There is/There are ∼] 형태를 의문문으로 만들 때는 간단해요. be동사를 there 앞으로 이동시켜 Is there ∼?/Are there ∼? 라고 하면 됩니다. 물론 의문사가 있다면 그 의문사가 가장 먼저 놓이지요.

5. A How many days are there in February?

2월엔 며칠이 있지?

B **There are twenty eight days in *February.** So it goes fast.

2월은 28일이 있지. 그래서 빨리 지나가잖아.

월을 가리키는 표현들을 꼭 기억해 두세요.

1월 January	2월 February	3월 March	4월 April	5월 May	6월 June
7월 July	8월 August	9월 September	10월 October	11월 November	12월 December

[There is ∼ / There are ∼] 구문으로 어떤 대상이 존재한다는 말을 영어로 말해 보세요.

난 열심히 공부해.
I study hard.

기본 문장에 언제, 어디서, 어떻게와 관련한 부사 표현을 붙여 문장을 늘린다!

문장의 핵심 뼈대는 [주어+동사]죠? 이 뒤에 (또는 앞에) **시간, 장소, 방법 등을 나타내는 표현이 붙어 문장에 좀 더 자세한 정보를 더해 줄 수 있습니다.** 이런 시간, 장소, 방법 관련 표현을 부사라고 하지요. 이 부사에는 hard (열심히), a lot (많이), yesterday (어제), tomorrow (내일) 같은 단어도 있고요, [전치사+명사] 덩어리가 그 역할을 하기도 합니다. 전치사는 in, at, on, by, to, from, under, over, for 등을 가리키며 혼자서는 절대 못 쓰이고 꼭 뒤에 명사 표현이 와서 같이 쓰여야 합니다. 여기서는 [주어+동사] 기본 틀에 부사 표현을 문장 끝에 붙여서 말하는 연습을 집중적으로 해주세요.

 ▶ 022-23

문법 감 잡기 다음 우리말이 영어로 어떻게 바뀌는지 확인해 보세요.

난 열심히 공부해요.
나는 I / 공부한다 study / 열심히 hard

I study hard.

잭은 노래 잘해요.
잭은 Jack / 노래한다 sings / 잘 well

Jack sings well.

우린 학교 다녀요.
우리는 We / 간다 go / 학교에 to school

We go to school.

제레미가 오늘 아침에 죽었어.
제레미가 Jeremy / 죽었다 died
/ 오늘 아침에 this morning

Jeremy died this morning.
미드: Superstore

태양은 동쪽에서 떠.
태양은 The sun / 뜬다 rises / 동쪽에서 in the east

The sun rises in the east.
미드: The Simpsons

궁금해요 1 this morning은 '이 아침'이라고 해석해야 하지 않나요?

그럴 것 같죠? 원래 '아침에'란 표현은 in the morning이 맞습니다. 하지만 this, next, last 등과 결합하게 되면 전치사가 생략되어 쓰입니다. **e.g.** this morning (오늘 아침에) next morning (다음 날 아침에)

궁금해요 2 [전치사+명사] 덩어리는 문장에서 부사 역할만 하나요?

그건 아닙니다. [전치사+명사] 덩어리는 명사 바로 뒤에 놓여서 앞의 명사를 꾸며 주기도 해요. 영화 Men in black을 생각해 보세요. in black 덩어리가 '검은색 옷을 입은'의 뜻이 되어 앞에 있는 명사 men을 수식합니다. 그래서 '검은 양복을 입은 남자들'의 뜻이 되는 거지요. 이건 표현을 많이 접하다 보면 알 수 있어요.
e.g. a girl with glasses (안경을 낀 소녀) a city of Korea (한국의 도시)

그녀는 우리 옆집 살아.

A Who is that girl?

B Oh, that's Jane. **She lives next door.**

A Does she have a boyfriend?

B Yup. His name is Max. **He works with me.**

A: 저 여자애 누구야? B: 아, 쟤 제인이야. 우리 옆집 살아.
A: 남자친구 있어? B: 응, 남자친구 이름이 맥스야. 나랑 같이 일해. (= 같은 회사 다녀.)

문장 조립하기 다음 우리말을 영어 문장으로 만드세요.

1. 그는 한국에 살아

....

• live 살다 / in Korea 한국에
• '한국에'처럼 도시, 국가 등 공간 내부의 장소를 나타낼 때는 in (〜 안에)을 사용합니다. 주어 He는 3인칭이면서 단수니까 live에 -s를 붙여야 합니다.

2. 나는 늦게 자.

....

• go to bed 잠자리에 들다 / late 늦게
• '늦게 잔다', '일찍 잔다'의 '자다'는 '잠자리에 들다'의 의미잖아요. 그래서 이때는 go to bed를 씁니다.

3. 우리 한 시간 동안 기다렸어.

....

• wait 기다리다 / for an hour 한 시간 동안
• for는 시간 표현과 함께 쓰이면 '〜동안'의 뜻입니다. wait의 과거형은 동사 뒤에 -ed를 붙여 만듭니다.

4. 우리 가족은 시카고로 이사했어.

....

• move 이사하다 / to Chicago 시카고로

5. 비가 갑자기 멈췄어.

....

• The rain 비가 / stop 멈추다 / suddenly 갑자기
• stop의 과거형은 stoped가 아니라 p를 하나 더 쓰고 -ed를 붙인 stopped입니다.

1. A Max lives in Japan, *right?
   B No, **he lives in Korea.**

   맥스가 일본에 살지, 그렇지?
   아니, 걔 한국에 살아.

   > 굳이 의문문으로 문장을 만들지 않아도 평서문 뒤에 우리말 '그렇지?'에 해당하는 right?을 붙이면 의문문처럼 사용할
   > 수 있습니다.
   > **e.g.** Dogs sleep, right? (개들은 잠을 자, 그렇지?)

2. A **I go to bed late,** *but I get up early.
   B Cool. I go to bed late, *and I get up late.

   난 늦게 자, 하지만 일찍 일어나.

   멋진데. 난 늦게 자고 늦게 일어나는데.

   > 문장과 문장은 and (그리고), but (하지만), so (그래서), or (혹은, 아니면) 같은 단어로 연결될 수 있습니다. 이런 단어들
   > 은 문장을 연결해 준다고 하여 접속사라고 합니다.
   > **e.g.** People lie, so I lie, too. (사람들이 거짓말을 하잖아. 그래서 나도 거짓말을 해.)

3. A **We waited for an hour.**
   B I'm really sorry. This *will not happen again.

   우리 한 시간 동안 기다렸어.
   정말 미안해. 이런 일 다시는 없을 거야.

   > [will+동사원형]은 '~할 것이다'의 뜻입니다. 이것의 부정형은 [will not+동사원형]으로 '~하지 않을 것이다'가 되지요.
   > will은 시간이 가면 자연스럽게 일어나게 되는 미래에 대한 언급, 혹은 말하는 순간에 자신의 의지를 말할 때 사용하는
   > 표현입니다.

4. A You still live in New York, right?   너 아직도 뉴욕에서 살지, 그렇지?

    B No, **my family moved *to Chicago.**   아니, <u>우리 가족은 시카고로 이사했어.</u>

> to는 방향을 나타내는 단어로 '~로, ~에'의 뜻입니다. 또, 사람을 가리키는 단어와 함께 쓰이면 '~에게'란 의미가 되지요. **e.g.** to London (런던에, 런던으로) to Tom (톰에게)

5. A **The rain stopped suddenly.**   비가 갑자기 멈췄어.

    B Yeah, *it changes a lot.   그러게, 날씨가 많이 바뀌네.

> 이 문장에서 it은 '그것'의 뜻이 아닙니다. it은 시간, 날씨, 거리, 요일 관련 문장을 말할 때 주어 자리에 쓰는 것으로, 여기서는 날씨에 관해 말하는 거라서 it을 쓴 거예요.
> **e.g.** It rains. (비가 와. – 날씨) It is 9. (9시야. – 시간)

> [주어+동사+부사 표현] 문장 틀로 언제, 어디서, 어떻게 같은 추가 설명을 문장에 덧붙이는 연습을 해 보세요.

그거 상했어요.
It went bad.

[동사+형용사]가 뭉쳐서 하나의 동사 의미를 전달한다.

be동사는 뜻이 '~이다'로 혼자서는 완전한 문장이 되지 못해 be happy (행복하다), be a doctor (의사이다)처럼 동사의 의미를 완전하게 채워 주는 형용사나 명사가 뒤에 위치해야 합니다. 영어에는 **be동사 외에 일반동사 중에도 이렇게 뒤에 보충어가 와야 뜻이 채워지는 것들이 있습니다. 이런 동사들을 통칭해 연결동사라고 하지요.** 이 연결동사들은 모두 뒤에 보충어로 반드시 '형용사'가 위치해야 합니다.

~한 상태가 되다	become/go/get/come		~한 상태로 있다	keep/remain
다양한 감각을 나타내는 동사들	look, seem (~한 상태로 보이다) smell (~한 냄새가 나다) taste (~한 맛이 나다)			
	feel (~한 느낌이 들다) sound (~하게 들리다)			

※ become 등 몇몇 동사는 형용사 대신 명사가 위치할 수 있습니다.

 ▶ 025-26

문법 감 잡기 다음 우리말이 영어로 어떻게 바뀌는지 확인해 보세요.

그거 상했어요.
그것이 It / ~한 상태가 되었다 went / 상한 bad

It went bad.

모두가 회의 동안 조용한 채로 있었어.
모두가 Everyone / ~한 채로 있었다 kept /
조용한 quiet / 회의 동안 during the meeting

Everyone kept quiet during the meeting.

존은 훌륭한 의사가 되었어.
존은 John / ~가 되었다 became /
훌륭한 의사 a great doctor

John became a great doctor.

그는 신뢰감이 있어 보여.
그는 He / ~한 상태로 보이다 seems /
신뢰할 수 있는 trustworthy

He seems trustworthy.
미드: Game of Thrones

누군가가 조금 죄책감을 느끼는구먼.
누군가가 Someone / ~한 느낌이 드는 중이다
is feeling / 죄책감을 조금 느끼는 a little guilty

Someone is feeling a little guilty.
미드: Lucifer

궁금해요 go, come은 '가다, 오다'의 뜻 아닌가요?

네, go와 come의 기본 뜻이 '가다', '오다'인 건 맞습니다. 하지만, 꼭 알아야 할 게 동사가 반드시 한 가지 뜻만으로 쓰이는 건 절대 아니라는 거예요. 특히, 우리가 많이 쓰는 동사들은 뜻이 무척 다양합니다. 그래서 영어를 잘하려면 단어가 가진 다양한 뜻을 알고 활용할 수 있어야 하죠.

상대방 직업 듣고 관심 보이기

A You're a graphic designer, right?

B Yes, I am. I design artwork for T-shirts and other products.

A **Your job sounds interesting.**

B Actually, I'm thinking about changing my job. You know, I got bored.

A: 너 그래픽 디자이너지? B: 응. 맞아. 티셔츠랑 다른 제품에 쓰일 삽화를 디자인 해.
A: 네 일 재미있게 들린다. (= 재미있을 것 같다.) B: 실은, 나 직업을 바꿀까 생각 중이야. 지겨워졌어.

문장 조립하기 다음 우리말을 영어 문장으로 만드세요.

1. 제 꿈이 이루어졌어요.

....

- come ~한 상태가 되다
  / true 사실인
- come이 연결동사로 쓰일 때는 "~한 상태가 되다"의 뜻이에요. 이때는 뒤에 반드시 형용사가 옵니다. come true는 주어 자리에 dream을 받아서 '꿈이 이뤄지다'의 표현으로 많이 쓰이죠. 참고로, come의 과거형은 came입니다.

2. 그거 냄새가 좋네.

....

- smell ~한 냄새가 나다
  / good 좋은
- smell은 '냄새를 맡다'란 뜻과 '~한 냄새가 나다'의 뜻이 있어요. 후자의 뜻일 때는 뒤에 형용사가 옵니다.

3. 너 우울해 보여.

....

- look ~한 상태로 보이다
  / depressed 우울해진, 우울한
- depressed는 뭔가에 의해 '우울해진, 우울한'의 뜻입니다. 반면에 depressing은 '기분을 우울하게 하는'의 뜻이죠.

4. 나 기분 좋은 느낌이 아니야. (= 나 몸이 안 좋아.)

....

- feel ~한 느낌이 들다
  / good 좋은
- feel이 '~한 느낌이 들다'란 의미로 쓰일 때는 뒤에 반드시 형용사가 옵니다.

5. 네 악센트는 완벽하게 들려. (= 완벽한 것 같아.)

....

- sound ~하게 들리다
  / perfect 완벽한

1. A I got the job. Eventually, **my dream *came true.**

   B Congratulations. I'm really happy for you.

   나 그 일자리 따냈어. 마침내, 내 꿈이 실현된 거야.
   축하해. 너 때문에 나도 기쁘다.

> 동사 come은 '오다'의 뜻일 때와 '~한 상태가 되다'일 때 뒤의 어순이 달라져요. 전자의 의미로 쓰일 때는 He came. (그가 왔어요.)처럼 동사 혼자서도 쓸 수 있거나, I came to school. (나 학교에 왔어요.)처럼 추가 정보를 주는 다양한 부사 표현들이 올 수 있습니다. 하지만, '~한 상태가 되다'의 연결동사일 때는 동사의 의미를 채워 줄 형용사가 뒤에 위치해야 하지요. **e.g.** My shoelace came loose. (내 신발 끈이 풀렸어.)

2. A James, what are you cooking in the kitchen? **It *smells good.**

   B Oh, I'm baking chocolate cake.

   제임스, 너 부엌에서 뭘 요리하는 거야? 그거 냄새가 좋네.
   아, 나 초콜릿 케이크 굽고 있어.

> 동사 smell은 '냄새를 맡다'의 뜻과 '~한 냄새가 나다'의 뜻이 있어요. 전자의 의미로 쓰일 때는 Don't smell my hair. (내 머리카락 냄새 맡지 마.)처럼 동사 뒤에 냄새를 맡는 대상인 목적어가 와야 합니다. 하지만, '~한 냄새가 나다'일 때는 연결동사로 형용사가 뒤에 위치해야 하지요.
> **e.g.** It smells delicious. (그건 맛있는 냄새가 나.)

3. A Roy, **you *look depressed.** What's wrong?

   B My classmates bully me, and they won't stop.

   로이, 너 우울해 보인다. 무슨 일이야?

   반 친구들이 절 괴롭히는데, 멈추질 않아요.

> 동사 look은 '~을 보다'의 뜻도 있고, '~한 상태로 보이다'의 뜻도 있어요. 후자인 연결동사로 쓰일 때는 동사의 의미를 채워 줄 형용사가 뒤에 위치해야 합니다.

4. A Susan, I'm going to the mall. Do you want to come along?

   B No, *__I don't feel good.__ I'm just going to rest at home.

수잔, 나 몰에 갈 거거든. 너도 같이 갈래?

아니, 나 몸이 안 좋아. 난 그냥 집에서 쉴래.

> I don't feel good.은 화가 나서 감정이 상했을 때의 '나 기분 안 좋아.'란 뜻이 아닙니다. 어디가 아프거나 신체적인 컨디션이 좋지 않을 때, '나 몸이 안 좋아.'란 의미로 쓰이는 표현이지요. 건강 문제가 아니라 감정이 상해서 기분이 안 좋을 때는 I'm in a bad mood. 또는 I'm not in a good mood.라고 해야 합니다.

5. A Wow, you speak good English. I mean, __your accent *sounds perfect.__

   B Oh, thank you. You just made my day.

와, 너 영어 정말 잘하는구나. 내 말은, 네 악센트가 완벽하게 들려.

오, 고마워. 덕분에 기분이 아주 좋아졌다.

> sound는 '~하게 들리다'의 연결동사입니다. '완벽하게'로 해석된다고 뒤에 부사를 쓰면 안 됩니다. 반드시 뒤에 형용사가 위치해서 동사의 의미를 채워 주어야 합니다.
> **e.g.** The music sounds greatly. (×) ➜ The music sounds great. (음악이 아주 멋지게 들려.) (○)

> [연결동사+형용사] 틀을 기억하면서 '~한 상태가 되다, ~한 채로 있다, ~한 맛이 나다' 등의 다양한 표현들을 만들어 말해 보세요.

난 매운 음식이 좋아.
I like spicy food.

[주어+동사+목적어]의 기본 틀로 문장을 말하자.

자, 앞에서 여러 번 언급이 되었지만 드디어 문장 요소 중 하나로 공식 등장한 목적어. 목적어는 동작, 행동을 받는 대상입니다. 우리말은 '난 널 사랑해.', '난 사랑해 널.', '널 내가 사랑한다고.'처럼 목적어인 '널'이 문장 어디에 있어도 다 이해할 수 있지만, 영어는 안 그래요. **영어는 반드시 [주어가+~한다+목적어를]의 순서로** [나는+사랑한다+너를] 이렇게 말해야 합니다. 영어에는 우리말처럼 주어를 나타내는 조사 '은, 는, 이, 가'와 목적어를 나타내는 조사 '을, 를'이 없기 때문이죠. 그래서 동사를 기준으로 앞에 오는 말은 주어, 뒤에 오는 말은 목적어라고 정해 버린답니다. 그래서 우리말을 영어로 바꿀 때는 항상 [주어가+동사한다+목적어를] 틀을 기억하고 말하는 연습을 해야 합니다.

 ▶ 028-29

문법 감 잡기 다음 우리말이 영어로 어떻게 바뀌는지 확인해 보세요.

난 매운 음식이 좋아.
나는 I / 좋아한다 like / 매운 음식을 spicy food

I like spicy food.

그가 이 책을 썼어.
그가 He / 썼다 wrote / 이 책을 this book

He wrote this book.

나는 돈을 많이 벌지 않아.
나는 I / 만들지 않는다 don't make /
많은 돈을 much money

I don't make much money.

너 숙제 끝냈니?
너는 끝냈니? Did you finish /
네 숙제를 your homework?

Did you finish your homework?
미드: Heartland

너 나랑 결혼해 줄래?
너 결혼해 줄래? Will you marry / 나와 me

Will you marry me?
미드: Superstore

궁금해요 '너 나랑 결혼해 줄래?'에서 '나랑'이 목적어예요? '나를'이 아닌데요.

네, 목적어가 반드시 '~을, ~를'의 의미인 건 아니에요. 물론 대다수의 목적어는 I sent the letter. (나는+보냈어+그 편지를)처럼 '~을, ~를'로 해석됩니다. 하지만, 동사에 따라서 동사 뒤의 목적어 해석이 '~와, ~에게, ~에'로 해석되기도 합니다. 물어보신 동사 marry (결혼하다)는 뒤에 목적어가 올 때 해석이 '~을'이 아니라 '~와'가 되고, enter (들어가다)는 뒤에 바로 목적어가 올 때 해석을 '~에'로 하지요. I entered the room. (난 그 방에 들어갔어.)처럼요. 동사 뒤에 바로 목적어가 올 수 있고, 동사의 의미에 따라 '~을, ~를, ~와, ~에, ~에게'로 해석이 될 수도 있다는 점, 꼭 기억하세요.

개와 주인이 닮았다고 말할 때

A Look at Kevin's dog. It looks like Kevin a lot.

B Yeah, they look alike. How funny.

A **Usually dogs resemble their owners,** but it's a little creepy.

B Yeah, I totally agree.

A: 케빈네 개 좀 봐. 케빈이랑 많이 닮았어. B: 그러게. 비슷하게 생겼네. 웃긴다.
A: 보통 개들은 자기 주인을 닮잖아. 하지만 조금 소름끼친다. B: 응, 완전 동감이야.

문장 조립하기 다음 우리말을 영어 문장으로 만드세요.

1. 나 문제가 있어.

....

- have 가지고 있다 / troubles 문제들
- [주어가+동사한다+목적어를] 어순에 맞게 단어를 배열하세요. trouble은 셀 수 있는 명사라서 a trouble 혹은 troubles라고 표현하죠.

2. 나 우유랑 계란 좀 샀어.

....

- bought 샀다 ← buy / some eggs 계란 좀
- 'A와 B' 이렇게 두 개를 연결할 때는 and를 사용합니다. bought는 buy (사다)의 과거형이고요.

3. 나 탁자 위에 열쇠들을 놓았어.

....

- put 놓았다 ← put / keys 열쇠들을 / on the table 탁자 위에
- 문장에 [전치사+명사]의 다양한 부사 표현이 오면 더 자세한 정보를 전해 줍니다.

4. 넌 매일 샤워하니?

....

- take a shower 샤워를 하다 / every day 매일
- 일반동사 의문문은 주어의 인칭과 수, 동사 시제에 따라서 주어 앞에 Do/Does/Did 중 하나를 놓습니다.

5. 우리는 사진을 많이 찍었어.

....

- took (사진 등을) 찍었다 ← take / a lot of pictures 많은 사진들
- take a picture는 '사진을 찍다'입니다. 우리말은 '많이 찍다'처럼 동사를 수식하지만, 영어에서는 '많은 사진들'처럼 명사를 꾸며 주는 게 더 자연스러운 경우가 많습니다.

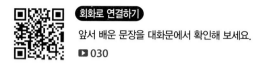

회화로 연결하기

앞서 배운 문장을 대화문에서 확인해 보세요.

▶ 030

---

1. A What's wrong? You *look worried.

   무슨 일이야? 걱정 있어 보여.

   B **I have troubles.** I need your help.

   나 문제가 있어. 네 도움이 필요해.

> look이 '~한 상태로 보이다'의 뜻일 때는 뒤에 반드시 형용사가 옵니다. 그래서 [look+형용사] 형태로 쓰이죠. worried 는 '(어떤 일 때문에) 근심이 되는, 근심스러운'의 뜻으로 look과 결합해 look worried가 되면 '걱정 있어 보이다'가 됩니 다. 그럼 look happy는 뭘까요? 그렇죠, '행복해 보이다'입니다.

---

2. A You *went to the market this morning, right?

   너 오늘 아침에 시장 갔었지, 그렇지?

   B Yeah, **I bought milk and some eggs.**

   응, (나) 우유랑 계란 좀 샀어.

> 모든 동사가 뒤에 목적어가 필요하지는 않아요. '가다'의 동사 go는 '~을/~를'에 해당하는 목적어가 의미상 필요가 없 지요. 이렇게 목적어가 없어도 되는 동사를 자동사라고 해요. 목적어가 있어야 하는 동사는 타동사라고 하고요. 그리고 동사는 early (일찍), this morning (오늘 아침에), to the market (시장에) 같은 다양한 부사 표현의 수식을 받을 수 있 습니다.
>
> **e.g.** I slept early. (나 일찍 잤어. – sleep (자다)은 자동사)
> I took her to the market. (난 그녀를 시장에 데려갔어. – take (데려가다)는 타동사)

---

3. A **I *put the keys on the table.** But I can't find them.

   내가 탁자 위에 열쇠들을 놓았거든. 근데 찾을 수가 없네.

   B Oh, I put them in the drawer of your desk.

   아, 내가 그것들 네 책상 서랍 안에 넣어 놨어.

> 동사 put은 '~을 놓다'의 뜻이에요. 의미상 어디에 놓았는지를 설명하는 부사 표현이 나와야 합니다. 위의 문장에서는 on the table (탁자 위에)과 in the drawer (서랍 안에)가 나왔습니다.

4. A **Do you take a shower every day?**

    B Not every day. I take a shower *every second day.

    넌 매일 샤워하니?

    매일은 아냐. 이틀에 한 번 꼴로 샤워해.

'이틀에 한 번'은 영어로 every second day 또는 every two days라고 합니다. 그럼 3일에 한 번은요? 마찬가지로 every third day 또는 every three days라고 하면 되지요. 원래 every는 뒤에 단수 명사가 와야 하지만, 딱 하나 예외가 있는데, 이게 바로 [every+숫자 (two/three/four 등)+복수 명사] 틀이랍니다. 해석은 '∼마다 한 번씩, ∼마다'입니다.

5. A Kevin, how was your camping trip with your son?

    B It was awesome. **We took *a lot of pictures.**

    케빈, 아들과 함께 한 캠핑 여행 어땠어?

    끝내줬지. 우리 사진 많이 찍었어.

many와 much는 '많은'의 뜻이에요. 이 many는 셀 수 있는 명사의 복수형과 쓰이고 much는 셀 수 없는 명사와 함께 쓰입니다. 하지만 헷갈리죠? 그때는 a lot of를 쓰세요. 셀 수 있는 명사, 셀 수 없는 명사에 모두 쓸 수 있답니다. a lot of 대신 lots of를 써도 됩니다.
e.g. a lot of girls = lots of girls (많은 소녀들) a lot of sugar = lots of sugar (많은 설탕)

[주어가+동사한다+목적어를] 틀에 맞춰서 많은 문장들을 만들고 말해 보는 연습을 하세요.

난 술배가 나왔어.
I have a beer belly.

많은 것을 소유하는 동사 have/has로 자신만의 특징을 설명한다.

'~을 가지다'의 뜻으로 목적어가 꼭 있어야 하는 동사 have. 주어가 3인칭 단수일 때는 has가 됩니다. **have/has**는 단순히 어떤 물질적 대상을 소유하고 있는 걸 넘어서서 자신만의 신체적 특징, 인간관계, 음식, 생각, 질병 등 다양한 대상에 대한 소유 상태를 설명할 때도 쓰입니다. 예를 들어, 우리말에 "난 술배가 나왔어."를 영어로 말할 때는 신체적 특징인 '술배' 즉, beer belly를 자신이 가지고 있다, 소유하고 있다는 개념으로 접근하여 I have a beer belly.라고 말합니다.

▶ 031-32

문법 감 잡기 다음 우리말이 영어로 어떻게 바뀌는지 확인해 보세요.

나 술배가 나왔어.
나는 I / 가지고 있다 have /
술배를 a beer belly (신체적 특징)

I have a beer belly.

톰은 감기 걸렸어.
톰은 Tom / 가지고 있다 has / 감기를 a cold (질병)

Tom has a cold.

걔들에게 좋은 생각이 있어.
그들은 They / 가지고 있다 have /
좋은 생각을 a good idea (생각)

They have a good idea.

우린 여기서 아침 먹어.
우리는 We / 가진다 have /
아침 식사를 breakfast (음식) / 여기서 here

We have breakfast here.
미드: One Tree Hill

그는 성격이 엄청 좋아.
그는 He / 가지고 있다 has /
엄청 좋은 성격을 a great personality (성격)

He has a great personality.
미드: NCIS

궁금해요 1 저기요, I have got money.를 본 적이 있거든요. 이건 뭐예요?

네, have got은 회화에서 많이 쓰는 표현으로 have와 똑같은 의미입니다. 실제 회화에서는 줄임말로 've got 이렇게 많이 쓰죠. 그래서 "나 감기에 걸렸어."는 I have a cold. 또는 I've got a cold.라고 할 수 있어요.

궁금해요 2 호감 가는 사람한테 "시간 있어요?"라고 할 때 Do you have time?이라고 하면 될까요?

맞습니다. '시간이 있다'는 시간을 가지고 있다는 뜻이니까요. 단, time에 the를 붙여 Do you have the time?이라고 하면 What time is it?(몇 시예요?)란 뜻이 되므로 구분해서 사용하셔야 합니다.

통증을 설명할 때

A What's the matter, Jenny? You don't look good.

B **I have a stomachache.** It's killing me.

A Did you see a doctor?

B No, not yet. **I have so many things to do today.**

A: 무슨 일이야, 제니? 안색이 안 좋아 보여. B: 나 배 아파. 죽을 지경이야.
A: 병원엔 가 봤어? B: 아니, 아직. 나 오늘 할 일이 아주 많거든.

문장 조립하기 다음 우리말을 영어 문장으로 만드세요.

1. 나 숙취가 있어.

....

- a hangover 숙취
- 특이하게도 원어민들은 '숙취'를 셀 수 있는 명사로 본답니다. 그래서 a hangover라고 하지요.

2. 전 아들 하나, 딸 둘이에요.

....

- one boy and two girls 아들 하나 딸 둘
- 아들 한 명과 딸 둘을 갖고 있는 거죠. 조금만 생각해 보면 이것이 소유의 대상인지 쉽게 알 수 있어요.

3. 그녀는 머리가 길어요.

....

- long hair 긴 머리
- 머리가 길다는 건 긴 머리를 가지고 있다는 의미입니다. 주어가 '그녀'처럼 3인칭 단수일 때는 have가 아니라 has를 씁니다.

4. 나 눈에 뭐가 들어갔어.

....

- something 무언가
 / in my eye 내 눈에
- 눈에 뭐가 들어간 건 눈에 뭔가를 가지고 있다는 거죠. 이런 식의 표현을 자주 봐서 익혀 놔야 합니다.

5. 그는 평판이 좋아.

....

- a good reputation 좋은 평판
- 평판이 좋다는 건 다른 사람에게서 받은 좋은 평판을 가지고 있는 거라서 역시 소유의 개념으로 봅니다.

1. A Oh, **I have a hangover.** My head is pounding.

   B You drank *too much last night.

   아, 나 숙취가 있네. 머리가 지끈거려.

   너 어젯밤에 너무 많이 마셨어.

> too much는 '지나치게 많이'란 뜻이에요. so much, very much (매우 많이)와 달리 부정적인 뉘앙스로 쓰입니다. 예를 들어, 상대방이 잠을 너무 많이 잔다는 것을 부정적인 관점에서 지적할 때는 You slept too much. (너 너무 많이 잤어.) 라고 하면 되지요. 반면, Thank you so much. (정말 고맙습니다.)는 많이 고마워하고 있다는 긍정의 의미예요.

2. A *How many children do you have?

   B **I have one boy and two girls.**

   아이가 이렇게 되세요?

   전 아들 하나에 딸 둘이에요.

> 우리말 '얼마나 많이'는 영어로 How much나 How many 두 가지로 표현 가능합니다. much가 셀 수 없는 명사에 쓰이죠? 그래서 How much는 셀 수 없는 명사와 쓰이고 How many는 셀 수 있는 명사와 함께 쓰여요. children은 '아이들'이라는 복수 명사로 셀 수 있기에 How many가 쓰였습니다. 문장을 통째로 외워 두면 나중에 단어만 바꿔 쓸 수 있어요. 외우지 않고 영어를 잘할 수는 없습니다.

3. A What does Jane look like?

   B Well, **she *has long hair.** And she has brown eyes. She has a beautiful smile.

   제인은 어떻게 생겼어?

   음, 걔는 머리가 길어. 그리고 눈이 갈색이야.

   미소가 아름다워.

> 사람이 가진 외적 특징을 설명할 때도 have/has 동사를 사용하여 소유의 개념으로 말합니다. '머리가 길다'는 Her hair is long. 표현 외에 She has long hair.라고 할 수 있어요. '눈이 갈색이다.'는 Her eyes are brown. 표현 외에 She has brown eyes.라고 말할 수 있지요.

4. A **I have something in my eye.** Can you check for me?

   B Sure. Oh, you have an eyelash in your eye. I'll *take it out.

   나 눈에 뭐가 들어갔어. 확인 좀 해줄래?

   그래. 아, 너 눈에 눈썹 있다. 내가 빼줄게.

> take out은 '(안에 있는 걸 밖으로) 꺼내다'란 뜻입니다. 목적어로 it (그것을)과 같은 대명사가 올 때는 반드시 take와 out 사이에 들어가야 합니다. I'll take out it. 이렇게 하면 틀린 문장이 됩니다.

5. A Tell me about your new boss.

   B His name is Morris Kim. **He has a *good reputation.** Everybody loves him.

   새로 온 네 상사에 대해서 말해 줘봐.
   성함은 모리스 김이야. 그 분 평판이 좋더라고. 모두가 그 분 아주 좋아해.

> '평판이 나쁘다'는 good 대신 bad 또는 terrible 등의 부정적인 단어를 써서 have[has] a bad reputation/have[has] a terrible reputation이라고 말하면 됩니다.

> 소유동사 have/has를 이용해 성격, 외모, 질병 등 다양한 특징을 소유한 현재 상태를 설명해 보세요.

나(한테) 그 펜 줘.
Give me the pen.

[수여동사+사람+사물] 틀로 무언가를 (해) 주는 행위를 말한다.

give (주다), lend (빌려주다), make (만들어 주다), show (보여주다), teach (가르쳐 주다), buy (사 주다), ask (요청하다) 동사의 공통점을 찾아보세요. 상대방에게 뭔가를 (해) 주다라는 의미가 있죠? 이렇게 '(해) 주다'라고 해석되는 동사들을 묶어서 수여동사라고 한답니다. 이 **수여동사**는 [수여동사+사람 목적어+사물 목적어] 틀로 문장을 만들어요. 이때 사람 목적어는 '~에게/~한테', 사물 목적어는 '~을/를'로 해석하지요.

참고로, [수여동사+사물 목적어+전치사 to/for/of+사람 목적어] 형태로도 같은 의미를 나타낼 수 있습니다.

e.g. **Give her the shoes. = Give the shoes to her.** (그녀에게 그 신발 줘.)

▶ 034-35

문법 감 잡기 다음 우리말이 영어로 어떻게 바뀌는지 확인해 보세요.

나한테 그 펜 줘. 줘라 Give / 내게 me / 그 펜을 the pen	**Give me the pen.**
내 여자친구는 작년에 나한테 스웨터를 만들어 줬어. 내 여자친구는 My girlfriend / 만들어 줬다 made / 내게 me / 스웨터를 a sweater / 작년에 last year	**My girlfriend made me a sweater last year.**
네가 나한테 이 선물들 보냈니? 네가 보냈니? Did you send / 내게 me / 이 선물들을 these gifts	**Did you send me these gifts?**
너 나 맥주 좀 사다 줄 수 있어? 너 사다 줄 수 있어? Can you buy / 내게 me / 맥주 좀 some beer	**Can you buy me some beer?** 미드: Schitt's Creek
나 너한테 꼭 부탁해야 해. 나는 I / 요청해야만 한다 have to ask / 너에게 you / 부탁을 a favor	**I have to ask you a favor.** 미드: The Good Wife

궁금해요 "나한테 그것 줘."라고 말할 때, Give me it.이라고 하면 돼요?

원칙적으로는 맞아야 하는 문장이지만, Give me it. (그거 나한테 줘.) 또는 Give me them (그것들을 나한테 줘.) 같은 문장을 원어민들은 굉장히 어색하다고 느낍니다. 사물 목적어가 대명사 it 또는 them일 경우에는 Give it to me. / Give them to me.처럼 수여동사 바로 뒤에 놓아 말하는 게 자연스럽습니다.

남친과의 로맨틱한 시간을 말할 때

A Jane, did you have a good time with your boyfriend?

B Yes, it was great. **He made me dinner,** and it was so romantic.

A **Did he give you a present, too?**

B Of course, he did. **He bought me a beautiful diamond necklace.**

A: 제인, 너 남자친구랑 좋은 시간 보냈어? B: 응, 아주 좋았어. 남자친구가 나한테 저녁을 해줬어. 아주 로맨틱했지.
A: 남친이 선물도 줬어? B: 당연히 줬지. 예쁜 다이아몬드 목걸이를 사 줬어.

문장 조립하기 다음 우리말을 영어 문장으로 만드세요.

1. 전 고등학생들에게 영어 가르쳐요.

....

- teach 가르쳐 주다
  / high school students 고등학생들
- 수여동사 뒤에 목적어가 두 개 위치
  할 때, 순서는 [사람 목적어+사물 목
  적어]입니다.

2. (제게) 소금 좀 건네주시겠어요?

....

- pass 건네주다 / the salt (그) 소금
- 상대에게 '~해 줄래? / ~해 주시겠
  어요?'라고 요청할 때는 can을 사용
  해 Can you ~?라고 말합니다. 뒤에
  는 동사원형이 옵니다.

3. 내가 너한테 물 좀 가져다줄게.

....

- get 가져다주다 / some water 물 좀
- '~하겠다'라고 말하는 사람의 순간
  의 의지를 말할 때는 will을 사용합
  니다. 그래서 '내가 ~하겠다'는 I will
  ~이 되지요. 역시 이 will 뒤에는 동
  사원형이 옵니다.

4. 우리한테 너 휴가 때 사진 좀 보여줘.

....

- show 보여주다 / your holiday
  photos 네 휴가 사진들
- '~해 줘' 명령문은 동사부터 말하면
  서 문장을 시작합니다. 정중히 요청
  할 때는 앞에 Please를 붙이세요.

5. 너 나한테 돈 좀 빌려 줄 수 있어?

....

- lend 빌려주다 / some money 돈 좀
- '~해 줄래? / ~해 줄 수 있어?'라고
  요청할 때 Can you ~?를 사용해 말
  하면 됩니다.

1. A So what do you do for a living?
   B **I *teach high school students English.**

   그럼 무슨 일을 하세요? (= 직업이 뭐예요?)
   전 고등학생들에게 영어 가르쳐요.

   > 이 〈수여동사+사람+사물〉의 어순을 〈수여동사+사물+to/for+사람〉 순으로 바꿀 수도 있어요. 수여동사가 뭐냐에 따라서 전치사의 선택이 달라지는데, give (주다), send (보내다), show (보여주다), teach (가르치다), lend (빌려주다), pass (건네주다) 등의 동사는 전치사 to를 써야 합니다.
   > **e.g.** I teach high school students English. = I teach English to high school students.

2. A **Can you pass me the salt?** (= Can you pass the salt to me?)
   B **Of course. *Here you go.**

   (제게) 소금 좀 건네주시겠어요?

   그러죠. 여기 있습니다.

   > 상대방에게 물건을 건넬 때 "여기 있습니다."로 쓸 수 있는 표현에는 Here you go., Here you are., Here it is. (단수일 때), Here they are. (복수일 때) 등이 있습니다.

3. A Oh, I'm so thirsty.
   B **I'll *get you some water.**

   아, 나 너무 목말라.
   내가 너 물 좀 가져다줄게.

   > 〈수여동사+사람+사물〉의 순서가 〈수여동사+사물+to/for+사람〉 순으로 바뀔 수도 있다고 한 거, 기억나죠? 동사가 make (만들어 주다), buy (사 주다), cook (요리해 주다), get (가져다주다)일 때는 전치사를 to가 아니라 for를 써야 합니다. **e.g.** I'll get you some water. = I'll get some water for you.

4. A **Please show us your holiday**
       photos. (= Please show your
       holiday photos to us.)

    B *I'm afraid I can't. I lost my
       camera during the trip.

우리한테 너 휴가 때 사진들 좀 보여줘.

못 보여줘. 여행 중에 카메라 잃어버렸어.

> 문장 앞에 I'm afraid를 붙이면 해당 문장 내용에 대해서 유감스럽다, 죄송하다는 의미를 전달합니다. 별로 좋지 않은 일
> 을 말하거나 상대방의 부탁을 공손하게 거절할 때 〈I'm afraid+문장〉 구조를 즐겨 씁니다.
> **e.g.** I'm afraid I can't do it. (저 그거 못하겠습니다.)

5. A Can you *lend me some money?
       (= Can you lend some money to me?)

    B Sure. How much do you need?

너 나한테 돈 좀 빌려 줄 수 있어?

그래. 얼마나 필요해?

> 동사 lend와 borrow의 차이를 꼭 알아두세요. lend (과거형 lent)는 '빌려주다'의 뜻이고, borrow는 '빌리다'의 뜻입니
> 다. 예를 들어, '난 책을 빌렸어.'는 I borrowed a book.입니다. 많은 분들이 헷갈리는데 확실하게 알아두세요.

> [수여동사+사람 목적어+사물 목적어] 틀을 활용해서 누구에게 무엇을 해줬는지 말해 보는 연습을 하세요.

넌 날 행복하게 해.
You make me happy.

[동사+목적어+형용사/명사]로 목적어에 대한 정보를 더해 주자.

앞에서 [주어+동사+목적어] 형태를 배웠습니다. 그런데 이 목적어 뒤에 '목적어'를 보충 설명해 주는 말을 추가할 수가 있어요. 그래서 **목적어의 신분, 성질, 상태에 대한 설명**을 해줄 수 있는 거지요. 이런 추가어로 형용사나 명사가 올 수 있습니다. 하지만 모든 [주어+동사+목적어] 문장이 이럴 수 있는 건 아니에요. 문장의 동사가 다음과 같을 때 가능합니다.

make (~를 ...한 상태로 만들다), leave (~를 ...한 상태로 내버려두다), drive (~를 ...한 상태로 몰고가다),
call (~를 ...라고 부르다), name (~을 ...라고 이름 짓다), consider (~을 ...라고 여기다),
find (~이 ...라고 여기다, 생각하다), think (~을 ...로 생각하다, 여기다), keep (~을 ...한 상태로 유지하다)

 ▶ 037-38

문법 감 잡기 다음 우리말이 영어로 어떻게 바뀌는지 확인해 보세요.

네가 날 행복하게 하는구나.
너는 You / 만든다 make / 나를 me /
행복한 상태로 happy

You make me happy.

그녀는 우리를 미치게 해.
그녀는 She / 몰고간다 drives / 우리를 us /
미친 상태로 crazy

She drives us crazy.

우리는 그녀를 친구라고 여겼어.
우리는 We / 여겼다 considered / 그녀를 her /
친구라고 a friend

We considered her a friend.

너 그녀를 천사라고 불렀니?
너는 불렀니? Did you call / 그녀를 her /
천사라고 an angel

Did you call her an angel?
미드: Bones

배심원단은 그를 유죄라고 여겼어요.
배심원단은 The jury / 여겼다 found / 그를 him /
유죄인 상태로 guilty

The jury found him guilty.
미드: The Law and Order

궁금해요 make는 '만들다, 만들어 주다' 아니에요?

네, make는 '만들다, 만들어 주다'의 뜻이지만, 이렇게 '~를 ...한 상태로 만들다'의 뜻도 있어요. 그러니까 동사를 공부할 때 한 가지 뜻으로만 공부하면 안 돼요. 다양한 뜻과 구조가 있다는 걸 염두에 둬야 하지요. 참고로 leave는 '~을 떠나다', drive는 '(교통수단을) 몰다', call은 '~에게 전화하다', consider는 '~을 고려하다', find는 '~을 찾다', think는 '~을 생각하다'의 의미라는 것도 알아주세요.

비싼 전기료 때문에 난방을 제대로 못할 때

A Oh, it's really cold in here. Can we turn on the heater?

B Put on another sweater. **It will keep you warm.**

A Another sweater? **It will make me uncomfortable.**

B I'm sorry, but electricity is too expensive these days.

A: 아, 여기 정말 춥다. 히터 좀 틀어도 돼? B: 스웨터 하나 더 입어. 따뜻하게 해 줄 거야.
A: 스웨터를 하나 더? 몸이 불편해질 텐데. B: 미안한데, 요즘 전기가 너무 비싸.

문장 조립하기 다음 우리말을 영어 문장으로 만드세요.

1. 난 그 영화가 굉장히 통찰력이 있다고 생각했어.

....

- find 여기다, 생각하다 / the movie 그 영화 / insightful 통찰력 있는
- [find+목적어+형용사]는 '목적어를 ~라고 여기다(생각하다)'란 의미 덩어리를 만듭니다. find의 과거형은 found입니다.

2. 나 바보라고 부르지 마.

....

- call 부르다 / an idiot 바보
- '~하지 마'는 [Don't+동사원형] 구조로 말하면 됩니다.

3. 걔는 정말 날 화나게 만들어.

....

- make ~를 ...한 상태로 만들다 / angry 화난
- [make+목적어+형용사]는 '목적어를 ~한 상태로 (~하게) 만들다'란 의미 덩어리를 만듭니다.

4. 창문 열어둔 채로 놔둘래?

....

- Will you ~? ~해 줄래? / leave ~을 ...한 상태로 놔두다 / open 열려 있는
- [leave+목적어+형용사]는 '목적어를 ~한 상태로 (~하게) 놔두다'란 의미 덩어리를 만듭니다.

5. 그 소음이 날 밤새 깨어 있게 했어.

....

- The noise 그 소음 / keep ~을 ...한 상태로 유지하다 / awake 깨어 있는 / all night 밤새
- [keep+목적어+형용사]는 '목적어를 ~한 상태로 (~하게) 계속 유지하다'란 의미 덩어리를 만듭니다. keep의 과거형은 kept입니다.

1. A Did you *enjoy the movie?
   B Yes, I did. **I *found the movie very insightful.**

   너 영화 재미있게 봤어?

   응, 그랬어. 난 그 영화가 굉장히 통찰력이 있다고 생각했어.

enjoy는 '즐기다'의 뜻이에요. 그래서 이 enjoy만 보면 '즐기다'로 해석하는 분들이 많아요. 하지만 우리가 그 뜻대로 '영화 즐겼니?' 이렇게 말하면 진짜 어색하죠? '영화 잘 봤니?'로 해야 맞습니다. enjoy는 상황에 따라서 어떤 특정한 행위를 즐겁게 잘 하다의 뜻이에요. 이제부터는 '즐기다'로만 해석하는 습관, 접어 두세요.

2. A *You idiot, it's all your fault.
   B Hey, **don't call me an idiot.**

   이 바보 자식아, 다 네 잘못이잖아.

   야, 나 바보라고 부르지 마.

You idiot! 이런 말은 참 잘 외워집니다^^ 그 뒤에 거의 세트로 It's all your fault가 나와요. '이게 다 네가 잘못해서 그렇다, 너 때문에 이렇게 됐다'의 의미예요. 알아두면 가끔 한 번씩 쓸 때가 있을 거예요.

3. A John, how is your new roommate?
   B He's terrible. **He really *makes me angry.** Actually, I'm thinking of moving out.

   존, 너 새 룸메이트는 어때?

   완전 꽝이야. 걔는 정말 날 화나게 해. 사실, 나 이사 나갈까 생각 중이야.

make는 뜻이 참 많습니다. 그 중에서 [make+목적어+형용사/명사] 문장 구조는 '목적어를 ~한 상태로(~하게) 만들다'는 뜻입니다. **e.g.** make Tom sad (톰을 슬프게 만들다) make her my wife (그녀를 내 아내로 만들다)

4. A *Will you please leave the window open? I like the scent of rain.

창문 열어 둔 채로 놔둘래? 비 냄새가 좋네.

    B Sure. I'll *go get some coffee.

그래. 가서 커피 좀 가져올게.

Will you ~?는 '~ 좀 해줄래?'로 부탁하는 표현이에요. 회화에서 정말 많이 쓰입니다. I'll go get some coffee.에서 go get은 원래 go and get이에요. '가서 (go) 가져오다 (get)'의 의미지요. 하지만 회화에서는 and를 빼고 go 다음에 바로 어떤 행위를 하는 동작을 써서 '가서 ~하다'의 뜻으로 많이 씁니다.
e.g. go see a doctor (가서 의사를 만나다=진찰받다) go see a movie (가서 영화 보다)

5. A Last night some guys had a fight outside the building.

어젯밤에 몇몇 애들이 건물 밖에서 싸웠어.

    B Yeah, it went on for hours. **The noise kept me awake all night.**

응, 몇 시간 동안 계속 그러더라. 그 소음이 날 밤새 깨어 있게 했어.

keep은 '보관하다, 유지하다'의 뜻이 있어요. 이 keep이 [keep+목적어+형용사] 구조로 쓰이면 '목적어를 ~한 상태로 (~하게) 유지하다'는 뜻이 됩니다. 목적어 뒤에 위치하는 형용사가 목적어의 상태를 추가로 설명해 줍니다.
e.g. keep me angry (나를 계속 화난 상태로 있게 하다)

[동사+목적어+목적어 보충어] 틀로 형용사나 명사로 목적어를 보충 설명하는 문장을 많이 만들어 보세요.

난 네가 이거 하면 좋겠어.
I want you to do this.

목적어 뒤에 [to+동사원형]을 붙여 목적어의 행동, 상태를 설명한다.

목적어의 상태를 표현할 때 형용사나 명사만 쓰지는 않아요. [to+동사원형]을 쓸 수도 있지요. 이때 우리말 해석의 기본 틀은 ['주어'는 '목적어'가 '동사원형'하기를 '동사'한다]가 됩니다. 예를 들어, I want you to do this.를 볼까요? 직역하면 [나는 (I: 주어) 네가 (you: 목적어) 이걸 하기를 (to do this: to+동사원형) 원한다(want: 동사)]가 되지요. 하지만 모든 동사가 이런 구조를 가질 수 있는 건 아니에요. 이런 문장 구조가 가능한 대표적인 동사에는 want (~가 ...하기를 원하다), would like (~가 ...하기를 원하다), need (~가 ...하는 게 필요하다=~가 ... 했으면 싶다), tell (~에게 ...하라고 말하다), expect (~가 ...하기를 기대하다/예상하다), ask (~에게 ...하라고 요청하다), advise (~에게 ...하라고 충고하다), teach (~에게 ...하라고 가르쳐 주다) 등이 있습니다.

▶ 040-41

문법 감 잡기 다음 우리말이 영어로 어떻게 바뀌는지 확인해 보세요.

난 네가 이걸 하면 좋겠어.
나는 I / 원한다 want / 네가 you /
이걸 하기를 to do this

I want you to do this.

난 그녀가 머무르면 좋겠어.
나는 I / 원한다 would like / 그녀가 her /
머물기를 to stay

I would like her to stay.

수잔이 나한테 자기 기다려달라고 말했어.
수잔은 Susan / 말했다 told / 내게 me /
그녀를 기다리라고 to wait for her

Susan told me to wait for her.

난 절대 그가 살해당할 거라고
예상하지 않았어.
난 I / 절대 예상 안 했다 never expected /
그가 him / 살해당할 거라고 to be killed

I never expected him to be killed.
미드: NCIS

너 우리가 경찰에게 신고했으면 하니?
넌 ~했으면 하니 Do you need / 우리가 us /
경찰에 신고하는 것을 to notify the police

Do you need us to notify the police?
미드: Motive

상대방에게 무언가를 부탁할 때

A John, **I need you to do me a favor.**

B What is it?

A **I want you to do the laundry and wash the dishes.**

B Okay. I think I can do that for you.

A: 존, 네가 내 부탁 좀 들어 줬으면 해. B: 뭔데?
A: 네가 빨래하고 설거지 좀 해 주면 좋겠어. B: 그래, 해 줄 수 있을 것 같아.

문장 조립하기 다음 우리말을 영어 문장으로 만드세요.

1. 난 네가 주의 깊게 들어주면 좋겠어.

....

- want 원하다 / listen 듣다
  / carefully 주의 깊게
- carefully는 '주의 깊게'인데요, ly를
  떼버린 careful은 '주의 깊은'의 뜻입
  니다.

2. 내가 너한테 조심하라고 말했잖아.

....

- told 말했다 ← tell
  / be careful 조심하다
- 영어에는 '조심하다'란 말이 없습니
  다. '조심하는'의 careful 앞에 be동사
  를 놓아야 '조심하다'의 동사가 되죠.
  e.g. kind (친절한) – be kind (친절
  하다)

3. 너 나한테 운전하는 거 가르쳐 줄 수 있어?

....

- can ~할 수 있다 / teach
  가르쳐 주다 / drive 운전하다
- '너 ~할 수 있어? ~해 줄래?'는 Can
  you ~? 형태를 활용해 만듭니다. 뒤
  에는 동사원형이 옵니다.

4. 네가 나한테 그거 세탁해 달라고 했잖아.

....

- ask 부탁하다 / wash 빨다, 세탁하다
- '~해 달라고 하다'는 '요청하다'와 같
  은 뜻이므로 '부탁하다, 요청하다'의
  동사 ask를 사용합니다.

5. 의사가 나한테 좀 쉬라고 충고했어.

....

- advise 충고하다
  / get some rest 좀 쉬다

1. A **I want you to *listen carefully.** This is very important.

   B Okay. I'm listening.

   난 네가 주의 깊게 들어주면 좋겠어. 이거 굉장히 중요한 거야.

   그래, 듣고 있어.

> '듣다'의 뜻을 가진 대표적인 동사로 hear와 listen이 있습니다. 우리말 뜻은 같지만 이 둘은 뉘앙스 차이가 있어요. hear가 스쳐 들리거나 그냥 무언가가 (가만히 있어도) 들리는 것을 말할 때 쓰이는 반면, listen은 듣는 사람이 의도를 갖고 주의를 기울여 듣는 것을 말할 때 쓰입니다.

2. A Ouch! I cut my finger.

   B **I told you to be careful.** I'll *go get a Band-aid.

   앗! 나 손가락 베었어.

   내가 너한테 조심하라고 말했잖아. 내가 가서 반창고 가져올게.

> 원래 한 문장에 동사 두 개가 연속으로 연결돼 쓰일 수는 없어요. 꼭 and 같은 연결해 주는 말이 있어야 하지요. 그래서 원래는 I'll go and get a Band-aid. (내가 가서 반창고 가져올게.)처럼 써야 맞습니다. 하지만 구어체 영어에서는 go 뒤에 등장하는 and를 생략하고 [go+동사원형 = 가서 ~하다]의 형태로 즐겨 쓰입니다.
> **e.g.** Go buy it. (가서 그거 사.)

3. A Mike, **can you teach me to drive?**

   B Sure. When do you *want to start?

   마이크, 너 나 운전하는 거 가르쳐 줄 수 있어?

   그럼. 언제 시작하고 싶은데?

> want (원하다)는 [want+목적어+to 동사원형] 형태로 목적어가 취할 행동이나 상태를 설명합니다. 또 [want+to 동사원형]처럼 목적어 자리에 바로 to+동사원형 즉, to부정사를 위치시켜 주어 자신이 하고 싶은 행동이나 상태를 설명하기도 한다는 거 잊지 마세요.
> **e.g.** I want to drive this car. (나 이 차 몰고 싶어.)
> I want <u>you</u> to drive this car. (난 네가 이 차 몰면 좋겠어.)

4. A I can't find my red skirt. Did you see it?

   B It's in the washing machine. **You asked me to wash it,** *remember?

   내 빨간 치마를 찾을 수가 없네. 너 그거 봤어?

   그거 세탁기 안에 있는데. 네가 나한테 그거 빨아 달라고 했잖아, 기억나?

   일반 평서문 문장 끝에, ~, remember? (기억나?)를 붙이면 간단하게 상대방의 기억을 확인하는 질문을 던질 수 있습니다. 이 외에도 문장 끝에 붙이면 질문이 되는 단어로 right?이 있습니다. 상대방에게 사실 여부를 확인할 때 쓰지요. **e.g.** You like her, right? (너 걔 좋아하지, 그렇지?)

5. A I'm not *feeling well lately. **The doctor advised me to get some rest.**

   B I hope you'll get well soon.

   나 요즘 건강이 안 좋아. 의사가 나한테 좀 쉬라고 충고했어.

   빨리 너 건강해지면 좋겠다.

   feel well과 feel good은 의미가 다릅니다. feel good은 직역하면 '좋은 기분이 든다' 즉, '기분이 좋다'는 감정을 나타내는 표현이에요. 반면에, well은 신체적으로 '건강한'이란 뜻으로 feel well은 '건강한 기분이 든다' 즉, '몸 상태가 좋다, 건강하다'의 뜻으로 쓰입니다.

   [동사+목적어+to 부정사] 형태로 사용 가능한 want, need 등의 동사를 기억하여 다양한 문장을 만들어 보세요.

그는 날 웃게 만들어 줘.
He makes me laugh.

목적어 뒤에 '동사원형'을 붙여 목적어의 행동, 상태를 설명한다.

이번에는 목적어 뒤에 to부정사가 아닌 그냥 **동사원형**이 나와서 앞에 나온 **목적어의 행동, 상태를 설명하는** 경우입니다. 역시, 모든 동사들이 이러한 문장 구조가 가능한 건 아니에요. 이런 문장 형태가 가능한 동사는 따로 있죠. make (목적어가 ~하게 만들다), let (목적어가 ~하게 허락하다, 목적어가 ~하게 하다), have (목적어가 ~하게 시키다), help (목적어가 ~하게 도와주다) 동사가 이런 구조를 취할 수 있어요. 이 '~하게'에 동사원형이 오는 것이죠. 이 동사들은 목적어가 특정 행동을 하게 하거나 특정 감정을 느끼게 만든다 하여 영어 문법에서는 좀 어려운 말로 '사역동사'라고 부릅니다.

▶ 043-44

문법 감 잡기 다음 우리말이 영어로 어떻게 바뀌는지 확인해 보세요.

그는 날 웃게 해.
그는 He / 만들어 준다 makes /
내가 me / 웃게 laugh

He makes me laugh.

제발 날 그냥 가게 해줘.
제발 ~하게 해줘 Please let / 내가 me / 가게 go

Please let me go.

그녀는 내가 바나나 사게 시켰어.
그녀는 She / 시켰다 had / 내가 me /
바나나를 사게 buy bananas

She had me buy bananas.

우리 부모님은 내가 가위 사용하게
허락 안 할 거야.
우리 부모님은 My parents / 허락 안 할 것이다
won't let / 내가 me / 가위를 사용하게 use scissors

My parents won't let me use scissors.
미드: The Simpsons

내가 널 상처 주게 하지 마.
만들지 마라 Don't make / 내가 me /
널 상처 주게 hurt you

Don't make me hurt you.
미드: Elementary

궁금해요 make는 도대체 안 쓰이는 데가 없네요.

맞습니다. make는 정말 쓰임이 다양한 동사예요. 뒤에 목적어를 취하면 '~을 만들다'의 뜻이 되고요, 뒤에 사람 목적어와 사물 목적어가 함께 오면 '~에게 ...을 만들어 주다'의 뜻이 되죠. 또 뒤에 [목적어+형용사/명사]가 오면 '목적어를 ~한 상태로 만들다'의 뜻이고, [목적어+동사원형]이 오면 '목적어가 (어떤 동작을) ~하게 만들다'의 뜻이 됩니다. 문장을 많이 접하면서 익숙해지는 수밖에 없어요^^

자신을 상대방에게 소개할 때

A Hi, everyone. **Let me introduce myself.** I'm Kevin, and I live in London, England. I love listening to music, and my favorite singer is Michael Jackson. My mother wants me to become a doctor, but I want to become a great musician like him.

A: 안녕하세요, 여러분. 저를 소개하겠습니다. 전 케빈이고요, 영국 런던에 삽니다. 전 음악 듣는 걸 엄청 좋아하고 가장 좋아하는 가수는 마이클 잭슨입니다. 저희 어머니는 제가 의사가 되길 원하시지만, 전 그(마이클 잭슨)와 같은 훌륭한 음악가가 되고 싶습니다.

문장 조립하기 다음 우리말을 영어 문장으로 만드세요.

1. 그녀가 내가 그걸 빌리게 해줬어.

   ....

   - let 허락하다 / borrow 빌리다
   - let은 과거형도 똑같이 let입니다. 누군가가 어떤 행동을 하도록 허락한다는 의미가 강하죠.

2. 내가 케빈이 그거 고치게 했어.

   ....

   - have 시키다 / fix 고치다
   - have의 과거형은 had입니다. have가 '목적어가 ...하게 시키다'의 뜻일 때는 살짝 강압의 뉘앙스를 풍겨요.

3. 존이 내가 이 수학 문제를 이해하게 도와줬어.

   ....

   - help 도와주다
     / understand 이해하다
     / this math question 이 수학 문제
   - help는 목적어 뒤에 동사원형이 올 수도, to부정사가 올 수도 있습니다.

4. 뭐가 널 그렇게 생각하게 만드는 건데? (= 왜 그렇게 생각해?)

   ....

   - make 시키다
     / think so 그렇게 생각하다
   - 우리는 '왜 그렇게 생각해?'라고 하지만, 원어민들은 '무엇이 널 그렇게 생각하게 만들어?'라고 묻습니다. 굉장히 많이 쓰는 표현입니다.

5. 사람을 시켜서 그거 방에 가져다드리도록 하겠습니다.

   ....

   - have 시키다 / bring 가지고 가다
     / to your room 당신 방으로
   - 영어식 사고로는 '난 누군가가 그걸 당신 방에 가지고 가게 시키겠다'라고 말할 수 있습니다.

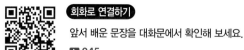
1. A Wow, that's a good camera. Is that *yours?

    B No, it's not mine. It's Jenny's. **She let me borrow it.**

와, 그거 좋은 카메란데. 그거 네 거야?	
아니, 내 거 아냐. 제니 거야. <u>그녀가 내가 그거 빌리게 해줬어.</u>	

> 이 문장에서 yours (네 것)는 your camera (네 카메라)를 가리키는 대명사입니다. 영어에서는 앞에서 한 번 언급된 걸 다시 반복하는 걸 싫어해서 이렇게 대명사를 많이 씁니다.

2. A It's strange. This printer works again.

    B Oh, **I had Kevin fix it.**

이상하네. 이 프린터가 다시 작동을 해.	
아, <u>내가 케빈이 그거 고치게 했어.</u>	

> 다른 사람이 무언가를 하게끔 만들다, 시키다의 문장 구조에서 쓰이는 동사가 바로 make와 have입니다. 둘 다 [목적어+동사원형]의 틀로 쓰이지요. 대신 make가 좀 더 강압적인 느낌을 준다는 차이가 있습니다.

3. A **John helped me (to) understand this math question.**

    B The guy is a math *whiz.

<u>존이 내가 이 수학 문제 이해하게 도와줬어.</u>	
걔는 수학 천재라니까.	

> 명사 whiz는 '달인, 명인, 천재'란 뜻으로 쓰입니다. 그 외 '천재'라는 뜻으로 genius가 있고요, 나이 어린 '신동'의 의미로 prodigy도 있습니다.

4. **A** I think John is *two-timing me.

   B <u>**What makes you think so?**</u> Do you have any proof?

   존이 양다리 걸치고 있는 것 같아.

   왜 그렇게 생각하는 건데? 증거 있어?

영어로 연애에서 양다리 걸치는 사람을 '두 탕 뛰는 사람'이란 뜻으로 two-timer라고 합니다. 동사 표현으로는 two-time someone 즉, '누군가를 두고 양다리 걸치다'란 뜻이지요.

---

5. **A** Hi, I'm in room 520. I need an extra hanger.

   B <u>**I'll have *someone bring that to your room.**</u>

   안녕하세요. 520호실 투숙객인데요. 옷걸이가 하나 더 필요해요.

   사람 시켜서 방에 가져다드리도록 하겠습니다.

문장에서 someone 보신 적 있을 거예요. '누군가, 어떤 사람'의 뜻으로 긍정문에서 쓰인답니다. 참고로 부정문에서는 someone 대신 anyone을 쓰는데, 이때는 '아무도, 누구도'의 의미랍니다.
e.g. I don't need anyone. (난 아무도 필요 없어.)

[동사+목적어+동사원형] 구문을 꼭 기억하셔서 목적어가 어떤 행동을 하도록 시키는 문장을 많이 연습해 보세요.

03

명령하고 제안하고 물어보기

늘 평서문만 말하고 살 수는 없어요!

우리가 하루에 하는 말을 잘 살펴보세요. '~입니다', '~합니다' 이런 평서문도 쓰지만 궁금해서 물어보고, 지시도 하고, 같이 뭐 해보자는 말도 하고 그러잖아요. 영어도 마찬가지입니다. 평서문도 중요하지만, 이렇게 물어보고, 명령하고, 권유하는 문장도 말할 수 있어야 합니다.

그 중에서 영어 학습자들이 가장 어려워하는 게 바로 물어보는 문장, 의문문이에요. 그것도 Who (누가, 누구를), What (무엇이, 무엇을), Which (어느 것이, 어느 것을), When (언제), Where (어디서), How (어떻게), Why (왜) 같은 의문사가 들어간 의문문 말이죠. 그런데요, 너무 어려워하지 마세요.

의문문을 만들 때 먼저 이런 의문사를 맨 앞에 두고 그 뒤를 의문문 순서로 놓으면 됩니다. 의문문 순서가 뭔지 모르겠다고요? 이미 다 배웠습니다. be동사가 들어간 문장은 [be동사+주어 ~?] 어순이고, 그 외 일반동사가 들어간 문장의 의문문은 [Do/Does/Did+주어+동사원형

~?]이라고요. 의문문은 이것만 알면 끝입니다. 나머지는 관용어구처럼 쓰이는 표현들을 외우고 단어를 많이 아는 것이죠. 지레 어렵다 겁먹지 말고 편한 마음으로 해보세요. 충분히 할 수 있습니다.

문 닫아.
Close the door.

'~해' 명령문은 동사원형으로 문장을 시작한다.

'~해'라고 지시, 명령을 나타내는 명령문은 만들기 참 쉽습니다. 그냥 **'주어' 없이 '동사원형'**을 던지면서 문장을 **시작**해 주면 되니까요. 내 말을 듣는 주체가 눈앞에 있는 '너'이기 때문에 굳이 You를 쓰지 않습니다. 그럼, '조용히 해'를 영어로 어떻게 만들까요? 이건 '조용한 상태로 있어.'라는 것이죠? 상대방에게 어떤 상태로 있으라고 명령할 때는 상태를 나타내는 형용사 앞에 Be동사를 넣어 Be quiet. (조용히 해.), Be kind. (친절하게 굴어.)처럼 [Be+형용사] 틀로 명령문을 말하면 됩니다. 그리고 이 명령문을 좀 더 부드럽게 들리게 하고 싶을 때는 문장 앞이나 뒤에 please를 붙여 말하면 됩니다.
e.g. Please close the door. = Close the door, please. (문 좀 닫아 주세요.)

▶ 046-47

문법 감 잡기 다음 우리말이 영어로 어떻게 바뀌는지 확인해 보세요.

문 닫아.
닫아라 Close / 그 문을 the door

Close the door.

일찍 자러 가세요.
가세요 Please go / 침대로 to bed / 일찍 early

Please go to bed early.
[= Go to bed early, please.]

사람들한테 친절하게 굴어.
친절하게 굴어라 Be nice / 사람들에게 to people

Be nice to people.

같은 실수를 또 하지 마.
만들지 마라 Don't make /
같은 실수를 the same mistake / 또 다시 again

Don't make the same mistake again.
미드: Angel

네 이메일 확인해 봐.
확인해 줘 Please check / 네 이메일들을 your e—mails

Please check your e-mails.
미드: The office

궁금해요 1 '~하지 마'라는 명령문은 어떻게 말해요?

'~해'의 반대형인 '~하지 마'를 부정 명령문이라고 해요. 부정 명령문은 동사원형으로 시작하는 명령문 앞에 Don't만 붙여주면 됩니다. 역시 좀 더 부드럽게 하지 말라고 할 때는 문장 앞뒤에 please를 붙이면 돼요.
e.g. Don't go. (가지 마.) Please don't go. = Don't go, please. (가지 마세요.)

궁금해요 2 명령문에 You를 쓸 수도 있나요?

네, 여럿이 모여 있을 때 한 사람을 지적하면서 You라고 말한 다음 명령할 수 있지요. 하지만 이런 경우가 아닌 데도 명령문에 You를 쓰면 자칫 듣는 사람 입장에서 무례하게 들릴 수도 있습니다.
e.g. You, go home. ((여럿 중에서 한 사람을 콕 찍어서) 너, 집에 가.)
((다른 사람 신경 쓰지 말고) 너나 집에 가. – 살짝 무례한 느낌을 줄 수 있음.)

놀이기구 타는 게 무섭다고 할 때

A   Mike, let's get in line for that ride.

B   You mean the roller coaster? No, I can't do that.

A   **Don't be a coward.** It's going to be fun.

B   It looks too scary. Let's try something else.

A: 마이크, 저 놀이기구 타게 줄 서자. B: 롤러코스터 말하는 거야? 아니, 나 저거 못해.
A: 겁쟁이처럼 굴지 마. 재미있을 거야. B: 너무 무서워 보인다고. 다른 거 타자.

문장 조립하기   다음 우리말을 영어 문장으로 만드세요.

1. 책 읽어.

....

- read 읽다 / a book 책
- 명령문을 이끄는 동사원형 뒤에는 어순에 맞게 목적어, 보충어 등을 연결시켜 주세요.

2. 곧장 가시다가 모퉁이에서 왼쪽으로 도세요.

....

- go straight 곧장 가다 / turn left 왼쪽으로 돌다 / at the corner 모퉁이에서
- 동사 두 개가 한 문장에 함께 쓰일 때는 and 등으로 연결되어야 합니다. **e.g.** Go and sleep. (가서 자라.)

3. 극장에서는 조용히 해.

....

- quiet 조용한 / in the theater 극장에서는
- quiet은 형용사로 '조용한'입니다. '조용히 하다' 같은 동사 표현은 [be동사+형용사]로 만듭니다. **e.g.** be quiet 조용히 하다

4. 네 책들 여기다 두고 가지 마.

....

- leave 두고 가다
/ your books 네 책들 / here 여기에

5. 수업 빼 먹지 마.

....

- miss 결석하다, 빼먹다
/ the class 수업
- '~하지 마'의 부정 명령문이니 Don't로 시작하면 됩니다.

1. A Be quiet and **read a book.**   조용히 하고, 책이나 읽어.
   B OK, I will.   *네, 그러죠.

   > 상대가 '~해'라고 명령을 했어요. 기분 좋게든 살짝 비꼬아서든 그렇게 하겠다고 할 때는 주로 OK, I will.이라고 대답합니다.

2. A Excuse me. Where is the post office?   실례합니다. 우체국이 어디에 있나요?
   B **Go straight and *turn left at the**   곧장 가시다가 모퉁이에서 왼쪽으로 도세요.
     corner.

   > "왼쪽으로 도세요." 혹은 "좌회전 하세요."는 Turn left. 외에 Turn to the left., Make a left., Make a left turn. 등으로 다양하게 표현할 수 있어요. 물론 오른쪽으로 돌라고 말할 때는 left 대신 right를 넣어서 Turn right., Turn to the right., Make a right., Make a right turn. 등으로 말하면 됩니다.

3. A *Stop talking. **Be quiet in the**   그만 좀 말해. 극장에서는 좀 조용히 해.
     theater.
   B I'm sorry.   미안해.

   > stop은 '~을 그만하다'의 뜻이에요. 이 stop 뒤에 동사에 – ing를 붙인 형태가 오면 '하던 행동을 그만하다'의 뜻이 됩니다. **e.g.** Stop eating. (그만 좀 먹어. – eat+ing) Stop sleeping. (그만 좀 자. – sleep+ing)

4. A Excuse me. I need to go to the bathroom.

   실례 좀 할게요. 화장실 가야 해서요.

   B Okay. **Oh, don't *leave your books here.** Someone might take them.

   알겠어요. 아, 여기다 책 두고 가지 마세요. 누가 가져갈 지도 몰라요.

> leave의 가장 대표적인 기본 뜻은 '떠나다'예요. 여기서 파생되어 '~를 두고 가다', '~를 맡기다' 등의 뜻으로도 즐겨 쓰입니다. 예를 들어, '네 가방 여기에 두고 가.'는 영어로 Leave your bag here.라고 말하면 되지요.

5. A **Don't miss the class.** You'll get in trouble.

   수업 빼먹지 마. 너 곤란해진다.

   B Don't worry. *I won't.

   걱정하지 마. 안 그럴게.

> '~하지 마'라는 부정 명령문을 듣고 안 그러겠다고 답할 때는 뭐라고 할까요? 이 때는 I won't.라고 하면 됩니다. won't는 will not의 줄임말로 '~하지 않겠다'의 의미를 나타내거든요. 간단하지만 이런 대답 표현을 알고 있는 게 굉장히 중요합니다. 여러 번 반복하세요.

[동사원형 ~]으로 시작하는 명령문 형태를 꼭 기억해서 지시, 명령 문장을 만들어 보세요.

그거 하자.
Let's do it.

[Let's+동사원형]의 틀로 상대방에게 무언가를 하자고 권유한다.

상대방에게 함께 '~하자'라고 **권유할 때는 [Let's+동사원형]** 틀로 말하면 됩니다. 우리가 흔히 '가자!'라고 할 때 Let's go! 라고 하는 것처럼요. 반대로 '~하지 말자'라고 권유할 때는 어떻게 할까요? 이때는 [Let's+not+동사원형] 틀을 이용하면 됩니다. 그래서 '가지 말자.'는 영어로 Let's not go.가 되겠죠.
명령문의 Go. (가.), Don't go. (가지 마.)와 Let's go. (갑시다.)의 차이는 뭘까요? 일단 명령문은 상대방인 너만 하는 행동을 가리킵니다. 말하는 나는 하지 않지요. 반면, [Let's+동사원형]에서는 말하는 나와 듣는 상대방이 같이 어떤 행동을 하는 것입니다. 그래서 명령문보다 이렇게 [Let's+동사원형]으로 말하게 되면 훨씬 부드러운 느낌을 주게 되지요.

▶ 049-50

문법 감 잡기 다음 우리말이 영어로 어떻게 바뀌는지 확인해 보세요.

그거 하자.
합시다 Let's do / 그것을 it

Let's do it.

우리 친구 합시다.
됩시다 Let's be / 친구가 friends

Let's be friends.

공원까지 걸어가자.
걸어갑시다 Let's walk / 공원까지 to the park

Let's walk to the park.

우리 논리적으로 굴자.
됩시다 Let's be / 논리적인 logical

Let's be logical.
미드: Scorpion

그것에 대해선 걱정하지 말자.
걱정하지 맙시다 Let's not worry / 그것에 대해 about that

Let's not worry about that.
미드: Bob's Burgers

궁금해요 이렇게 권유할 때 '그래, 그러자.', '아니, 그러지 말자.'처럼 대답할 때는 어떻게 해요?

상대방이 Let's ~로 뭔가를 하자고 권유했을 때, 동의한다면 간단하게 Yes, let's.라고 하면 되고요, 동의하지 않는다면 간단히 No, let's not.이라고 하면 됩니다.

사진 속 내 모습에 대해 말할 때

A Is this your boyfriend in the picture?

B Yes, it is. He's so good-looking, right?

   But, look at my hair in the picture.

A Why? Oh, well, it's not that bad.

B **Let's be honest.** My hair looks like shit.

A: 사진 속 이 사람 네 남자친구야? B: 응. 맞아. 정말 잘생겼지, 그렇지? 근데, 사진 속 내 머리 좀 봐 봐.
A: 왜? 아, 음, 그렇게 나쁘진 않은데. B: 우리 좀 솔직해지자. 내 머리 거지 같잖아.

문장 조립하기 다음 우리말을 영어 문장으로 만드세요.

1. 뭐 좀 시켜 먹자.

....

- order 주문하다, 시키다 / something 무언가
- something은 긍정문에서 쓰입니다. 부정문에서는 anything을 쓰는데, 이 때는 '아무것도'의 뜻이죠.

2. 매표소 앞에서 7시에 만나자.

....

- meet 만나다 / in front of the ticket booth 매표소 앞에서 / at 7 o'clock 7시에
- in front of는 어떤 장소나 사물의 앞에서를 나타낼 때 씁니다.

3. 몇 분 동안 쉬자.

....

- take a break 쉬다 / for a few minutes 몇 분 동안
- 전치사 for는 초, 분, 시간 같은 단위와 함께 '~ 동안'의 뜻을 전합니다.

4. 새 걸로 하나 사자.

....

- buy 사다 / a new one 새 것 하나

5. 100달러 이상은 쓰지 말자.

....

- spend 쓰다 / more than ~ 이상, ~보다 많이 / 100 dollars 100달러
- '~하지 말자'는 Let's 뒤에 not을 써서 표현합니다.

회화로 연결하기

앞서 배운 문장을 대화문에서 확인해 보세요.

▶ 051

1. A I'm starving. **Let's order something.**

   B No, let's not. *It's midnight. You don't want to get fat.

   나 배고파 죽겠어. 뭐 좀 시켜 먹자.

   아니, 그러지 말자. 자정이야. 너 뚱뚱해지고 싶지 않잖아.

   > 시간을 말하는 문장은 주어 자리에 it을 씁니다.
   > **e.g.** It's 10 o'clock. (10시야.) It's noon. (정오야.)

2. A What time *shall we meet?

   B The concert begins at 8. **Let's meet in front of the ticket booth at 7 o'clock.**

   우리 몇 시에 만날까?

   콘서트가 8시에 시작하거든. 매표소 앞에서 7시에 만나자.

   > shall이 I, we와 같은 1인칭 주어와 의문문으로 함께 쓰이면 '~할까요?'의 뜻으로 상대방의 의견이나 의향을 묻습니다. Shall we ~?/Shall I ~? 다음에 동사원형이 오는 것, 꼭 알아두세요.
   > **e.g.** Shall we dance? (우리 춤출래요?) What shall I do next? (제가 다음엔 뭘 해야 할까요?)

3. A I'm so tired. **Let's take a break for *a few minutes.**

   B That's a good idea.

   너무 피곤하네. 몇 분 동안 쉬자.

   좋은 생각이야.

   > dog (개), cookie (과자), minute (시간의 분) 같이 셀 수 있는 명사에 '약간, 몇 개'라고 수량을 언급할 때, a few를 붙일 수 있습니다. 당연히 이 a few 뒤에는 -(e)s가 붙은 복수형이 와야 하죠.
   > **e.g.** a few dogs (개 몇 마리) a few cookies (과자 몇 개) a few minutes (몇 분)

4. A This blender doesn't work
       anymore.

    이 믹서기가 더 이상 작동을 안 하네.

    B It's about time. We bought it 8
       years ago. **Let's buy *a new one.**

    그럴 때도 됐지. 그거 8년 전에 샀잖아. 새 걸로
    하나 사자.

Do you have a pen? (너 펜 있어?)이라고 물을 때, 원어민들은 I have a pen.이 아니라 I have one. (나 하나 있어.)이라고 말합니다. 앞에서 언급된 명사를 다시 언급하는 걸 싫어하기 때문에 이렇게 이미 언급된 명사 a pen을 또 쓰는 대신 one을 쓴 거죠. one을 썼다는 건 개수가 하나임을 나타냅니다. 여러 개일 때는 ones라고 하지요. 참고로 one을 쓴다는 건 어떤 특정한 것이 아니라 화자가 언급하는 형태에 속하는 것 아무거나 하나라는 뜻입니다.

5. A We don't have much money.
       **Let's not spend *more than 100
       dollars.**

    우리 돈 많이 없어. 100달러 이상은 쓰지 말자.

    B Yeah, I agree.

    그래, 동의해.

more than은 정확히는 '~보다 많게'로 우리말로는 '~ 이상'이라고 기억하면 됩니다. 금액이나 수치 앞에 위치할 수 있는 표현이지요. 반대는 less than으로 '~ 이하'라고 해석하면 됩니다.

[Let's ~/Let's not ~] 구문으로 무엇을 하자, 또는 하지 말자는 권유의 문장을 다양하게 만들어 보세요.

걔 차 있어? 걔 잘 생겼어?
Does he have a car? Is he handsome?

일반동사/be동사 의문문 만들기

앞에서 일반동사와 Be동사 의문문은 여러 번 봤지만, 여기서 한번에 깔끔하게 정리합니다. 문장의 동사가 be동사인 am, are, is, was, were일 때는 **be동사를 주어 앞에 두어 의문문을 만들면 됩니다.** 이런 be동사 외의 동사는 일반동사라고 했죠? 그런데 문장의 동사가 일반동사일 때는, 의문문 만들 때 조금 복잡해집니다. 일단, 주어가 I, you, they, we, 복수명사이고 현재시제일 때는 주어 앞에 Do를, 주어가 he, she, it, 단수 명사이면서 현재일 때는 주어 앞에 Does를 씁니다. 과거형일 때는 주어에 상관없이 Did를 주어 앞에 쓰면 되지요.

▶ 052-53

문법 감 잡기 다음 우리말이 영어로 어떻게 바뀌는지 확인해 보세요.

걔 차 있어?
그는 가지고 있어? Does he have / 차를 a car?

Does he have a car?

걔 잘생겼어?
그는 ~~이니? Is he / 잘생긴 handsome

Is he handsome?

너 숙제하는 중이야?
너 하는 중이야? Are you doing /
네 숙제를 your homework

Are you doing your homework?

내가 뭔가 말을 잘못했나?
내가 말했어? Did I say /
무언가 잘못된 걸 something wrong?

Did I say something wrong?
미드: Super girl

너 지난주에 파티에 있었니?
너는 있었니? Were you / 파티에 at the party /
지난주에 last week?

Were you at the party last week?
미드: Lucifer

궁금해요 be동사랑 일반동사 의문문 만드는 법, 표로 정리해 주세요.

정리하면 다음과 같습니다.

일반동사 의문문	Do (3인칭 단수 제외·현재) Does (3인칭 단수·현재) Did (과거형)	주어	일반동사 원형 ~?	Does he have a car?
Be동사 의문문	Are (복수형·we·they·you) Is (단수형·he·she·it) Am (I)		명사/형용사/V-ing ~?	Are you a doctor? Is he handsome? Are you listening to me?

옷 가게에서 옷을 환불할 때

A May I help you?

B Yes, I'd like to return this shirt.

A **Is there something wrong with it?**

B Yes. I didn't notice when I bought it. But look.

   There's a stain on the left sleeve, and two buttons came off.

A: 도와드릴까요? B: 네, 이 셔츠 환불하고 싶은데요. A: 셔츠가 뭐 잘못된 게 있나요?
B: 네, 샀을 때는 알지 못했는데요. 근데 보세요. 왼쪽 소매에 얼룩이 있고요, 단추 두 개가 떨어져 나갔어요.

문장 조립하기 다음 우리말을 영어 문장으로 만드세요.

1. 너 어젯밤에 그 뉴스 봤니?

....

- watch 보다 / the news 그 뉴스 / last night 어젯밤에
- 일반동사 watch가 쓰였고 과거형이므로, Did를 써야 합니다.

2. 너 내일 꽃 시장에 갈 거니?

....

- be going to ~할 예정이다 / go to ~에 가다 / the flower market 꽃시장 / tomorrow 내일
- [be동사 going to+동사원형]은 '~할 예정이다'의 뜻입니다. be동사가 들어간 문장이니 be동사를 주어 앞에 두어 문장을 만들면 됩니다.

3. 은행에 사람들이 많이 줄 서서 기다리고 있었니?

....

- many people 많은 사람들이 / wait in line 줄 서서 기다리다 / at the bank 은행에
- [be동사+동사-ing]는 '~하고 있다'로 진행 중인 동작을 나타냅니다. 현재 진행 중이면 be동사 현재형을, 과거에 진행 중이었으면 be동사 과거형을 쓰죠. be동사가 들어간 문장이니 be동사를 주어 앞에 놓으면 됩니다.

4. 걔 열심히 공부하니?

....

- study 공부하다 / hard 열심히
- 3인칭 단수에 현재시제니까 이때는 Does를 써야 합니다.

5. 너 이 근처의 맛집 알아?

....

- know 알다 / any good place 맛집 / around here 이 근처에
- any good place는 '맛집' 외에 갈 만한 괜찮은 장소를 가리킬 때도 쓸 수 있습니다. 영작의 기본은 우리말에 딱 맞춘 단어를 쓰는 게 아닙니다. 의미가 통할 수 있는 단어를 문법과 용법에 쓸 수 있는 게 가장 중요합니다.

1. A **Did you *watch the news last night?**

   B No, I didn't. I slept early. Did I miss anything important?

   너 어젯밤에 그 뉴스 봤니?

   아니, 못 봤어. 나 일찍 잤거든. 내가 뭐 중요한 거 놓친 거야?

   '보다'가 무조건 see는 아닙니다. 우리말로는 '보다'이지만 뉴스, 경기, 영화를 '관람하다, 시청하다'의 뜻일 때는 watch를 좀 더 많이 쓴다는 것, 알아두세요.

2. A ***Are you going to go to the flower market tomorrow?**

   B I don't know. I haven't decided yet.

   너 내일 꽃 시장에 갈 거니?

   모르겠어. 아직 결정을 못 내렸어.

   [be동사+going to+동사원형]은 마음속에 어느 정도 계획한 미래를 나타낼 때 쓰는 표현이에요. 하지만 살다 보면 즉흥적으로 생각나서 '~해야겠다'고 마음 먹을 때도 있잖아요. 그때는 will을 씁니다.

   e.g. I'm going to help my brother, James.
   (내 동생 제임스를 도와줘야겠어. – 예전부터 동생의 어려운 처지를 봐와서 도와줘야겠다고 이미 마음먹은 거예요.)
   I will help my brother, James.
   (내 동생 제임스를 도와줘야겠어. – 원래 계획에 없었는데 어려운 상황에 처했다니까 도와줘야겠다는 마음이 들어서 이렇게 말하는 거예요.)

3. A ***Were many people waiting in line at the bank?**

   B Yeah, there were about 30 people *in line.

   은행에 사람들이 많이 줄 서서 기다리고 있었니?

   응, 한 30명 정도 줄 서 있었어.

   [be동사+동사-ing]는 어떤 행동이 진행 중이던 걸 표현해요. be동사의 현재형을 쓰면 '현재 ~하는 중이다'이고, be동사의 과거형을 쓰면 '과거에 ~하는 중이었다'의 뜻이 됩니다. in line은 '줄 서서, 줄 선 상태로'의 뜻이에요.

4. A You have a daughter, right? **Does she study hard?**

   B Not really. *She's into other things, like music and sports.

   너 딸 있잖아, 그렇지? <u>걔 열심히 공부하니?</u>

   별로 그렇지 않아. 걘 음악이랑 운동 같은 다른 것들에 관심 있어.

> 우리말에 뭔가를 좋아하거나 관심을 가지게 될 경우, '~에 푹 빠지다'라고 하죠? 영어에도 이런 표현이 있어요. 바로 be into입니다. into가 '~ 안에 들어간, ~ 안에 빠진'의 의미거든요. be into 뒤에 관심 분야를 쓰면 '~을 좋아하다, ~ 에 관심이 많다'의 뜻입니다. **e.g.** I'm into her. (난 그녀 좋아해.)

5. A **Do you know any good place around here?**

   B There are many great restaurants around here. What do you *feel like having?

   <u>너 이 근처의 맛집 알아?</u>

   이 근처에 괜찮은 식당이 많아. 너 뭐 먹고 싶어?

> feel like 뒤에 명사를 쓰거나 동사-ing를 쓰면 '~하고 싶다'란 뜻입니다.
> **e.g.** I feel like a snack. (나 간식 먹고 싶어.)
>   I feel like drinking beer. (나 맥주 마시고 싶어.)

> 동사에 따른 다양한 의문문 어순을 기억하면서 의문문 만드는 연습을 꾸준히 해주세요.

어제 무슨 일이 있었던 거야?
What happened yesterday?

문장에 주어 대신 Who, What, Which를 넣어 의문문을 만든다.

'누가 (Who), 언제 (When), 어디서 (Where), 무엇을/무엇이 (What), 어떻게 (How), 왜 (Why), 어느 것 (Which)'에 해당하는 말을 의문사라고 합니다. 이 의문사는 어떤 특정한 정보를 얻기 위해 쓰지요. 이런 의문사 **중에서 Who, What, Which**는 주어 자리에 놓여서 어떤 행동이나 상태의 주체가 누구인지, 무엇인지, 어느 것인지 물을 수 있습니다. 예를 들어, Somebody lives in this house. (누군가 이 집에 살아.)란 문장에서 주어 somebody 대신 의문사 who를 넣어 Who lives in this house? (누가 이 집에 살지?)라고 바로 의문문을 만들 수 있지요. Something happened yesterday. (뭔가가 어제 일어났어.) 문장에서 something 대신 what을 넣어 What happened yesterday? (어제 무슨 일이 있었냐?)라고 바로 의문문을 만들 수 있습니다.

▶ 055-56

문법 감 잡기   다음 우리말이 영어로 어떻게 바뀌는지 확인해 보세요.

어제 무슨 일이 있었니?
무엇이 What / 일어났니 happened /
어제 yesterday

What happened yesterday?

이거 누가 그랬어?
누가 Who / 했니? did / 이것을 this

Who did this?

어느 게 더 나아?
어느 것이 Which / ~이니? is / 더 나은 better

Which is better?

그 경기 누가 이겼어?
누가 Who / 이겼니? won / 그 게임을 the game

Who won the game?
미드: The Affair

뭐가 네 마음을 바꾸게 한 거야?
무엇이 What / 만들었니? made / you 네가 /
바꾸게 change / 네 마음을 your mind

What made you change your mind?
영화: 50 Shades of Grey

궁금해요   Which is better?에서 Which 뒤에 is가 왔는데요, are은 못 써요?

네, 이렇게 의문사가 주어 자리에 놓이면 3인칭 단수로 받기로 그 옛날 영어 화자들이 서로 약속을 한 거예요.
그래서 "이거 누가 원해?"는 Who want this? 가 아니라 동사에 -s를 붙여 3인칭 단수형임을 나타내어 Who wants this?라고 물어야 합니다.

누구 살고 있는지 궁금할 때

A **Who lives in that house by the lake?** It's huge.

B It's James Martin's.

A James Martin? You mean the actor?

B Yup, I heard it's his summer cottage.

A: 호수 옆 저 집에 누가 살아? 집 엄청 크다. B: 그거 제임스 마틴 집이야.
A: 제임스 마틴? 영화배우 말하는 거야? B: 응, 저 집이 그 사람 여름 별장이라고 들었어.

문장 조립하기 다음 우리말을 영어 문장으로 만드세요.

1. 누가 창문을 깬 거야?

....

- broke ← break 깨다
  / the window 창문
- break의 과거형은 broke입니다.

2. 누가 표 가지고 있지?

....

- has got 가지고 있다 / tickets 표들
- 여기서 '표'는 복수형으로 표현해 주세요. 셀 수 있는 명사는 항상 [a+단수형] 또는 [복수형]으로 표현해야 하는데, 원어민들은 특수한 경우를 제외하고 주로 복수형을 씁니다.

3. 지붕에서 뭐가 떨어진 거야?

....

- fell off ← fall off ~에서 이탈하여 떨어지다 / from the roof 지붕에서
- fall의 과거형은 fell입니다.

4. 내일 무슨 일이 일어날까?

....

- will ~일 것이다 / happen 일어나다
  / tomorrow 내일
- will은 '~일 것이다'의 미래의 추측을 나타내는 말로 항상 뒤에 동사원형이 옵니다.

5. 그 밖에 누가 올 거지?

....

- Who else 그 밖에 누가 / come 오다
- 이미 정해진 가까운 미래의 계획, 약속은 [be동사 현재형+동사-ing]의 현재진행시제로 표현 가능합니다.
  e.g. I'm going there tonight. (난 오늘 밤에 거기에 갈 거야.)

1. A **Who broke the window?**
   B Don't look *at me. I didn't do it.

   누가 창문을 깬 거야?
   나 쳐다보지 마. 내가 안 했어.

   > at은 at 5 (5시에), at the bus stop (버스 정류장에)처럼 시간이나 위치, 지점을 콕 찍어 말할 때 씁니다. 그 외에, '~를 향해'란 뜻도 있는데요, look at (~를 쳐다보다)처럼 특정 동사와 짝으로 쓰이는 경우가 많습니다.
   > **e.g.** stare at (~를 응시하다) shout at (~를 향해 소리치다)

2. A **Who has got the tickets?**
   B I think Jane has them. *Call her.

   표는 누가 가지고 있지?
   제인이 가지고 있을 거야. 걔한테 전화해 봐.

   > 동사 뒤에 오는 목적어는 보통 우리말로 '~을/~를'로 해석됩니다. I love you. (난 너를 사랑해.)처럼 말이죠.
   > 하지만 분명히 동사 뒤에 놓인 목적어인데도 '~을/~를'이 아니라 다른 조사가 붙는 경우가 있어요. 이런 건 따로 챙겨 두면 좋아요.
   > **e.g.** call A (A에게 전화하다)   marry A (A와 결혼하다)
   >   discuss A (A에 대해 토론하다)   enter A (A에 들어가다)

3. A **What fell off the roof?**
   B I didn't see it. I was *inside the house.

   지붕에서 뭐가 떨어진 거야?
   난 못 봤는데. 난 집 안에 있었어.

   > inside는 '~의 내부에'란 뜻입니다. 반대말은 outside로 '~의 밖에'의 뜻이죠. 즉, inside the house는 '집 내부에'란 뜻이 됩니다. 하지만, inside와 outside가 각각 '안에, 밖에'의 뜻으로도 쓰이는 점, 기억해 두세요.
   > **e.g.** Go outside. Don't stay inside. (밖에 나가. 안에 머물지 마.)

4. A It was *a long day today. **What will happen tomorrow?**

    B Well, we will never know.

오늘 정말 긴 하루였어. 내일은 무슨 일이 일어날까?

글쎄, 우린 절대 알 수 없겠지.

a long day는 말 그대로 '긴 하루' 즉, 힘든 하루란 뜻입니다. '나 힘든 하루를 보냈어.'는 동사 have의 과거형 had를 써서 I had a long day.라고 할 수 있어요. 영어에는 이렇게 long이 부정적인 의미로 사용되는 경우가 있는데, 대표적인 것이 바로 Why the long face? (왜 그렇게 울상이야?)입니다. 너무 우울한 나머지 얼굴이 축 쳐져서 길어진 얼굴 (long face)이 됐다고 이해하시면 됩니다.

5. A **Who else is coming?**

    B I think *everybody is here. Let's start the meeting.

그 밖에 누가 올 거지?

다들 온 것 같아. 회의 시작하자.

every를 활용한 사람, 사물, 장소 표현에는 everybody/everyone (모든 사람), everything (모든 것), everywhere (모든 곳)이 있습니다. every는 그 자체의 뜻이 '모든'이면서 특이하게도 뒤에 단수 명사를 취합니다. every student (학생), every school (모든 학교)처럼요. 이렇게 [every+명사]가 문장의 주어 자리에 있을 때는 항상 단수 취급해서 그에 맞게 동사를 써야 한다는 것, 잊지 마세요.
e.g. Every student studies hard. (모든 학생이 열심히 공부해요. – [every+명사]를 단수로 받으니까 study가 아니라 studies로 표현)

[의문사+동사 ~?]로 누가 어떤 행동을 하는지, 무엇이 어떻게 되었는지 등을 질문해 보세요.

너 무슨 뜻이야?
What do you mean?

[Who/What/Which+의문문 어순 ~?]으로 다양한 질문을 던지자.

Who, What, Which가 문장 맨 앞에 놓이긴 하지만, 놓인 자리가 주어가 아닌 경우를 알아봅니다. 먼저, 의문문 어순이라는 게 뭘까요? 바로, 우리가 앞에서 배운 일반동사 의문문과 Be동사 의문문 만들 때의 주어 동사가 놓이는 순서입니다. 기억하셔야 합니다. 이런 의문문 어순 앞에 Who (누구를), What (무엇을), Which (어느 것을)를 넣어 궁금한 정보를 물어볼 수 있지요. 예를 들어, He met somebody. (그가 누군가를 만났어.)란 문장에서 목적어 somebody 대신에 의문사 Who를 문장 앞에 놓고 의문문 어순으로 놓으면 Who did he meet? (그가 누구를 만났어?)라고 의문문을 만들 수 있습니다. 의문사가 놓인 자리가 주어 자리일 때는 바로 뒤에 동사가 오지만, 놓인 자리가 주어가 아닐 때는 우리가 앞에서 배운 의문문 어순이 온다는 걸 꼭 기억하세요.

 ▶ 058-59

문법 감 잡기 다음 우리말이 영어로 어떻게 바뀌는지 확인해 보세요.

너 무슨 뜻이야?
무엇을 What / 너는 의미하니? do you mean?

What do you mean?

쟤들 여기서 뭐 하고 있는 거야?
무엇을 What / 그들은 하고 있는 중인가?
are they doing / 여기서 here

What are they doing here?

너 맘속에 누구를 두고 있는 거야?
누구를 Who / 너는 가지고 있니? do you have /
맘속에 in mind?

Who do you have in mind?

네가 가장 좋아하는 대통령은 누구야?
누구 Who / ~이니? is /
네가 가장 좋아하는 대통령 your favorite president?

Who is your favorite president?
미드: Crazy ex-girlfriend

넌 어느 게 가장 좋았어?
어느 게 Which / 넌 좋았니? did you like /
가장 best?

Which did you like best?
미드: Maron

궁금해요 Who is your favorite president?에서 Who는 뭐예요?

이건 Your favorite president is Barrack Obama.에서 Barrack Obama 대신 who를 넣어 물어 본 거예요. 즉, 여기서 who는 주어 자리가 아니라 보충어 자리에 있다가 문장 앞으로 나간 것이죠.

이번 주말에 뭘 했는지 물을 때

A   James, **what did you do this weekend?**

B   I went to the park on Sunday.

A   **What did you do there? Who did you go with?**

B   I went with my girlfriend. We took so many photos.

A: 제임스, 너 이번 주말에 뭐 했니? B: 일요일에 공원에 갔어.
A: 거기서 뭐했어? 누구랑 갔는데? B: 여자친구랑 갔지. 사진 엄청 많이 찍었다.

문장 조립하기   다음 우리말을 영어 문장으로 만드세요.

1. 너 몰에서 뭐 샀어?

....

- What 무엇 / 사다 buy / at the mall 몰에서
- buy (사다)는 일반동사입니다. 그래서 주어의 인칭, 수, 시제에 따라 주어 앞에 Do/Does/Did가 오죠.

2. 대학교 때 네 전공이 뭐였어?

....

- What 무엇 / your major 네 전공 / in college 대학교 때
- '~이다'는 be동사로 표현합니다. be동사 의문문은 주어 앞으로 be동사를 이동시켜 만듭니다.

3. 너 누구랑 얘기하고 있니?

....

- Who 누구 / talk to ~와 이야기하다
- [be동사 현재형+동사-ing]는 '현재 ~하는 중이다'의 뜻입니다. 의문문일 때는 be동사를 주어 앞으로 위치시킵니다.

4. 넌 커피나 차 중에 어느 걸 더 좋아해?

....

- Which 어느 것 / like better 더 좋아하다 / or 혹은 / tea 차
- A or B는 'A 또는 B', 'A 혹은 B' 의미로 두 가지 중에서 선택을 말할 때 쓰입니다.

5. 넌 어느 식당에 가고 싶니?

....

- Which restaurant 어느 식당 / want to+ 동사원형 ~하기를 원하다
- which는 '어느 것'의 의미 외에, '어느'의 뜻도 있어서 [which+명사(어떤 명사)] 형태로 쓰입니다.

1. A ***What did you buy at the mall?**
   B **I bought some new clothes.**

   너 몰에서 뭐 샀어?
   나 새 옷 좀 샀어.

   > You bought something. (넌 뭔가를 샀구나.)에서 something 대신에 what을 넣어 의문문을 만들었습니다. 여기서 what은 구매의 대상 즉, 목적어 역할을 대신 한 경우죠. 이렇게 주어 역할이 아닌 의문사 뒤에는 의문문 어순이 오는데요, 일반동사가 들어간 문장이고 과거시제이므로 주어 you 앞에 did를 위치시켜야 합니다. 일반동사 의문문은 주어 뒤에 항상 동사원형이 온다는 것, 기억하세요.
   > **e.g** What does she like? (그녀는 뭘 좋아하지?)

2. A ***What was your major in college?**
   B **I majored in economics.**

   대학교 때 네 전공이 뭐였어?
   난 경제학 전공했어.

   > Your major was something. (네 전공은 무언가였구나.)에서 something 대신 what을 넣어 의문문을 만들었습니다. 여기서는 의문사 what이 목적어가 아닌 be동사의 보충어 역할을 대신한 경우입니다. be동사가 들어간 문장의 의문문은 be동사를 주어 앞으로 이동시키죠? 그래서 위의 문장이 되었습니다.
   > **e.g** What is your name? (네 이름이 뭐야?)

3. A I'm sorry. I'm on the phone right
      now.
   B ***Who are you talking to?** Is it
      Jim?

   미안해. 나 지금 통화중이야.

   너 누구랑 얘기하는 건데? 짐이야?

   > You're talking to someone. (너 누구랑 통화 중이구나.)에서 someone 대신에 who를 넣어서 의문문을 만들었습니다. 역시 뒤에 be동사의 의문문 어순이 나왔습니다.

4. A **Which do you like better, coffee or tea?**

B I like tea better. Actually, caffeine doesn't agree with me.

너 커피나 차 중에 어느 걸 더 좋아해?

난 차가 더 좋아. 사실, 카페인은 나랑 안 맞아.

> 의문사 which는 '어느 것'의 뜻으로 주로 제한적으로 주어진 몇 가지 선택 사항 중에 결정해야 하는 경우에 쓰입니다. 그래서 [Which ~, A or B? (A나 B 중에 어느 것 ~?)]가 선택을 물어보는 질문을 할 때 즐겨 쓰이는 구조입니다.
> **e.g.** Which is better, this one or that one? (어느 게 더 나아, 이거나 저거 중에?)

5. A **Which restaurant do you want to go to, this one or that one?**

B That one. I want to try some Mexican food,

넌 어느 식당에 가고 싶니, 이곳 아니면 저곳?

저곳. 나 멕시코 음식 먹어 보고 싶어.

> You want to go to some restaurant. (넌 어떤 식당에 가고 싶구나.)에서 some restaurant 대신 which restaurant을 넣어 의문문을 만들었습니다. 역시 뒤에는 의문문 어순이 왔고요. 참고로 Which restaurant do you want to go?가 아니라 전치사 to까지 다 써 줘서 Which restaurant do you want to go to?임을 주의하세요.

> [의문사+의문문 어순 ~?] 틀에 따라 질문을 만들어 말해 보세요.

너 어디 살아?
Where do you live?

[Where/When/Why+의문문 어순 ~?]으로 다양한 질문을 던지자.

의문사 where (어디)는 장소를 물을 때, when (언제)은 시간이나 날짜를 물을 때, why (왜)는 이유를 물을 때 씁니다. 이들 의문사는 의문문 맨 앞에 위치하며, 그 뒤는 각 동사에 따른 의문문 어순을 놓으면 됩니다. 즉, 동사가 be동사일 때는 주어 앞에 am, are, is, was, were를 위치시키고, 일반동사일 때는 주어 앞에 주어의 수, 인칭, 시제에 따라서 Do/Does/Did 중 하나를 위치시켜서 문장을 만들면 됩니다. 정리하면 다음과 같습니다.

Where/When/Why
+ be동사 + 주어 ~?
+ do / does / did + 주어 + 동사원형 ~?

▶ 061-62

문법 감 잡기   다음 우리말이 영어로 어떻게 바뀌는지 확인해 보세요.

너 어디 살아?
어디에 Where / 너는 사니? do you live

Where do you live?

지하철역은 어디야?
어디에 Where / 있니? is /
지하철 역이 the subway station

Where is the subway station?

너 날 따라오는 게 어때?
(= 나랑 같이 갈래?)
너 ~하는 게 어때? Why don't you /
오다 come / 나랑 같이 with me

Why don't you come with me?

너 왜 그렇게 날 쳐다보는 거야?
왜 Why / 너는 쳐다보는 거니 are you looking
/ 나를 at me / 그렇게 like that

Why are you looking at me like that?
미드: The Vampire Diaries

걔가 그거 어디다 숨겼어?
어디에 Where / 그는 숨겼니? did he hide /
그것을 it

Where did he hide it?
미드: Dexter

궁금해요 1   Why don't you ~?는 '왜 넌 ~ 안 하니?'로 해석해야 하지 않나요?

의문사 why를 활용한 Why don't you ~?는 두 가지로 해석이 가능합니다. 하나는 상대방에게 제안, 요청의 의미로 '~하는 게 어때?'입니다. 예를 들어, "너 이거 지금 하는 게 어때?"를 Why don't you do this now?라고 물을 수 있죠. 또 하나는 단어 뜻 그대로 '왜 넌 ~ 안 하니?'입니다. 날 사랑하지 않는 상대방에게 Why don't you love me? (넌 왜 날 사랑하지 않는 건데?)라고 물어볼 수 있지요. 문맥에 따라서 더 자연스러운 걸로 해석하고 받아들이면 됩니다.

궁금해요 2   Why don't you come with me?에서 come은 '오다'의 뜻 아닌가요?

go와 come은 듣는 사람을 중심으로 이동의 방향을 나타냅니다. 즉, go는 화자가 상대방에게서 멀어지는 걸, come은 상대방에게 가까워지거나 상대방에게 화자에게 오라고 할 때에 사용합니다. 예를 들어, '밥 다 됐다. 빨리 와서 먹어.' 할 때 '가요'라고 하는 건 밥 먹으라고 말하는 상대방에게 다가가는 거니까 I'm going.이 아니라 I'm coming.이라고 해야 합니다.

왜 결석했는지 이유가 궁금할 때

A　Jim, **why were you absent from school yesterday?**

B　I had the flu. I stayed in bed all day.

A　Are you feeling better now?

B　Yeah, I feel much better. Hey, can I borrow your notes from yesterday?

A: 짐, 너 왜 어제 학교 결석했어? B: 독감에 걸렸었어. 하루 종일 침대에 있었다.
A: 지금은 괜찮아? B: 응, 훨씬 괜찮아졌어. 야, 어제 네 노트 필기한 거 내가 좀 빌릴 수 있을까?

문장 조립하기　다음 우리말을 영어 문장으로 만드세요.

1. 너 어디서 왔어?(= 너 고향/국적이 어디야?)

....

- Where 어디 / be from ~ 출신이다
- 나라, 도시, 혹은 미국의 경우 주 (state)를 포함해서 상대방 출신지(고향, 국적)를 물을 때 쓰는 의문문입니다.

2. 네 생일 언제야?

....

- When 언제 / your birthday 네 생일
- be동사 (~이다)를 포함하는 문장의 의문문은 be동사가 주어 앞으로 이동합니다. 이 문장에서 주어는 네 생일입니다.

3. 너 왜 제니에게 화났던 거야?

....

- Why 왜 / angry with ~에게 화난 / Jenny 제니
- angry는 '화나다'가 아닌 '화난'입니다. [be동사+angry]가 '화나다'란 동사 표현이 됩니다.

4. 영화 언제 시작하지?

....

- When 언제 / the movie (그) 영화 / start 시작하다
- 일반동사 문장의 의문문은 주어의 인칭, 수, 시제에 따라 주어 앞에 Do/Does/Did가 옵니다.

5. 왜 톰은 아직도 자기 방에 있는 거야?

....

- Why 왜 / still 여전히 / in his room 그의 방에
- be동사가 쓰인 의문사 의문문의 어순은 [의문사+be동사+주어 ~?]입니다.

회화로 연결하기

앞서 배운 문장을 대화문에서 확인해 보세요.

▶ 063

1. A ***Where are you from?**
    B I'm from Tokyo, but I live in Seoul now.

    너 어디서 왔어? (= 너 고향/국적이 어디야?)
    난 도쿄 출신인데, 지금은 서울에서 살아.

> '너 어디서 왔어?'라고 상대방의 고향, 국적, 출신지를 물을 때 '오다'의 동사 come을 활용해 Where do you come from?이라고 묻는 분들도 있는데요, 이건 원어민들한테 다소 어색하게 들립니다. 그래서 쓰지 않는 걸 추천합니다. 오히려 특정 장소에 갑자기 누군가가 나타났을 때, "너 어디서 온 거야?"란 느낌으로 과거시제를 써서 Where did you come from?이라고는 물을 수 있습니다.

2. A **When is your birthday?**
    B It's on *November third.

    네 생일 언제야?
    11월 3일이야.

> 월과 일 즉, 날짜를 말하는 방법은 두 가지입니다. 하나는 [월 이름+서수], 다른 하나는 [the+서수+of+월 이름]입니다. 즉, 11월 3일은 November third 혹은 the third of November라고 하면 됩니다.

3. A **Why were you angry with Jenny?**
    B *Because she didn't return my call.

    너 왜 제니에게 화났던 거야?

    (내가 전화했었는데) 걔가 전화를 안 줬으니까.

> return one's call은 '(전화한 상대방에게) 답 전화를 하다'의 뜻입니다. 상대방이 why로 질문하면, 대답은 보통 because (왜냐하면)로 시작하는 경우가 많습니다. 이 because 뒤에는 〈주어+동사〉가 갖춰진 완전한 문장을 언급해 주어야 합니다.
> **e.g.** Because like her (×) → Because I like her. (내가 그녀를 좋아하기 때문이야.)

4.　A　***When does the movie start?**

　　B　It starts at 5:30. It's 5:20 now.

영화 언제 시작하지?

5시 반에 시작해. 지금은 5시 20분이야.

시간을 물어볼 때는 의문사 when 대신 what time (몇 시에)을 써도 됩니다. 의문사 what은 단독으로 쓰이면 '무엇'의 의미지만, '무슨, 몇'의 뜻도 있어서 [what+명사] 형태로도 쓰입니다.
e.g. What time is it? (몇 시죠?) What sports do you play? (무슨 운동을 하세요?)

5.　A　**Why is Tom still in his room?** He is just stuck there all day.

　　B　He *got dumped yesterday. I guess he just wants to be alone.

왜 톰은 아직도 자기 방에 있는 거야? 하루 종일 거기에 그냥 쳐박혀 있네.

걔 어제 차였잖아. 그냥 혼자 있고 싶은 것 같은데.

우리말의 '차이다, 살해되다'처럼 자기가 어떤 행동을 하는 게 아니라 자기 의지와 상관없이 어떤 행동을 당하게 되는 걸 영어로 수동태라고 합니다. 이 수동태는 [be동사+과거분사]로 표현하죠. 과거분사는 뭘까요? 사전을 펴서 kill을 찾아보세요. 아마 kill-killed-killed로 나올 텐데 오른쪽 맨 끝에 있는 게 과거분사입니다. 중간에 있는 건 과거형이고요. 그래서 kill은 '~을 죽이다'이지만, be killed로 수동태가 되면 '살해되다'의 뜻입니다. 이때, be동사 대신 get을 쓸 수도 있어요. get을 쓰면 뭔가 변화된다는 느낌을 더 준다고 하네요. get에 '~하게 되다'란 뜻도 있거든요.
e.g. The man was killed. / The man got killed. (그 남자는 살해당했어. – 후자가 살아 있는 상태에서 죽은 상태로 됐다는 느낌을 더 강하게 준다고 합니다.)

[When/Why/Where+의문문 어순 ~?] 구문으로 시간, 이유, 장소와 관련한 다양한 질문들을 만들어 보세요.

뉴욕 여행은 어땠어?
How was your trip to New York?

[How ~?] 의문문 구조로 방법, 상태, 그 외 여러 가지를 묻는다.

How는 의문문에서 여러 가지로 해석할 수 있어요. 첫 번째는 '어떻게'로 How did you do it? (너 그거 어떻게 했어?)처럼 방법을 물을 때 씁니다. 두 번째는, '(상태가) 어떤지'로 How are you today? (오늘 기분 어때요?)처럼 상태를 물어볼 때도 쓰지요. 마지막은 '얼마나'로 이 때는 혼자 안 쓰이고 뒤에 다른 단어(형용사나 부사)와 함께 쓰여 여러 가지 의미로 활용됩니다. 예를 들어, 가격이나 양을 물을 때는 How much (얼마나 많이, 얼마나), 키를 물을 때는 How tall (키가 얼마나 큰), 나이를 물을 때는 How old (나이가 얼마나 많은), 어려운 정도를 물을 때는 How difficult (얼마나 어려운)처럼 그 활용도가 무궁무진하지요. 문장을 보면서 익혀 나가면 그리 어렵지 않습니다.

▶ 064-65

문법 감 잡기 다음 우리말이 영어로 어떻게 바뀌는지 확인해 보세요.

이거 영어로 어떻게 말해?
어떻게 How / 너는 말하니? do you say /
이것을 this / 영어로 in English

How do you say this in English?

오늘 날씨는 어때?
어떠한 How / ~이니? is / 날씨는 the weather /
오늘 today

How is the weather today?

너는 일 년에 책을 얼마나 읽니?
얼마나 많은 책을 How many books /
너는 읽니? do you read / 일 년에 a year

How many books do you read a year?

너 커피 어떻게 마셔?
어떻게 How / 너는 마시니? do you drink /
네 커피를 your coffee

How do you drink your coffee?
미드: Dice

너 야동 얼마나 자주 보냐?
얼마나 자주 How often / 너는 보니? do you watch
/ 야동을 porn

How often do you watch porn?
미드: Welcome to Sweden

궁금해요 How 뒤에 형용사나 부사가 온다고 했잖아요. 그런데 How many books는 뒤에 명사인 books가 왔네요?

네. How 뒤에 형용사나 부사가 오면 '얼마나'의 의미가 되죠. 다음 문장을 보세요. You read some books. (너는 책들을 읽어.) 이 문장에서 some books를 How many books (얼마나 많은 책을)로 바꿔서 의문문으로 만들면 How many books do you read?가 됩니다. 즉, How many books가 문장에서 목적어 자리에 놓였었죠? 이렇게 목적어 자리에 놓인 걸 의문문 앞 자리에 놓을 때는 How many books처럼 [How+형용사+명사]가 올 수도 있습니다.

집이 얼마나 큰지 물어볼 때

A   James, **how big is your house?**

B   Well, it has four bedrooms and two bathrooms.

A   Four bedrooms? Wow, your house is pretty big. **How much do you pay for rent?**

B   The rent is 500 dollars a week, and my company pays for it.

A: 제임스, 너희 집 얼마나 커? B. 음, 침실이 네 개고, 화장실이 두 개야.
A: 침실이 네 개라고? 와우, 너희 집 꽤 크구나. 임대료로 얼마나 내? B: 임대료는 주당 500달러고 회사가 내주고 있어.

문장 조립하기   다음 우리말을 영어 문장으로 만드세요.

1. 너 케빈 어떻게 알아?

....

- How 어떻게 / know 알다 / Kevin 케빈
- 일반동사 의문문은 주어의 인칭, 수, 시제에 따라서 Do/Does/Did 중 하나를 주어 앞에 놓습니다.

2. 아내 분은 어떠세요?(= 아내 분은 어떻게 지내세요?)

....

- How 어떤지 / your wife 당신의 아내
- 의문사 how는 '어떤지, 어떨지'의 의미로 상태를 물어볼 때 씁니다.

3. 백화점은 여기서 얼마나 가까워요?

....

- How close 얼마나 가까운지 / the department store 백화점 / from here 여기서
- [How+형용사/부사] 표현에서 how는 '얼마나'로 해석됩니다.

4. 서울에서 아산까지 얼마나 오래 걸려?

....

- How long 얼마나 오래 / take (시간이) 걸리다'
- 'A에서 B까지'의 두 지점 간 거리를 말할 때 from A to B를 씁니다. How long does it take ~?는 '(시간이) 얼마나 걸려요?'의 뜻입니다.

5. 네 여자친구 얼마나 커? (= 여자친구 키가 어떻게 돼?)

....

- How tall 얼마나 키가 큰지 / your girlfriend 네 여자친구
- 키가 얼마인지, 몸무게가 어떻게 되는지, 크기가 얼마나 큰지 물을 때 how를 사용할 수 있습니다.

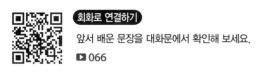

회화로 연결하기

앞서 배운 문장을 대화문에서 확인해 보세요.

▶ 066

1. A **How do you know Kevin?**

   B We *went to college together 10 years ago.

   너 케빈 어떻게 알아?

   우리 10년 전에 대학교 같이 다녔어.

   > 공부하러 학교에 가고, 일하러 회사에 가고, 치료 받으러 병원에 가고, 예배 보러 교회에 가는 것처럼 장소 명사가 본래의 목적, 용도로 쓰일 때는 장소 명사 앞에 the를 붙이지 않습니다. 만약에 the를 쓴다면 원래의 목적이 아니라 다른 이유 때문에 그 장소에 간다는 의미가 됩니다.
   > **e.g.** go to school (학교에 가다) go to college (대학교를 다니다) go to hospital (병원에 가다) go to work (회사에 가다) go to bed (자러 가다) go to church (교회에 가다) 예외) go to the bank (은행에 가다)

2. A So *how is your wife?

   B She is doing great. She's going to open a hair salon next month.

   그래서 아내 분은 어떻게 지내세요?

   아주 잘 지내고 있어요. 다음 달에 미용실 오픈할 겁니다.

   > 여행은 어땠는지, 날씨는 어떤지, 건강은 어떤지처럼 사람이나 무언가의 상태 등을 물을 때 의문사 how로 질문할 수 있습니다. 가볍게 안부 인사를 말할 때 쓰는 How are you?, How are you doing?, How's it going? 표현 역시 모두 의문사 how로 시작하지요.

3. A **How close is the department store from here?**

   B *It's only two blocks away.

   그 백화점은 여기서 얼마나 가까워요?

   두 블록 밖에 안 떨어져 있어요.

   (= 두 블록만 가면 돼요.)

   > 대명사 it은 거리를 말할 때 주어 자리에 놓일 수 있습니다.
   > **e.g.** It is not far. (멀지 않아.) It's a long way from here. (여기서 길이 멀어.)
   > It's 12 kilometers. (12킬로미터야.)

4. A **How long does it take from Seoul to Asan?**

    B It *takes about two and a half hours by car.

서울에서 아산까지 얼마나 오래 걸려?

차로 두 시간 반 정도 걸려.

동사 take는 여러 의미로 사용되는 다의어입니다. 대표적인 뜻은 '잡다, 가져가다'지요. Hey, take this. (야, 이거 가져가.) 처럼 말이죠. 그 외에 여러 뜻이 있는 데 그 중 하나가 '(시간이) 걸리다'입니다. 시간을 말할 때는 it이 주어 자리에 쓰여서 다음과 같이 표현할 수 있습니다.
e.g. It takes 10 minutes. (10분 걸려요.) It took an hour. (한 시간 걸렸어요.)

5. A ***How tall is your girlfriend?** How old is she?

    B Hey, one at a time.

여자친구 키가 어떻게 돼? 나이는 몇 살이고?

야, 한 번에 하나씩만 물어봐.

키, 나이, 몸무게, 가격 등 수치와 관련한 질문을 할 때, [how+형용사] 의문문 구조를 사용할 수 있습니다. 회화에서 아주 자주 쓰는 구조이니까 그냥 외워두면 편합니다.
e.g. How tall are you? (너 키가 몇이야?) How heavy is it? (그거 무게가 얼마야?) How old are you? (너 몇 살이야?) How much is it? (이거 얼마야?) How many are you? (몇 분이세요?)

[How ~ 의문문 어순?]으로 상대방에게 궁금한 수치 사항이나 방법 등을 물어보는 문장을 만들어 보세요.

톰은 그녀 사랑하잖아, 안 그래?
Tom loves her, doesn't he?

부가의문문으로 내가 한 말을 다시 한 번 확인하고 동의를 구한다.

부가의문문은 평서문 뒤에 붙어서, **"그렇지?", "안 그래?"**란 의미로 상대방의 동의를 구하거나 내가 말한 내용을 확인할 때 사용합니다. 이 부가의문문은 만드는 공식이 있어요. 문장의 주어를 you, he, she, it, they 등의 대명사로 고친 후에, 문장의 동사가 be동사나 조동사면 그대로 쓰고요, 일반동사일 경우에는 do/does/did를 이용해서 **[동사+대명사 주어?]** 형태로 붙여 줍니다. 단, 이때의 동사 형태는 앞 문장이 긍정문이면 부정문 형태로, 부정문이면 긍정문 형태로 바꾸어 주는 게 핵심입니다. 복잡해 보이죠? 막상 해보면 별 거 아니에요.

 ▶ 067-68

문법 감 잡기 다음 우리말이 영어로 어떻게 바뀌는지 확인해 보세요.

톰은 그녀 사랑하잖아, 안 그래?
톰은 Tom / 사랑한다 loves / 그녀를 her /
그렇지 않아? doesn't he

Tom loves her, doesn't he?

그 가게는 월요일에 문 안 열잖아 그렇지?
그 가게는 The store / 문 안 열다 doesn't open /
월요일에 on Mondays / 그렇지? does it

The store doesn't open on Mondays, does it?

너 의사 아니지, 그렇지?
너는 You / ~가 아니다 are not /
의사 a doctor / 그렇지? are you

You are not a doctor, are you?

그녀 여기 있지, 그렇지 않아?
그녀는 She / 있다 is / 여기에 here /
그렇지 않아? isn't she

She is here, isn't she?
미드: Chasing Life

너 이거 할 수 있잖아, 안 그래?
너는 You / 할 수 있다 can do /
이것을 this / 안 그래? can't you

You can do this, can't you?
미드: Elementary

궁금해요 부가의문문은 평서문에만 붙나요?

꼭 그렇지만은 않아요. 부가의문문은 평서문 외에 명령문이나 Let's로 시작하는 문장에도 붙을 수 있어요. 먼저, 명령문에는 긍정, 부정 상관없이 모두 [~, will you?]를 붙여 주면 됩니다. 명령문의 숨은 주어가 상대방 (you)이기 때문이죠.
e.g. Study hard, will you? (공부 열심히 해, 알았지?) Don't be late, will you? (늦지 마라, 알았지?)
Let's ~ 문장에는 긍정, 부정 상관없이 모두 [~, shall we?]를 붙여 주면 됩니다. Let's ~의 숨은 주어는 우리 (we)이기 때문이죠.
e.g. Let's do this, shall we? (이거 하자, 어때?) Let's not go there, shall we? (거기 가지 말자, 어때?)

고기 안 먹는다는 걸 확인할 때

A **You don't eat meat, do you?**

B No, I don't. I'm a vegetarian.

A How about milk? Do you drink it?

B Of course, I do. **Milk is not meat, is it?**

A: 넌 고기 안 먹지, 그렇지? B: 응, 안 먹어. 나 채식주의자야.
A: 우유는? 우유는 마셔? B: 당연히 마시지. 우유는 고기가 아니잖아, 안 그래?

문장 조립하기 다음 우리말을 영어 문장으로 만드세요.

1. 너 오늘 학교 안 갔지, 그렇지?

....

• go to school 학교에 가다
  / today 오늘
• 부가의문문은 앞의 문장이 부정문이면 긍정문으로 [동사+대명사 주어?] 형태로 붙습니다.

2. 음식 맛있었어, 안 그래?

....

• The food 음식 / delicious 맛있는
• 부가의문문에서는 주어를 the food 로 바로 쓰지 않습니다. 대명사 it으로 바꿔 줘야 합니다.

3. 펭귄은 못 날잖아, 그렇지?

....

• Penguins 펭귄들 / fly 날다
• 조동사 can이 쓰이면 can을 그대로 쓰면 됩니다. penguins는 그대로 쓸까요? 아니죠, they로 바꿔 줘야죠.

4. 너 내 생일 파티에 올 거지, 그렇지?

....

• will ~할 것이다
  / come to ~에 오다
  / my birthday party 내 생일 파티
• 조동사 will이 쓰였어요. 부가의문문에도 역시 will을 그대로 씁니다.

5. 한국 학생들은 늦게 자더라고, 그렇지 않아?

....

• Korean students 한국 학생들
  / go to bed 잠자리에 들다
  / late 늦게
• 부가의문문에서는 Korean students 를 대명사 they로 바꿔 줘야 합니다.

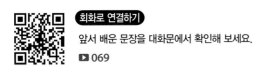

회화로 연결하기

앞서 배운 문장을 대화문에서 확인해 보세요.

▶ 069

1. A **You didn't go to school today, did you?**

   B ***No, I didn't. I played hooky with my friends.**

   너 오늘 학교 안 갔지, 그렇지?

   응, 안 갔어. 친구들이랑 땡땡이 쳤어.

> 부가의문문이 들어간 문장의 답은 대답의 내용이 긍정이면 Yes로, 부정이면 No로 해야 합니다. 예를 들어, "너 오늘 학교 안 갔지, 그렇지?" 질문에 자연스러운 우리말 답은 "응, 안 갔어." 혹은 "아니, 갔어."일지라도 영어에서 안 갔다는 건 부정이므로 No라고 대답해야 하고, 갔다는 건 긍정이기 때문에 Yes라고 대답해야 합니다.

2. A **The food was delicious, wasn't *it?**

   B **Yes, it was. *It was heaven.**

   음식 맛있었어, 그렇지 않아?

   응, 그랬어. 너무 맛있었어. (= 천국이었어.)

> 부가의문문의 주어는 반드시 대명사 형태를 취해야 합니다. 앞 문장의 주어가 단수인 The food이므로 단수 사물을 가리키는 대명사 it이 부가의문문의 주어 역할을 합니다. It was heaven.은 말 그대로 하면 '천국이었다'예요. 어떤 상황이나 상태가 너무 좋아서 '마치 천국에 있는 것 같은 느낌이었다'라고 비유해서 한 표현입니다. 음식이 너무 맛있어서 천국에 있는 듯한 느낌이었다의 의미로 쓴 표현이에요.

3. A **Penguins cannot fly, can *they?**

   B **No, they can't.**

   펭귄들은 못 날잖아, 그렇지?

   그치, 못 날지.

> Houses, Penguins처럼 문장의 주어로 복수형이 오면 부가의문문의 주어는 they가 됩니다.
> **e.g** Houses are too expensive these days, aren't they? (집들이 요즘 너무 비싸, 안 그래?)

4. A **You will come to my birthday party, *won't you?**

   B Actually, I don't think I can. I have a previous engagement.

   너 내 생일 파티에 올 거지, 안 그래?

   사실, 나 못 갈 것 같아. 선약이 있어.

앞 문장의 주어는 you이고, 조동사 will이 쓰였어요. 그리고 긍정문이니까 부가의문문은 will not you?가 되어야 합니다. 하지만 실제 부가의문문에서는 will not의 축약형 won't를 씁니다. will not you?라고 하지 않도록 주의하세요.

5. A **Korean students go to bed *late, don't they?**

   B Yes, they do. They usually go to sleep after midnight.

   한국 학생들은 늦게 자더라고, 안 그래?

   응, 맞아. 애들이 보통 자정이 지나서 잠자리에 들어.

late는 뜻이 두 개예요. 바로 '늦은'과 '늦게'죠. '늦은'은 형용사로 I'm late. (나 늦었어.) 이렇게 쓰이고요, '늦게'는 부사로 I get up late. (나 늦게 일어나.)처럼 쓰입니다. 참고로, lately는 '최근에'라는 뜻으로 late와는 전혀 상관없는 단어이니 혼동하지 마세요.
e.g. I haven't seen Mike lately. (나 최근에 마이크 본 적 없어.)

[~, 동사+주어?] 부가의문문 구조를 꼭 기억해서 말한 내용에 대해 상대방의 동의를 구하거나 내용을 확인해 보세요.

04

문장의 확장

정보를 더하며 더 자세히 말할 수 있어요.

다음 문장을 보세요.

**내가 어렸을 때는 내 생일을 축하하러
우리 가족이 고급 레스토랑에서
저녁 식사를 했어요.**

여기서 핵심 문장이 뭔지 아시겠어요? 맞습니다. '우리 가족이 저녁 식사를 했어요.'가 핵심 문장입니다. 나머지는 이 핵심 문장에 추가 정보를 더해 주는 표현들입니다.
영어에서 추가 정보를 더해 주는 방법은 크게 세 가지입니다.

**첫 번째, [접속사+주어+동사] 덩어리를
핵심 문장 앞뒤에 놓기
두 번째, [to+동사원형] 형태를
핵심 문장에 붙이기
세 번째, [전치사+명사] 덩어리를
핵심 문장에 붙이기**

여기서는 첫 번째와 두 번째에 집중하여 추가 정보를 더하는 법을 알아보고자 합니다. 먼저, 접속이 무슨 뜻인지 알아야겠죠? 접속은 맞대어 잇는다라는 뜻입니다. 그래서 접속사는 맞대어 이어 주는 단어라는 뜻이겠죠. 그럼 접속사는 무엇을 맞대어 이을까요? 바로 단어와 단어, 표현과 표현, 문장과 문장을 맞대어 잇습니다. 우리가 다루려는 접속사는 바로 문장과 문장을 이어주는 역할을 하는 녀석들입니다. 즉, [접속사+주어+동사] 형태로 핵심 문장 앞뒤에 붙어서 추가 정보를 전달합니다. 여러분이 많이 본 if (～라면), when (～할 때, ～일 때), because (～하기 때문에) 등이 여기에 속합니다.
두 번째의 [to+동사원형]은 어려운 말로 to부정사라고 합니다. to부정사의 한 60% 정도는 '～하기 위해서'의 의미를 띠면서 추가 정보를 더합니다. 자, 이 정도만 알고 가면 충분합니다. Let's go!

난 피곤할 때, 목욕을 해.
When I'm tired, I take a bath.

[When/If/Because+주어+동사] 구조로 문장에 추가 정보를 제공하자.

문장과 문장을 이어 주는 접속사에는 when (~할 때), if (~라면), because (~ 때문에) 등이 있습니다. 이런 **접속사는** 뒤에 [주어+동사] 형태의 문장이 와서 [접속사+문장] 덩어리를 이룹니다.
e.g. when (~할 때)+I'm tired (난 피곤하다) = when I'm tired (난 피곤할 때)
이런 [접속사+문장] 덩어리만 있으면 완전한 문장이 될까요? 뭔가 말을 하다 만 것 같죠? 이렇게 [접속사+문장] 덩어리는 다른 문장과 함께 쓰여야 진가를 발휘하면서 문장에 추가적인 정보를 전달하는 역할을 합니다.
e.g. When I'm tired (난 피곤할 때) + I take a bath (난 목욕을 한다) = When I'm tired, I take a bath.

▶ 070-71

문법 감 잡기   다음 우리말이 영어로 어떻게 바뀌는지 확인해 보세요.

난 피곤할 때, 목욕을 해.
난 피곤할 때 When I'm tired / 나는 I /
목욕을 한다 take a bath

When I'm tired, I take a bath.

네가 이거 하면, 내가 저거 할게.
네가 이거 하면 If you do this / 나는 I /
할 것이다 will do / 저것을 that

If you do this, I'll do that.

비가 오니까, 난 밖에 안 나갈 거야.
비가 오기 때문에 Because it's raining / 나는 I /
안 나갈 것이다 won't go / 밖에 outside

**Because it's raining,
I won't go outside.**

**어렸을 때,
난 모든 종류의 미친 짓을 했어.**
내가 어렸을 때 When I was young / 난 I / 했다
did / 모든 종류의 미친 짓 all kinds of crazy shit

**When I was young,
I did all kinds of crazy shit.**
미드: Trailer Park Boys

**그가 다시 나타나면,
내가 혼쭐을 내 줄 거야.**
그가 다시 나타나면 If he shows up again / 나는 I
/ 걷어찰 것이다 will kick / 그의 엉덩이를 his ass

**If he shows up again,
I'll kick his ass.**
미드: One Tree Hill

궁금해요   [접속사+문장] 덩어리는 다른 문장 앞에만 위치하나요?

아닙니다. 다른 문장 뒤에 위치할 수도 있어요. 해석은 똑같고요. 단, [접속사+문장] 덩어리가 다른 문장 앞에 붙을 때는 콤마로 문장 분리 표시를 해주고, 뒤에 붙을 때는 콤마를 쓰지 않는다는 차이점이 있습니다.

방에 들어갔을 때 사람들이 웃더라고요.

A **When I entered the room, people laughed at me.**

B Why?

A **They laughed because I was wearing my shirt inside out.**

B Oh, no. How embarrassing!

A: 내가 방에 들어갔을 때, 사람들이 날 보고 웃었어. B: 왜?
A: 내가 셔츠를 뒤집어 입고 있어서 그 사람들이 웃었던 거야. B: 아이고, 저런. 정말 창피했겠다!

문장 조립하기   다음 우리말을 영어 문장으로 만드세요.

1. 난 집에 갈 때, 10번 버스 타.

   ....

   • When ∼할 때 / take (교통수단을) 타다, 이용하다 / the number 10 bus 10번 버스
   • 버스 등의 교통수단을 '타다'는 동사 take로 표현합니다. 실제로 타는 게 아니라 '이용하다'의 뜻이에요.

2. 난 머리가 아플 때, 항상 이 약을 먹어.

   ....

   • a headache 두통 / always 항상 / this medicine 이 약
   • 머리가 아픈 건 두통을 가지고 있다는 것으로 받아들여 동사 have를 씁니다. 약을 '먹다'라고 말할 때는 eat 이아닌 take를 씁니다.

3. 너 졸리면, 운전하지 마.

   ....

   • If ∼하면 / sleepy 졸린 / don't ∼하지 마
   • [접속사+문장] 덩어리 표현은 명령문과도 함께 쓰일 수 있습니다.

4. 네가 설탕을 추가하면, 그거 맛이 더 좋을 거야.

   ....

   • add 더하다 / taste better 더 맛이 좋다
   • '∼일 것이다'는 조동사 will을 써서 표현할 수 있어요. 동사 taste는 '∼한 맛이 나다'로 뒤에 상태를 나타내는 형용사가 옵니다.
   e.g. taste good 맛이 좋다

5. 난 그녈 사랑하니까 어떤 것이든 할 수 있어.

   ....

   • Because ∼이니까 / do anything 어떤 것도 하다
   • anything은 부정문에서 쓰이면 '아무것도'의 의미지만 긍정문에서 쓰이면 '어떤 것도'의 뜻입니다.

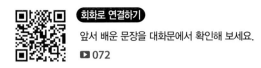

▶ 072

회화로 연결하기

앞서 배운 문장을 대화문에서 확인해 보세요.

1. A **When I go home, I take the number ten bus.**

   B Me, too. *What a coincidence!

   난 집에 갈 때, 10번 버스 타.

   나돈데! 이런 우연이!

   우리말의 '이런 우연이 있네'라고 감탄하며 말하는 경우가 있죠? 차갑고 냉정하게만 보이던 상사의 취미가 나와 똑같이 테디 베어 만들기라는 걸 알 때 말이죠. 그때, 영어로는 What a coincidence!라고 한답니다.

2. A **When I have *a headache, I always take this medicine.**

   B Well, I once took it, but it didn't work.

   난 머리 아플 때, 항상 이 약을 먹어.

   음, 나 한 번 그 약 먹었는데, 효과가 없더라고.

   영어에서 cancer (암) 같은 심각한 질병 앞에는 a/an이 안 붙지만, 상대적으로 흔하고 가벼운 질병 앞에는 보통 관사 a/an이 붙습니다. a stomachache (복통), a fever (열), a cold (감기), a sore throat (후두염)처럼요. 이런 증상이 있다고 말할 때는 '소유'의 동사 have를 써서 have a stomachache (배가 아프다), have a fever (열이 있다), have a cold (감기에 걸리다), have a sore throat (목이 붓고 아프다)라고 표현합니다.

3. A **If you're sleepy, *don't drive.**

   B Don't worry. I'm fine. Let's stop at the next rest stop and get some coffee.

   너 졸리면 운전하지 마.

   걱정하지 마. 나 괜찮아. 다음 휴게소에 차 세우고 커피 좀 마시자.

   명령문은 상대방에게 말하는 거라서 의미상 주어 You를 생략한 채 동사원형으로 만듭니다. Don't 대신 Never를 넣으면 '절대 ~하지 마'란 좀 더 강한 뉘앙스를 전할 수 있습니다.
   e.g. If you're sleepy, never drive. (너 졸리면 절대 운전하지 마.)

4. A It doesn't taste bad, but something is *missing.

맛이 나쁘진 않은데, 뭔가가 안 들어갔어.

B Let me taste it. Umm, **if you add sugar, it'll taste better.**

내가 맛 좀 볼게. 음, 설탕을 더 넣으면, 맛이 더 좋을 거야.

missing은 '행방불명된, 사라진, 있어야 할 곳에 없는'의 뜻입니다. 동사 miss (그리워하다, 놓치다)의 의미에 -ing를 붙여 만든 단어가 아니라 원래 이 뜻으로 쓰이는 단어임을 꼭 기억해 주세요.
cf I miss her. (나 그녀가 보고 싶어.) I missed the bus. (나 그 버스 놓쳤어.)
I never found the missing piece. (난 없어진 그 조각을 끝내 못 찾았아.)

5. A **Because I love her, I can do anything.**

그녀를 사랑하니까, 난 어떤 것이든 할 수 있어.

B Oh, *how sweet!

아, 정말 달달하구나!

감탄문이란 말 그대로 '정말 ∼구나'란 뉘앙스의 놀라움, 기쁨, 슬픔 등의 감정을 표현하는 문장 구조입니다. 영어에서 감탄문은 여러 가지로 표현할 수 있지만, 그 중 하나가 [How+형용사!] 구조예요. 뒤에 꼭 느낌표(!) 쓰는 것, 잊지 마세요.
e.g. How beautiful! (정말 아름답구나!)   How expensive! (정말 비싸구나!)
How sweet! (정말 다정하구나!, 정말 달달하구나!)

말하고자 하는 핵심 내용에 [When+문장], [If+문장], [Because+문장] 구조로 시간, 조건, 이유와 관련한 추가 정보를 전달해 보세요.

나 너 보러 왔어.
I came to see you.

[to+동사원형]으로 문장에 목적과 이유를 더한다.

[to+동사원형]을 문법 용어로 to부정사라고 해요. **이 to부정사는 부사 표현처럼 문장을 수식하여 목적, 이유 같은 추가 정보를 더해 줄 수 있습니다.** 이렇게 목적이나 이유를 뜻하는 to부정사는 '~하기 위해' 또는 '~하러'로 해석하지요. 예를 들어, I study English. (나 영어 공부해.) 문장에 [to+동사원형] 덩어리를 붙여 영어를 공부하는 목적, 이유를 설명해 주는 것이죠. 그 목적이 '직업을 얻기 위해서'라면 '얻다'의 동사 get을 활용해 to get a job이란 덩어리를 문장에 붙여 말하면 됩니다.

e.g. I study English (난 영어 공부해) + **to get a job** (직업을 얻기 위해)
→ I study English **to get a job.** (난 직업을 얻기 위해 영어를 공부해.)

 ▶ 073-74

문법 감 잡기　다음 우리말이 영어로 어떻게 바뀌는지 확인해 보세요.

나 너 보러 왔어.
나는 I / 왔다 came / 보려고 to see / 너를 you

I came to see you.

그는 영어 공부하러 미국에 갔어.
그는 He / 갔다 went / 미국에 to America / 공부하기 위해 to study / 영어를 English

He went to America to study English.

나는 어떻게 춤추는지 배우러 여기에 왔어.
나는 I / 있다 am / 여기에 here / 배우려고 to learn / 어떻게 춤추는지 how to dance

I'm here to learn how to dance.

그녀는 그를 데리러 가는 중이에요.
그녀는 She / ~에 있다 is / 그녀의 길 위에 on her way / 그를 데리러 가려고 to pick him up

She is on her way to pick him up.
미드: 24

난 그 회사를 사기 위해 그 돈이 필요해.
나는 I / 필요하다 need / 그 돈이 the money / 사기 위해 to buy / 그 회사를 the company

I need the money to buy the company.
Schindler's List

궁금해요　how to dance에서 to dance도 to부정사예요?

그렇습니다. [how/what/when/where 등의 의문사+to 부정사] 형태로 참 많이 쓰이는데요, 이때 to부정사는 '~할지'라고 해석하면 됩니다.
e.g. how to go there (어떻게 거기에 갈지) what to do (무엇을 할지)
when to sleep (언제 잘지) where to shop (어디서 쇼핑할지)

간식 사러 가게에 가자고 할 때

A I'm hungry. Do you have anything to eat?

B No, we have nothing to eat. We also have nothing to drink.

A **Let's go to the store to buy some snacks.**

B It's too late. Buses don't run this late at night.

   And we both don't know how to drive.

A: 나 배고파. 너 먹을 거 있니? B: 아니, 우리 먹을 거 하나도 없어. 마실 것도 하나도 없고.
A: 간식 좀 사러 가게에 가자. B: 너무 늦었어. 이렇게 밤늦게는 버스 안 다녀. 그리고 우리 둘 다 운전하는 법도 모르잖아.

문장 조립하기 다음 우리말을 영어 문장으로 만드세요.

1. 난 그 시험 통과하기 위해 최선을 다할 거야.

....

- do my best (나의) 최선을 다하다
  / pass the exam 시험에 통과하다
- 학교나 국가에서 치르는 시험은
  examination 혹은 줄여서 exam이
  라고 합니다.

2. 그녀는 친구 만나러 밖에 나갔어.

....

- go out 밖에 나가다 / meet 만나다
- go의 과거형은 went입니다. go out
  은 '밖에 나가다' 즉, '외출하다'의 뜻
  이에요.

3. 우리 좋은 자리 구하기 위해 거기 일찍 도착해야 해.

....

- should ~해야 한다 / get 도착하다
  / get 구하다 / seat 자리
- get은 '도착하다' '얻다, 구하다' 등 다
  양한 의미로 쓰이는 팔방미인 동사입
  니다.

4. 많은 사람들이 그 축제를 즐기려고 왔어.

....

- a lot of 많은 ~ / enjoy 즐기다
  / the festival (그) 축제
- 셀 수 있는 명사 앞에 '많은'의 뜻으
  로 many, a lot of, lots of 등을 사용
  할 수 있습니다.

5. 난 모든 것에 사과하기 위해 그를 볼 필요가 있어.

....

- need 필요하다 / see 보다
  / apologize 사과하다
  / for everything 모든 것에
- to부정사는 특정 동사 뒤의 목적어
  자리에 올 수도 있어요. 이때는 '~하
  는 것, ~하기'의 뜻입니다.
  e.g. I need to see you. (난 필요해
  널 보는 것을 = 난 널 볼 필요가 있
  어. = 난 널 봐야겠어.)

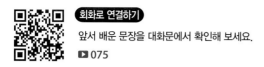
1.　A　I won't give up. **I'll do my best to pass the exam.**

　　B　That's *the spirit!

난 포기하지 않을 거야. 그 시험 통과하기 위해서 난 최선을 다할 거야.

바로 그런 자세야!

---

spirit은 '정신'이란 뜻이에요. 상대방의 정신력, 자세, 태도에 대해 '바로 그거지!', '그렇게 하는 거지!'라며 칭찬의 의미로 쓰는 표현이 바로 That's the spirit!입니다.

2.　A　Where's Helen? I can't find her *anywhere.

　　B　**She went out to meet her friend.**

헬렌 어디 있어? 걔를 아무데서도 못 찾겠어.

걔 친구 만나러 밖에 나갔는데.

영어에서 some은 주로 긍정문에 쓰이고, any는 주로 부정문과 의문문에 쓰입니다. 이건 some이나 any가 붙은 단어에도 똑같이 적용이 돼요. 그래서 somewhere는 I met him somewhere. (나 어디선가 그를 만났어.)에서처럼 '어디선가'란 뜻이고, anywhere는 Don't go anywhere. (아무데도 가지 마.)처럼 '어디에도, 아무데도'의 뜻입니다. 참고로 anywhere가 긍정문에 쓰일 때도 있어요. 그때는 '어디서나'란 뜻이 됩니다.
e.g. You will be welcomed anywhere. (넌 어디서나 환영 받을 거야.)

3.　A　Hurry up. **We should get there early to get a good seat.**

　　B　*Hold your horses, will you? I'm almost done.

서둘러. 우리 좋은 자리 구하러 거기 일찍 도착해야 해.

보채지 좀 마, 알았어? 거의 다 됐어.

Hold your horses.는 '재촉하지 마.'라는 뜻의 명령문으로 뭔가 열심히 하고 있는데 자꾸 옆에서 빨리 하라고 재촉할 때 쓰는 표현입니다. 이렇게 명령문 뒤에, "그럴 거지?", "알았어?" 같은 부가의문문을 붙일 수 있습니다. 명령문의 부가의문문은 will you?만 뒤에 붙이면 됩니다.　**e.g.** Drink this, will you? (이거 마셔라, 응?)

4. A I heard you went to the Spring Flower Festival last Sunday.

   B Yes, I did. **A lot of people came to enjoy the festival.** And there I bought *some flowers.

   너 지난주 일요일에 봄꽃 축제에 갔다고 하더라.

   응, 맞아. 많은 사람들이 축제를 즐기려고 왔어. 그리고 거기서 나 꽃 좀 샀어.

> some은 '약간, 조금'의 뜻으로 수나 양을 말할 때 씁니다. 주로 긍정문에서 쓰이고요, 부정문과 의문문에서는, 그렇죠, any를 씁니다. I have some money. (나 돈 좀 있어.), I don't have any money. (나 돈 하나도 없어.)처럼요. 참고로 some이 의문문에 쓰일 때도 있어요. 이때는 주로 요청이나 권유하는 의문문일 경우인데요, 이때는 any 대신 some을 씁니다. **e.g.** Would you like some coffee? (커피 좀 드실래요?)

5. A **I need *to see him to apologize for everything.**

   B I'm sorry, but he doesn't want *to see you. Please leave.

   난 모든 것에 사과하러 그를 볼 필요가 있어.

   유감이지만, 그가 당신을 보고 싶어 하지 않네요. 떠나 주세요.

> to부정사의 해석은 문장 어디에 위치하여 무슨 역할을 하는가에 따라 달라집니다. to부정사가 문장의 주어, 목적어, 보충어 자리에 놓이게 되면 '~하는 것, ~하기'로 해석되는 경우가 대부분이에요. want (~을 원하다), need (~을 필요로 하다) 등은 뒤에 목적어가 필요한 동사인데, 이 목적어 자리에 to부정사가 놓일 수 있어요. 그럼 '~하는 것을 원하다 (~하고 싶어 하다)', '~하는 것을 필요로 하다 (~을 해야 한다)'로 해석이 됩니다.

목적, 이유를 설명하는 to부정사의 용법을 꼭 기억해 다양한 문장에 목적과 이유를 추가해 보세요.

05

조동사

동사의 의미를 더 풍부하게 확장시켜 줘요.

조동사, 한자 그대로 풀이하면 도와주는 동사라는 뜻입니다. 동사면서 도와준다는 건데요, 뭘 도와준다는 걸까요? 바로 동사를 도와준다는 겁니다. '아니, 동사를 어떻게 도와줘요?'라고 하겠지만, 잘 읽어 보세요.

우리말은 동사의 어미를 활용해서 각종 다양한 뜻을 나타낼 수 있습니다. 나는 밥을 먹는다(현재), 나는 밥을 먹었다(과거), 나는 밥을 먹을 것이다(미래), 나는 밥을 먹어야 한다(당위, 의무), 나는 밥을 먹을 지도 모른다(추측), 넌 밥 먹어도 돼(허락) 등등 '먹다' 동사를 활용해 다양한 의미를 나타낼 수 있지만 영어는 그렇지 않아요. '나는 밥을 먹는다, 나는 밥을 먹었다' 이 두 가지를 빼놓고는 동사 자체만으로는 다양한 뜻을 나타낼 수가 없어요. 그래서 우리말과 같은 다양한 뜻을 나타내기 위해서 '～할 것이다', '～해야 한다', '～일 지도 모른다', '～해도 된다'의 뜻을 가진 녀석들을 바로 자기 앞에 두어서 의미를 표현하는데요, 이것들을 바로 조동사라고 합니다. 즉, 조동사는 뒤에 오는 동사에 다양한 의미를 부여해 주는 역할을 하는 것이죠.

조동사가 다른 일반동사와 다른 건 주어가 무엇이든 그 모양이 일정하다는 겁니다. 모양이 바뀌지 않고요, 뒤에 오는 동사의 형태는 늘, 항상 동사원형이라는 것이죠. 이 두 가지만 알면 조동사 공부, 반은 끝난 겁니다.

나 스페인어 할 수 있어.
I can speak Spanish.

[can+동사원형] 형태로 '~할 수 있다'의 능력, 가능을 말해 본다.

조동사 can은 동사와 함께 쓰여 동사 의미에 '~할 수 있다'의 뜻을 더해 줍니다. 그래서 go가 '가다'지만 can go는 '갈 수 있다'가 되는 것이죠. 즉, [can+동사원형]으로 주어의 능력 또는 무언가가 일어날 가능성을 표현할 수 있습니다. 반면, 무언가를 할 수 없다는 부정문은 can 뒤에 not을 붙여 [cannot+동사원형] 형태로 말하면 됩니다. cannot은 축약하여 can't라고 쓸 수 있습니다. 역시 뒤에는 동사원형이 와야 합니다. 그럼 '~할 수 있어?'라고 물어볼 때는 어떻게 해야 할까요? 그때는 Can을 주어 앞에 두어 [Can+주어+동사원형 ~?] 형태를 쓰면 됩니다.

▶ 076-77

문법 감 잡기 다음 우리말이 영어로 어떻게 바뀌는지 확인해 보세요.

나 스페인어 할 수 있어.
난 I / 말할 수 있다 can speak / 스페인어를 Spanish

I can speak Spanish.

난 네 말 안 들려.
난 I / 들을 수가 없다 cannot hear
/ 네가 하는 말 you

I cannot hear you.

[= I can't hear you.]

난 100미터를 12초에 달릴 수 있어.
난 I / 달릴 수 있다 can run /
100미터를 100 meters / 12초에 in 12 seconds

I can run 100 meters in 12 seconds.

심지어 똑똑한 사람들도 멍청한 짓을 할 수 있어.
심지어 똑똑한 사람들도 Even smart people /
할 수 있다 can do / 멍청한 짓을 stupid things

Even smart people can do stupid things.

미드: Teen Wolf

그의 뇌는 도덕적 모순을 처리할 수가 없었어.
그의 뇌는 His brain / 처리할 수 없었다 couldn't handle /
도덕적 모순을 the moral contradiction

His brain couldn't handle the moral contradiction.

미드: Criminal Minds

궁금해요 1 could는 '~할 수 있었다'로 can의 과거형이에요?

그렇습니다. 부정문은 '~할 수 없었다'의 could not으로 표현하고요, 축약해서 couldn't로 쓰기도 합니다.

궁금해요 2 can not이 아니라 cannot이에요? can not으로 쓰면 틀려요?

네. 특이하게도 can의 부정형은 cannot이지 can not이 아닙니다. 꼭 붙여 써야 하고요, 띄어쓰면 틀립니다.

어디서 밥을 먹을지 정할 때

A I'm hungry. Let's go out and eat something.

B Or **we can eat at the hotel.** It has a great Chinese restaurant.

A Actually, I don't feel like Chinese food today. How about Italian food?

B I love it. Let's go out then.

A: 나 배고파. 나가서 뭐 좀 먹자. B: 아니면 우리 호텔에서 먹을 수 있어. 호텔에 아주 괜찮은 중국 식당이 있거든.
A: 사실, 나 오늘은 중국 음식이 안 당겨. 이탈리아 음식은 어때? B: 좋지. 그럼 밖에 나가자.

문장 조립하기 다음 우리말을 영어 문장으로 만드세요.

1. 난 창문에서 산을 볼 수 있어.

   ....

   • mountains 산(들)
   / from the window 창문에서
   • '창문에서'는 '창문으로부터'의 뜻으로 어떤 근원지나 출발지를 나타냅니다. '~으로부터'에 해당하는 전치사 표현은 from입니다.

2. 난 스페인어는 할 수 있지만, 프랑스어는 못해.

   ....

   • Spanish 스페인어 / French 프랑스어
   • 언어를 '(말)하다'일 때는 동사 speak를 씁니다. but (하지만, 그러나)은 두 개의 문장을 연결시킬 때 쓰죠.

3. 그녀가 춤은 잘 출 수 있는데, 노래는 잘 못해.

   ....

   • dance 춤추다 / sing 노래하다
   / well 잘

4. 우리 다음 주 금요일에 네 파티에 못 가.

   ....

   • come 오다
   / next Friday 다음 주 금요일에
   • [next+요일]은 '다음 주 ~요일(에)'란 의미를 만듭니다. **e.g.** next Monday (다음 주 월요일에)

5. 너 거기에 전철 타고 갈 수 있어.

   ....

   • the subway 지하철 / there 거기에
   • take는 교통수단을 '타다'란 뜻 외에 '타고 가다'란 뜻으로도 사용 가능합니다.

회화로 연결하기

앞서 배운 문장을 대화문에서 확인해 보세요.

▶ 078

1. A Do you like this room?
   B Yes, I *love it. **I can see the mountains from the window.**

   이 방 마음에 드니?
   응, 완전 마음에 들어. 창문에서 산을 볼 수가 있네.

> 동사 love는 '사랑하다'의 뜻 외에, 무언가가 정말 마음에 든다는 뜻으로 사용할 수 있습니다. 예를 들어, 상대방이 신고 온 신발이 너무 마음에 든다면 I love your shoes. (나 네 신발 너무 마음에 들어.)라고 말할 수 있지요.

2. A I can speak two different languages – Spanish and French.
   B That's *amazing. **I can speak Spanish, but I can't speak French.**

   나 두 개 다른 언어 말할 수 있어. 스페이어랑 프랑스어.
   놀라운 걸. 난 스페인어는 할 수 있는데, 프랑스어는 못 해.

> amazing은 형용사로 '놀라운'의 뜻입니다. 정확히는 '(사람들을) 놀라게 하는'이죠. 반면 '내가 놀랐다'처럼 무언가에 '놀란'은 amazed입니다. 예를 들어, 누군가의 훌륭한 재능에 내가 놀랐다고 말할 때는 I am amazing이 아니라 I am amazed라고 말합니다.

3. A Lady Lion is my favorite singer. Do you like her?
   B Not really. **She can dance *well, but she can't sing well.**

   Lady Lion이 내가 가장 좋아하는 가수야. 너 그 가수 좋아해?
   별로. 그녀가 춤은 잘 추는데, 노래는 잘 못해.

> well은 두 가지 뜻이 있습니다. 하나는 형용사로 '건강한'입니다. 예를 들어, You don't look well.이라고 하면 '너 별로 건강해 보이지 않아.'란 뜻이죠. 또 하나는 부사로 '잘'입니다. 이때는 I speak English well. (나 영어 잘 해.)처럼 말할 수 있지요.

4. A I'm sorry, but **we cannot *come to your party next Friday.**

　B Why? It's not a party without you guys.

미안한데, 우리 다음 금요일에 네 파티에 못 가.

왜? 너희들이 없으면 파티가 아니지.

우리말로 '가다'가 영어에서는 go와 come 두 가지로 다르게 표현될 수 있습니다. 대화를 나누는 상대방에게서 멀어져 가는 것은 go, 반대로 대화를 나누는 상대방 쪽으로 다가가는 것은 come이라고 쓰지요. 그래서 누가 나한테 '너 어디야?'라고 물을 때 '(말하는 사람 쪽으로) 가는 중이이에요.'라고 하려면 영어로 I'm going.이 아니라 I'm coming.이 되는 겁니다. 위의 문장도 듣는 상대방의 파티에 가는 거니까 go가 아니라 come을 쓴 거예요.

5. A Where is the shopping mall?

　B It's *on 6th Avenue. **You can take the subway there.**

쇼핑몰이 어디에 있지?

6번가에 있잖아. 너 거기 전철 타고 갈 수 있어.

'~에'란 뜻의 전치사 on은 표면과 접촉해 있는 상태를 나타낼 때 쓰입니다. 예를 들어, '파리 한 마리가 벽에 있다.'는 문장에서 파리의 다리가 벽 표면에 닿아 있는 것이기에 A fly is on the wall.이라고 말하지요. 위의 문장은 쇼핑몰이 6번가 도로 위에 있다는 의미로 on을 쓴 것으로 이해하면 됩니다.

[can+동사원형] 틀을 기억하면서 할 수 있는 것과 할 수 없는 것을 말하는 연습을 해주세요.

너 내 차 운전해도 돼.
You can drive my car.

[can+동사원형] 틀로 '~해도 된다'의 허락을 말해 보자.

can은 '~할 수 있다'는 능력, 가능의 의미 외에 '~해도 된다'라는 허가의 뜻을 나타낼 수도 있습니다. 예를 들어, 내 차 좀 써도 되냐고 묻는 친구에게 '내 차 써도 돼.'라고 쿨하게 허락할 때 바로 이 can을 써서 You can drive my car.라고 할 수 있는 거죠. 그럼 '~하면 안 된다'고 허락 안 할 때는요? 그때는 cannot을 쓰면 됩니다. 이런 조동사가 들어간 의문문 은 조동사만 주어 앞으로 이동시키면 됩니다. can이 허가, 요청의 의미로 쓰일 때는 보통 의문문 형태를 띱니다. Can I ~? (내가 ~해도 될까?), Can you ~? (너 ~해줄래?)로 회화에서 아주 자주 쓰입니다.

▶ 079-80

문법 감 잡기 다음 우리말이 영어로 어떻게 바뀌는지 확인해 보세요.

너 내 차 운전해도 돼.
너는 You / 운전해도 된다 can drive
/ 내 차를 my car

You can drive my car.

너 이 강에서 수영하면 안 돼.
너는 You / 수영하면 안 된다 cannot swim /
이 강에서 in this river

You cannot swim in this river.

[= You can't swim in this river.]

내 사무실로 와 줄래?
너 ~해 줄래? Can you / 오다 come /
내 사무실에 to my office

Can you come to my office?

나 한 모금 마셔도 돼?
나 ~해도 돼? Can I / 한 모금 마시다 have a sip

Can I have a sip?

미드: Fancy Boy

문 좀 잡고 있어 줄래?
너 ~해 줄래? Could you / 문을 잡다 hold the door

Could you hold the door?

미드: The Big Bang Theory

궁금해요 could는 can (할 수 있다)의 과거형 아니에요?

음, could가 반드시 can의 과거형으로만 쓰이지는 않아요. could가 허가, 요청의 의미로 쓰일 때가 있는데, 이때는 can 과 동일한 의미로 상대방에게 좀 더 공손한 느낌을 전달할 수 있습니다. 예를 들어, Can I use your camera?와 Could I use your camera?는 둘 다 우리말로 '네 카메라 써도 돼?'란 의미지만 Could I ~?가 좀 더 공손한 뉘앙스를 전합니다. 마찬가지로 상대방에게 뭔가를 해달라고 요청할 때, Can you ~?보다 Could you ~?가 더 공손한 느낌을 전해 주지요.

결재를 받으러 상사의 사무실로 들어갈 때

A **Can I come in, Mr. Jones?**

B Sure. Come on in.

A **Could you sign this form, please?**

B OK. Here you go.

A: 존스 부장님, 저 좀 들어가도 될까요? B: 그럼. 어서 들어오게.
A: 이 양식에 서명 좀 해주시겠어요? B: 그러지. 자, 여기 있네.

문장 조립하기 다음 우리말을 영어 문장으로 만드세요.

1. (내가) 창문 닫아도 될까?

....

- Can I ~? 내가 ~해도 될까?
  / close 닫다 / the window 창문
- the는 상대방과 내가 모두 알고 있는 명사 앞에 붙습니다. **e.g.** I lost the pen. (나 그 펜 잃어버렸어.)

2. 너 밤 10시 이후에는 밖에 나가면 안 돼.

....

- outside 밖에 / after ~ 후에
  / 10 p.m. 밤 열시
- before (~ 전에)와 after (~ 후에)는 뒤에 시간 표현이 올 수 있습니다.
  e.g. before 7:30 (7시 반 전에)

3. (내가) 네 우산 좀 빌려도 될까?

....

- borrow 빌리다
  / your umbrella 네 우산
- umbrella는 '우산'이고요, '양산'은 parasol입니다.

4. 소금 좀 건네주시겠어요?

....

- Could you ~? ~해 주시겠어요?
  / pass 건네주다 / me 내게
  / the salt 소금
- 허가, 요청 시 Can you ~?보다 Could you ~?가 더 공손한 느낌이죠.

5. 이 주변의 맛집 추천해 줄래?

....

- Could you~? ~해 줄래?
  / recommend 추천하다
  / 이 부근의 around here
- '맛집'은 간단히 a good restaurant / a good place 등으로 표현할 수 있습니다.

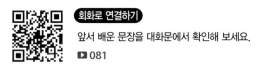

1. A **Can I close the window?**
   B *Yes, you can. Go ahead.

   창문 닫아도 될까?
   응, 되지. 그렇게 해.

   > can이 들어간 의문문에 Yes로 답할 때는 대명사를 주어로 잡고, Yes, you can. / Yes, we can. / Yes, they can. / Yes, he can. / Yes, she can. / Yes, it can.처럼 간략하게 할 수 있습니다.

2. A **Can I go out now?**
   B *No, you can't. **You can't go outside after 10 p.m.**

   저 지금 외출해도 돼요?
   아니, 안 된다. 밤 10시 이후에는 밖에 나가면 안 돼.

   > can을 활용해 No로 답할 때도 역시 대명사를 주어로 잡고, No, you can't. / No, we can't. / No, they can't. / No, he can't. / No, she can't. / No, it can't.처럼 간략하게 대답할 수 있습니다. 이때는 can't의 t 발음을 살려서 [캔트]라고 하면 됩니다.

3. A **Can I *borrow your umbrella?**
   B Of course. Take it.

   네 우산 좀 빌려도 될까?
   그럼. 가져가.

   > 동사 borrow는 '빌려주다'가 아니라 '빌리다'입니다. lend가 '빌려주다'란 뜻이죠. 이 둘을 혼동해서 쓰지 않도록 주의하세요. **e.g.** Could you lend me a book? (너 나한테 책 좀 빌려줄래?)

4. A Excuse me. **Could you *pass me the salt?**

   B Sure. Here you are.

   실례합니다. 소금 좀 건네주시겠어요?

   네. 여기 있어요.

pass는 '~을 ...에게 건네주다'로 뒤에 목적어가 두 개(~에게, ...을) 위치합니다. 즉, pass A B의 형태로 'A에게 B를 건네주다'가 되지요. '소금을 나에게 건네달라'는 것이므로 pass me the salt로 말했습니다. 말하는 사람과 듣는 사람 모두 아는 소금이라서 the salt라고 쓴 것, 알아두세요.

5. A **Could you recommend a good restaurant around here?**

   B ***Try El Pasta. The food there is amazing.**

   이 주변 맛집 좀 추천해 줄래?

   El Pasta에 가 봐. 거기 음식 끝내 줘.

try는 '노력하다'의 뜻만 있는 게 아니에요. '시도하다, 시험해 보다'란 뜻도 있습니다. 음식 같은 걸 상대방에게 맛보라고 할 때도 try를 써서 Try this. (이거 먹어 봐.)라고 말할 수 있지요.

허가, 요청의 의미로 can을 활용해 상대방에게 무엇을 해도 되는지, 혹은 안 되는지를 말하고, 상대방에게 뭔가 요청하는 문장을 연습해 보세요.

내일 눈 올지도 몰라.
It might snow tomorrow.

조동사 might (또는 may)를 활용해 불확실한 추측을 말한다.

may와 might는 둘 다 '~할/일지도 모른다' 같이 어떤 상황이 일어날 가능성에 대해 불확실한 추측을 할 때 쓰입니다. 그래서 [might/may+동사원형] 형태로 추측의 의미를 전달할 수 있지요. may/might 뒤에 not을 붙여 may not/might not이 되면 '~ 아닐지도 모른다'의 뜻이 되고요. 의문문을 만들 때는 may를 주어 앞으로 보내 [May+주어+동사원형 ~?] 틀로 말하면 됩니다. 참고로 [Might+주어+동사원형 ~?] 형태는 사용빈도가 극도로 낮으므로 기억하지 않으셔도 됩니다.

▶ 082-83

문법 감 잡기 다음 우리말이 영어로 어떻게 바뀌는지 확인해 보세요.

내일 눈이 올지도 몰라.
날씨 문장의 주어 It / 눈이 올지도 모른다
might snow / 내일 tomorrow

It might snow tomorrow.

그가 사실을 알지도 몰라.
그는 He / 알지도 모른다 may know /
사실을 the truth

He may know the truth.

나 오늘 숙제 못 끝낼지도 몰라.
나는 I / 못 끝낼지도 모른다 might not finish
/ 숙제를 the homework / 오늘 today

I might not finish the homework today.

너 이거 필요할지도 몰라.
너는 You / 필요할지도 모른다 might need
/ 이것을 this

You might need this.

타이밍이 네게 안 좋을지도 몰라.
타이밍이 The timing / 안 좋을지도 모른다
might not be great / 너에게 for you

The timing might not be great for you.
미드: Heartland

궁금해요 1 may랑 might랑 의미 차이가 있어요?

의미상 차이는 없고요, 듣는 사람 귀에 might로 얘기하는 게 더 격식을 갖춰서 말하는 뉘앙스를 풍깁니다.

궁금해요 2 May I help you? (도와드릴까요?)에서 may도 추측의 뜻인가요?

아닙니다. may는 can처럼 '~해도 된다'라는 허가의 의미로도 쓰입니다. 앞서 배운 can/could와 같은 의미로 사용 가능하지요. may를 쓰면 can보다 좀 더 정중한 뉘앙스를 전달할 수 있어요.
e.g. You may go now. (너 이제 가도 돼.) May I use this? (저 이거 사용해도 될까요?)

날씨가 비 올 것 같을 때

A   I'm going out, mom.

B   Tom, take an umbrella with you. **It might rain.**

A   Okay, I will. **I might be a little late.**

B   Okay. Drive safely.

A: 저 나가요, 엄마.   B: 톰, 우산 가져가라. 비 올지도 몰라.
A: 네, 그럴게요. 저 좀 늦을지도 몰라요.   B: 알았어. 운전 조심해.

문장 조립하기   다음 우리말을 영어 문장으로 만드세요.

1. 나 남자친구랑 오사카 갈지도 몰라.

....

• might / to Osaka 오사카에 / with my boyfriend 남자친구랑
• 남자친구를 boy friend라고 쓰지 않도록 주의하세요. 붙여서 boyfriend 라고 써야 합니다.

2. 그가 아플지도 몰라.

....

• might / sick 아픈
• sick은 '아프다'가 아니라 '아픈'입니다. [be동사+형용사]가 '~다'란 동사 덩어리를 만들죠.

3. 이 드레스 나한테 안 맞을지도 몰라.

....

• This dress 이 드레스 / might / fit (옷 등이) ~에게 맞다
• fit은 '~에게 맞다'의 의미로 뒤에 바로 목적어가 옵니다. 우리말 해석 때문에 for나 to를 쓰지 않도록 하세요.

4. 그게 사실이 아닐지도 몰라.

....

• may / true 사실인
• true는 '사실이다'가 아니라 '사실인'입니다. [be동사+형용사]인 be true 가 '사실이다'의 뜻입니다.

5. 나 감자튀김이랑 같이 햄버거 먹을지도 몰라

....

• might / with ~와 같이 / French fries 감자튀김
• [with+명사] 형태로 함께 같이 하는 대상을 언급해 줄 수 있습니다.

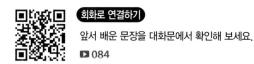
1. A Mary, where are you going for
       *your holidays?

    B I'm not sure. **I might go to Osaka**
       with my boyfriend.

메리, 너 휴가 때 어디 갈 거야?

확실치는 않아. <u>남자친구랑 오사카 갈지도 몰라.</u>

> holiday는 '휴일, 휴가'로 '휴가'를 의미할 때는 종종 복수형인 holidays로 쓰입니다.
> **e.g.** the winter holidays 겨울 휴가

2. A It's strange. I can't find Jay in the
       classroom.

    B Oh, he's absent. <u>**He *might be**</u>
       <u>**sick.**</u>

이상하네. 교실에서 제이를 찾을 수가 없어.

아, 걔 결석이야. <u>걔 아픈 걸지도 몰라.</u>

> can, could, may, might 등의 조동사 뒤에는 반드시 동사원형이 와야 합니다. be동사는 주어에 따라서 am, are, is,
> was, were로 형태가 바뀌지만, 조동사 뒤에서만큼은 반드시 원형인 be 그대로 써 주어야 하죠.
> **e.g.** He is sick. (그가 아픕니다.) He might be sick. (그가 아플지도 모릅니다.)

3. A **This dress might not fit me.**

    B Yeah, maybe. It *looks too small.

<u>이 드레스 나한테 안 맞을지도 몰라.</u>
그래, 그럴지도. 너무 작아 보인다.

> 동사 look은 '보다' 외에, '~한 상태로 보이다/~해 보이다'의 뜻도 있습니다. 우리 한국인들이 참 많이 실수하는 게 '~
> 해 보이다', '맛이 어떻다 (taste)', '냄새가 어떻다 (smell)' 동사 뒤에 형용사를 쓴다는 걸 깜박한다는 거예요. 이들 동사
> 뒤에는 꼭 형용사가 위치하여 동사의 의미를 완성해 준다는 것, 잊지 마세요.
> **e.g.** It looks expensive. (그건 비싸 보인다.) It tastes good. (그건 맛이 좋다.)
>   It smells terrible. (그건 냄새가 아주 끔찍해.)

4.　A　Tom and Jenny *broke up.

　　B　**It may not be true.** I saw them together at the mall.

톰이랑 제니 헤어졌어.

그거 사실 아닐지도 몰라. 나 걔들이 몰에서 같이 있는 거 봤어.

---

broke는 '깨다, 부수다'의 동사 break의 과거형입니다. 뒤에 다양한 단어(부사)가 오면 의미가 변하는데요. 대표적인 다음 표현들을 기억해 두세요. 회화에서 참 잘 쓰입니다.
e.g. break up (헤어지다)　break down (고장 나다)　break into (~에 침입하다)

5.　A　What are you going to have *for lunch?

　　B　I'm not sure. **I might have a burger with French fries.**

너 점심으로 뭐 먹을 거야?

잘 모르겠어. 나 감자튀김이랑 같이 햄버거 먹을지도 몰라.

---

for는 의미가 참 다양해요. '~를 위해'란 뜻도 있고요, '~를 향하여', '~ 때문에'란 뜻도 있지요. 아침으로, 점심으로 혹은 저녁으로 무언가를 먹다고 말할 때 have something for breakfast (아침으로)/for lunch(점심으로)/for dinner(저녁으로) 같이 말할 수 있으니 기억해두세요.
e.g. I had 삼계탕 for lunch. (나 점심으로 삼계탕 먹었어.)

불확실한 추측의 의미로 쓰는 may/might를 활용해 상대방에게 어떤 행동이나 상황이 나타날 수 있음을 추측하는 문장들을 연습해 주세요.

나 이거 꼭 사야 해.
I must buy this.

[must/have to+동사원형] 틀로 꼭 해야 하는 일을 말하자.

must는 뒤에 동사원형과 함께 쓰여 동사의 의미를 '(꼭) ~해야 한다'로 바꾸어 주는 역할을 합니다. 즉, '강한 의무'를 표현해 줄 수 있는 거죠. **must 대신 have to를 써도 같은 의미입니다.** 주의할 건, have to의 경우 주어가 3인칭 단수일 때 has to로 바뀐다는 거예요. 그럼, '꼭 ~해야 했다'는 과거 내용을 말할 때는 어떻게 할까요? must는 과거형이 없기 때문에 had to로만 가능합니다. must와 have to가 거의 같은 의미로 쓰이기는 하지만, 일반적으로 must는 개인적으로 꼭 해야 한다고 느끼는 일에 대해 씁니다. 예를 들어, I must do this. (나 이거 꼭 해야 해.)처럼 말이죠. 반면에, have to는 상황적으로 꼭 해야 하는 일을 말할 때 씁니다. I have to go to work now. ((회사에 일이 생겨서) 나 지금 회사 출근해야 해.)처럼 말이죠. 하지만 일상 회화에서는 개인적이냐 상황적이냐 구분 없이 have to가 훨씬 높은 빈도로 많이 쓰입니다.

 ▶ 085-86

문법 감 잡기   다음 우리말이 영어로 어떻게 바뀌는지 확인해 보세요.

나 이거 꼭 사야 해.
나는 I / 꼭 사야 한다 must buy / 이것을 this

I must buy this.
[= I have to buy this.]

톰은 야근해야 해.
톰은 Tom / 꼭 일해야 한다 must work / 늦게까지 late

Tom must work late.
[= Tom has to work late.]

우리는 우리 자리에 있어야 했어.
우리는 We / 꼭 있어야 했다 had to stay /
우리 자리에 in our seats

We had to stay in our seats.

그들은 널 진지하게 받아들여야 해.
그들은 They / 받아들여야 한다 must take /
너를 you / 진지하게 serioulsy

They must take you seriously.

그는 여전히 벌금을 내야 해.
그는 He / 여전히 still / 지불해야 한다 has to pay
/ 벌금을 the fine

He still has to pay the fine.
미드: Bad Judge

궁금해요   '꼭 ~해야 해요?'라고 질문하고 싶을 때는 어떻게 말하면 돼요?

원칙적으로는 must를 주어 앞으로 이동시키면 되지만, 실제 회화에서 Must ~? 형태는 거의 쓰이지 않습니다. 의문문의 경우, have to 혹은 has to에 일반동사 의문문 원칙을 적용하여 주어의 수나 시제에 따라 주어 앞에 Do/Does/Did를 놓아서 말하는 게 일반적입니다.

나 이거 꼭 사야 해?	Must I buy this? (거의 잘 안 쓰임)
	Do I have to buy this?
톰이 이거 꼭 사야 해?	Must Tom buy this? (거의 잘 안 쓰임)
	Does Tom have to buy this?

뭔가를 꼭 해야 하는 상황일 때

A **We must [= have to] wear a swimming cap here.**

B What? I don't have a swimming cap.

A Don't worry. I brought two. I'll lend you one.

B Oh, thank you. You're a lifesaver.

A: 우리 여기선 수영 모자 꼭 써야 해. B: 뭐? 나 수영 모자 없는데.
A: 걱정하지 마. 내가 두 개 가져왔어. 너한테 하나 빌려 줄게. B: 오, 고마워. 네 덕분에 살았다.

문장 조립하기 다음 우리말을 영어 문장으로 만드세요.

1. 나 그녀랑 집에 있어야 해.

....

- stay 머물다, 남다
  / with her 그녀와 함께
- home은 '집'이란 뜻도 있지만 '집에, 집으로'의 의미도 있어요. '집에'라고 할 때 at home 혹은 간단히 home 만 씁니다. **e.g.** go home (집에 가다)

2. 나 그거 하루에 세 번 복용해야 해.

....

- take 복용하다
  / three times a day 하루에 세 번
- 약물을 '섭취하다, 복용하다'는 동사 take를 씁니다. eat을 사용하지 않는 것에 주의하세요.

3. 너 꼭 그거 보러 가야 해.

....

- go 가다 / see 보다
- '보러 가다'는 순서 상 '가서 보다 (go and see)'입니다. 회화체 영어에서는 이 경우 and가 생략 가능하죠.

4. 선생님들은 그들에게 인내심을 가져야 해.

....

- patient with ~에게 인내심을 가지는
- patient는 '인내심을 가지는'입니다. 동사가 아니죠. 동사 덩어리가 되려면, 앞에 be동사를 놓아야 합니다.

5. 나 어젯밤에 집으로 걸어와야만 했어.

....

- walk 걷다, 걸어오다
  / last night 어젯밤에
- must는 과거시제로 표현될 수가 없어서 have to의 과거형인 had to로 말해야 합니다.

1. A My grandmother is sick. **I must [=have to] stay home with her.**

   B I hope it's not serious. Please *send my regards to her.

   우리 할머니가 편찮으셔. 나 할머니(= 그녀)랑 집에 있어야 해.

   심각한 거 아니면 좋겠다. 할머니께 안부 전해 드려.

우리말 '안부 인사를 전하다'는 영어로 send one's regards입니다. regard는 단수로 쓰이면 '주목, 관심'이란 뜻인데, -s 가 붙은 regards는 '인사, 안부'의 뜻이죠. 누구에게 안부 인사를 전해야 하는지 정확하게 집어서 말하고 싶을 때는 '~ 에게'란 방향성을 나타내는 to를 활용해 send one's regards to ~ (~에게 안부 인사를 전하다)라고 표현합니다. 이 regards 대신에 hello를 써도 됩니다.

e.g. Please say hello to her. (그녀에게 안부 인사 전해 줘.)

---

2. A Is this your medicine?

   B Yes, it is. **I must [= have to] take *it three times a day.**

   이거 네 약이야?

   응, 맞아. 나 그거 하루에 세 번 먹어야 해.

영어는 똑같은 말을 반복해서 쓰는 걸 완전 싫어합니다. 그래서 반복되는 말은 다른 말로 바꿔 쓰는데 그게 바로 대명사 he/she/it/them입니다. 앞에 medicine이란 말이 나왔는데 그걸 반복하기 싫어서 다음 문장에 it을 쓴 것, 기억하세요. 또 [숫자+times+a+day/week/month/year]는 '하루에/일주일에/한 달에/일 년에 ~번'의 뜻입니다. 예를 들어, two times a day는 '하루에 두 번', four times a week는 '일주일에 네 번'이란 뜻이 되는 거죠. two times 대신에 twice를 쓰기도 합니다.

---

3. A Did you see the movie?

   B Yeah, it was really good. **You must [=have to] *go see it.**

   너 그 영화 봤어?

   응, 진짜 괜찮았어. 너 꼭 그거 보러 가야 해.

'너 꼭 그거 보러 가야 해.'는 You must go and see it.이 문법적으로 완전한 문장입니다. 하지만 '~하러 간다' 즉, [go and+동사] 형태의 사용빈도가 높다 보니 어느덧 and는 생략하고 바로 동사를 붙여서 말하는 게 자연스러운 것이 되었 습니다. go만 그런 게 아니라 come도 그런 형태로 자주 쓰입니다.

e.g. Go buy it. (그거 사러 가.)   You must come see me. (너 나 보러 와야 해.)

4. A Some students are slow, so **teachers must (= have to) be patient with them.**

   B You're right. But it's not *that easy.

몇몇 학생들은 느려. 그래서 <u>선생님들이 그들에게 인내심을 가져야 해.</u>

네 말이 맞아. 하지만 그게 그렇게 쉽지는 않지.

that, '저것, 저'의 뜻으로만 알고 계셨죠? 이 that이 '그렇게, 그 정도로'의 뜻으로 쓰이기도 한답니다. 예를 들어, 상대방이 제 3자를 가리켜 엄청 예쁘다고 입에 침이 마르도록 칭찬했는데, 실제로 보니까 '그렇게 예쁘지 않던데'라고 하고 싶을 때, 요 that을 활용해 말할 수 있습니다. 바로 She is not that pretty.라고 말할 수 있지요.

5. A **I had to walk *home last night,** because the party ended too late.

   B Oh, there were no buses, right?

나 어젯밤에 <u>집에 걸어와야 했어.</u> 왜냐하면 파티가 너무 늦게 끝났거든.

아, 버스 하나도 없었지, 그렇지?

home을 의외로 틀리게 쓰는 경우가 많습니다. '집에 걸어오다'는 walk to home일 것 같은데 walk home이죠? 그건요, home이 '집'이라는 뜻도 있지만, '집으로, 집에'라는 뜻도 있기 때문이에요. 그래서 walk to home이 되면 '집으로으로 걸어오다'의 뜻이 되어 버리기 때문에 walk home이라고 표현합니다.

강한 의무를 전달할 때 사용하는 must, have to를 사용하여 꼭 해야 하는 일이나 행동을 말해 보세요.

너 그거 만지면 안 돼.
You must not touch it.

'〜해서는 안 된다'와 '〜할 필요가 없다'를 영어로 표현하자.

must 뒤에 not을 붙여 [must not+동사원형] 형태가 되면 '(절대로) 〜해서는 안 된다'의 뜻이 됩니다. 그럼, must와 같은 의미인 have to 앞에 주어나 시제에 맞춰 don't나 doesn't, didn't를 놓아도 같은 뜻일까요? 아니요, 특이하게도 '〜하면 안 된다'의 의미가 아니랍니다. 이때는 '〜할 필요가 없다'의 뜻이 되어 버려요. 즉, must와 have to는 긍정문과 의문문일 때는 그 해석이 동일하지만, 부정문일 때는 서로 다르다는 것을 꼭 기억해 주세요.

e.g. You <u>must/have to</u> eat the meat. (너 꼭 그 고기 먹어야 해.)
You <u>must not</u> eat the meat. (너 그 고기 먹으면 절대 안 돼.)
You <u>don't have to</u> eat the meat. (너 그 고기 안 먹어도 돼.)

 ▶ 088-89

문법 감 잡기 다음 우리말이 영어로 어떻게 바뀌는지 확인해 보세요.

너 그거 만지면 안 돼.
너는 You / 만지면 안 된다 must not touch /
그것을 it

You must not touch it.

우리 여기에 주차하면 안 돼.
우리는 We / 주차하면 안 된다 must not park
/ 여기에 here

We must not park here.

너 그거 할 필요 없어.
너는 You / 할 필요가 없다 don't have to do
/ 그것을 it

You don't have to do it.

헨리가 이것에 대해서 알면 안 돼.
헨리는 Henry / 알면 안 된다 must not know
/ 이것에 대해 about this

Henry must not know about this.
미드: Forever

그게 이런 식일 필요는 없어.
그것은 It / 〜일 필요가 없다 doesn't have to be
/ 이런 식 this way

It doesn't have to be this way.
미드: The Walking Dead

아무것도 가져올 필요 없었다고 말할 때

A   You made it! Come on in. **You don't have to take off your shoes.**

B   This is a little something for you.

A   Oh, Phillip. **You didn't have to bring anything.** Thank you so much.

B   You're welcome. I hope you like it.

A: 왔구나! 어서 들어와. 신발은 벗을 필요 없어. B: 이거 약소한데 너한테 주는 거야.
A: 오, 필립. 아무것도 가져올 필요 없었는데. 너무 고마워. B: 고맙긴. 네 마음에 들면 좋겠다.

문장 조립하기   다음 우리말을 영어 문장으로 만드세요.

1. 너 그 우유 마시면 안 돼.

....

- must not ~하면 안 된다
  / drink 마시다 / that milk 그 우유
- '절대로 ~해서는 안 된다'는 강한 부정은 [must not+동사원형]으로 표현합니다.

2. 너 면허 없이 운전하면 안 돼.

....

- drive 운전하다 / without ~ 없이
  / a license 면허증
- 면허증은 셀 수 있는 거라서 앞에 a를 붙여 주거나 licenses처럼 복수형을 써야 합니다.

3. 너 서두를 필요 없어.

....

- rush 서두르다
- have to의 부정형 don't [doesn't] have to는 '~해서는 안 된다'가 아니라 '~할 필요가 없다'입니다.

4. 너 너무 일찍 올 필요 없었어.

....

- come 오다 / so early 너무 일찍
- have to의 과거형은 had to, 과거시제 부정형은 have to 앞에 did not (= didn't)을 붙인 didn't have to입니다.

5. 내 남자친구 군대로 돌아가지 않아도 돼.

....

- go back to ~로 돌아가다
  / the army 군대(육군)
- 주어가 3인칭 단수일 때 have to의 부정형은 앞에 doesn't를 놓습니다. 이렇게 don't, doesn't를 쓰는 건 have to를 일반동사로 보기 때문입니다.

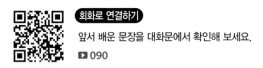
1. A **You must not drink that milk.** It *went bad.

    너 그 우유 마시면 안 돼. 그거 상했어.

    B Really? But it hasn't passed the expiration date yet.

    정말? 근데 아직 유통기한 안 지났는데.

> 동사 go는 '가다'란 뜻 외에, '~한 상태가 되다'의 뜻이 있어요. 이때는 동사의 의미를 채워 줄 보충어로 형용사가 뒤에 와서 [go+형용사] 틀로 쓰입니다. 그래서 '상하다'는 go bad (bad: 상한), '대머리가 되다'는 go bald (bald: 대머리인), '눈이 멀게 되다'는 go blind (blind: 눈이 먼)라고 하면 되지요.

2. A **You must not drive without a license.**

    너 면허 없이 운전하면 안 돼.

    B All right. You drive. I'll ride *shotgun.

    알았어. 네가 운전해. 난 조수석에 탈게.

> shotgun은 자동차 운전자의 옆 좌석 즉, 조수석을 의미합니다. 보통 여러 명이 한 차를 타고 이동할 때, 조수석에 앉고 싶은 사람은 큰 소리로 "Shotgun!"이라고 외치면 됩니다. '타다'의 동사 ride를 활용한 ride a shotgun은 '조수석에 타다'란 뜻이 됩니다.

3. A I'm almost ready. Just two more minutes.

    나 준비 거의 다 됐어. 딱 2분만 더.

    B **You don't have to rush.** We have *enough time.

    너 서두를 필요 없어. 우리 시간 충분해.

> enough는 '충분한'과 '충분히'의 두 가지 뜻이 있어요. '충분한'의 뜻일 때는 enough money (충분한 돈)처럼 꾸며 주는 명사 앞에 옵니다. 하지만 '충분히 키가 큰'처럼 '키가 큰'이라는 형용사를 수식할 때는 enough tall이 아니라 tall enough처럼 형용사 뒤에 놓여 수식을 해준답니다. 우리말 순서와 다른 대표적인 경우지요.

4. A Jack, it's still morning. **You didn't have to come so early.**

    B I wanted *to see you so much. I just couldn't wait.

    잭, 아직 아침인데. 너무 일찍 올 필요 없었어.

    네가 너무 많이 보고 싶었어. 기다릴 수가 없더라고.

[to+동사원형]은 어느 자리에 놓이느냐에 따라 뜻이 달라지는데, 특정 동사 뒤의 목적어 자리에 오면 '~하는 것, ~하기'란 뜻이 됩니다. 예를 들어, I want pizza. (난 피자를 원해.)란 문장에서 목적어 자리의 명사 pizza 대신 [to+동사원형] 형태인 to play computer games (컴퓨터 게임을 하는 것)를 넣으면 I want to play computer games. (난 컴퓨터 게임하는 걸 원해.)란 문장이 완성됩니다.

---

5. A **My boyfriend doesn't have to go back to the army.** He *was discharged yesterday.

    B Oh, you *must be very happy.

    내 남자친구 군대로 돌아가지 않아도 돼. 걔 어제 제대했어.

    오, 너 진짜 행복하겠구나.

---

discharge는 '(의무에서) ~를 해방시키다'의 뜻입니다. 수동태인 be discharged는 '군대에서 제대하다' 혹은 병원에서 '퇴원하다' 등의 의미로 쓰입니다. 이게 내 자유의지로 나오고 싶을 때 나오는 게 아니라 시스템에 따라 나오게 되는 거라서 수동태로 쓰인 거예요.
참고로, You must be very happy.는 문맥에 따라서 '넌 꼭 반드시 행복해야 해.'의 뜻이 될 수도 있겠지만, '~임에 틀림없다'로 강한 확신을 나타내기도 합니다. 이것은 문맥을 보고 파악해야 하고요, 주로 〈must be+형용사〉일 때 이런 뜻으로 많이 씁니다.

[must not+동사원형]과 [don't/doesn't/didn't have to+동사원형] 구문의 해석 차이를 꼭 기억하면서 무엇을 하면 안 되는지, 할 필요까지는 없는지 설명하는 문장들을 만들어 보세요.

너 이거 마시는 게 좋겠어.
You should drink this.

should는 강제성을 띄지 않고 추천, 제안, 충고를 할 수 있다.

should의 기본 의미를 많은 분들이 '~해야 한다'로 알고 계시더군요. 그래서 must/have to와 혼용하시더라고요. 하지만 꼭 해야 한다는 강제성이 아니라 **'~하는 게 좋겠다'는 의미의 추천, 제안, 충고의 뜻**이 더 강해서 강제성을 띄는 must/have to와 의미상 차이가 있습니다. 역시 뒤에 동사원형이 오고요, '~해서는 안 돼, ~ 않는 게 좋겠어'의 부정문은 should 뒤에 not을 붙인 [should not+동사원형] 틀을 사용합니다. should not을 줄여서 shouldn't라고 말해도 됩니다.

▶ 091-92

문법 감 잡기 다음 우리말이 영어로 어떻게 바뀌는지 확인해 보세요.

너 이거 마시는 게 좋겠어.
너는 You / 마시는 게 좋겠다 should drink
/ 이것을 this

You should drink this.

우리 조심하는 게 좋겠어.
우리는 We / 조심하는 게 좋겠다 should be careful

We should be careful.

걔가 거기에 가지 않는 게 좋겠어.
그는 He / 가지 않는 게 좋겠다 shouldn't go
/ 거기에 there

He shouldn't go there.

우리 다시 일하러 가는 게 좋을까?
우리 ~하는 게 좋을까? Should we
/ 돌아가다 get back / 일터로 to work

Should we get back to work?
미드: The Good Place

다른 누구보다도 넌 그걸 알고 있는 게 좋아.
너는 You / 다른 누구보다도 of all people
/ 알고 있는 게 좋다 should know / 그걸 that

You of all people should know that.
미드: Supernatural

궁금해요 그럼 의문문은 어떻게 만들어요?

다른 조동사와 마찬가지로 should를 주어 앞으로 이동시키면 됩니다. 예를 들어, "나 이거 마시는 게 좋을까?"는 should를 문두에 두어 Should I drink this?라고 말하면 되는 거죠.

상대방 안색이 창백해 보일 때

 ▶ Max쌤의 강의 **031**

A James, what's going on? You look pale.

B I didn't sleep a wink last night. Actually, I can't sleep these days.

A I guess you're under too much stress. **You should relax.**

B I know, but it's not easy. **Should I take some medicine?**

A: 제임스, 무슨 일이야? 얼굴이 창백해 보여. B: 어젯밤에 한숨도 못 잤어. 사실, 나 요즘 잠을 못 자겠어.
A: 너 스트레스를 너무 많이 받고 있나 보다. 좀 느긋해져야 해. B: 아는데 쉽지가 않네. 약을 좀 먹어야 할까?

문장 조립하기 다음 우리말을 영어 문장으로 만드세요.

1. 네 스스로를 비난하지 않아야지.

....

- blame 비난하다 / yourself 네 자신
- 여기서 비난하는 행동의 주체와 비난을 받는 목적어가 동일하죠? 이렇게 주어와 목적어가 동일한 대상일 땐 목적어 자리에 재귀대명사를 씁니다.
  e.g. He killed himself. (그는 자기 자신을 죽였다. = 그는 자살했다.)

2. 너 골드 코스트에 가 봐.

....

- visit 방문하다, 가 보다
  / the Gold Coast 골드 코스트
- visit는 목적어를 취하는 타동사로 to 없이 바로 뒤에 목적어가 옵니다.

3. 나 우산 가져가야 할까?

....

- take 가져가다 / an umbrella 우산
  / with me 나와 함께
- 조동사 의문문은 조동사를 주어 앞으로 이동시키는 것이 원칙입니다.

4. 너 이 노래 들어보는 게 좋을걸.

....

- listen to ~를 들어보다
  / this song 이 노래

5. 네 남자친구, 때때로 휴식을 취하는 게 좋겠어.

....

- take a rest 휴식을 취하다
  / from time to time 때때로, 이따금씩

05. 조동사 **145**

회화로 연결하기

앞서 배운 문장을 대화문에서 확인해 보세요.

▶ 093

1. A **You shouldn't blame *yourself.**
   It wasn't your fault.
   B No, it was all my fault. I messed up everything.

   너 <u>스스로를 비난하지 않아야지.</u> 네 잘못이 아니었다고.
   아냐, 모두 다 내 잘못이었어. 내가 모든 걸 망친 거야.

   재귀대명사는 '~ 자신'을 뜻하는 대명사입니다. I love myself. (난 나 자신을 사랑해.) 같이 주어의 행동이나
   동작이 주어 자신에게 영향을 미칠 때 씁니다. 재귀대명사에는 다음의 것들이 있습니다.

나 자신	너 자신	그 자신/그녀 자신/그것 자신
myself	yourself	himself/herself/itself
우리 자신	너희 자신	그들 자신
ourselves	yourselves	themselves

2. A ***I'm going to visit my cousin in Australia next month.**
   B Good for you. **You should visit the Gold Coast.** The beach is clean and great for surfing.

   나 다음 달에 호주에 있는 사촌 방문할 거야.

   좋겠네. <u>너 골드 코스트에 가 봐.</u> 해변이 깨끗하고 서핑하기 끝내주거든.

   [be동사 going to+동사원형]은 이미 하기로 결정 내린 미래 일을 말할 때 주로 사용합니다. 예를 들어, 다음 달에 부산
   으로 이사 가기로 결정 내렸다면 사람들에게 I'm going to move to Busan next month.라고 말할 수 있는 거죠.

3. A **Should I *take an umbrella with me?**
   B Yeah, you should. It *may rain this evening.

   나 우산 가져가야 할까?

   그래, 그래라. 오늘 저녁에 비가 올 지도 몰라.

   take가 '(어떤 것을 한 곳에서 다른 곳으로) 가지고 가다'일 때는 물건 뒤에 그 물건을 몸에 지니고 가는 주체를 강조해
   주기 위해 [with+주체]를 붙여 줍니다. 그래서 take an umbrella 뒤에 with me가 붙었습니다. 또 '~일지도 모른다'의
   약한 추측을 말할 때는 조동사 may 또는 might를 사용하면 됩니다.

146 어순 문법 집중

4. A **You should listen to this song.**
       It's really great.
    B Okay. Oh, it's nice. *Whose song
       is this?

너 이 노래 들어보는 게 좋을걸. 정말 좋아.

그래. 오, 괜찮은데. 이거 누구 노래야?

whose는 '누구의 것' 혹은 '누구의'란 뜻이 있습니다. 어떤 사물을 가리키며 '이거 누구 거야?'라고 물을 때 Whose is this?라고 하면 되는 거죠. 또 사물을 언급하며 '이건 누구 차야?'라고 물을 때는 [whose+명사] 형태로 Whose car is this? 라고 말하면 됩니다.

5. A **Your boyfriend should take a**
       rest from time to time. He looks
       tired.
    B Yeah, he's working too much
       these days.

네 남자친구, 때때로 휴식을 취하는 게 좋겠어.
피곤해 보여.

그러게 말이야. 요즘 일을 너무 많이 한다니까.

too는 '너무', much는 '많은, 많이'로 too much는 셀 수 없이 많은 양이나 정도를 가리켜 '지나치게 많은, 지나치게 많이'의 뜻입니다. 부정적인 뉘앙스를 풍기는 표현입니다. 그래서 상대방이 말을 너무 많이 한다면 You talk too much. (넌 너무 말을 많이 해.)라고 핀잔을 줄 수 있겠죠?

[should+동사원형] 틀로 어떤 일을 하는 게 좋은지, 혹은 좋지 않은지를 상대방에게 추천하고, 제안하고, 충고하는 문장들을 많이 만들어 보세요.

나 거기에 가고 싶어.
I would like to go there.

하고 싶은 걸 말하거나 상대방에게 뭔가를 권할 때, would like to를 쓴다.

조동사 would가 들어간 [would like to+동사원형]은 **무언가를 하고 싶다고 상대방에게 정중히 말할 때 사용할 수 있는 표현**입니다. 예를 들어, '나 거기에 가고 싶어.'를 I would like to go there.라고 말하면 되지요. 사실 '～하고 싶다' 할 때 바로 생각나는 동사가 want죠? 이 want는 좀 더 직설적으로 원하는 것을 말할 때 [want to+동사원형] 틀로 말합니다. 하지만 공적인 관계나 예의가 필요한 장소에서 즐겨 쓰는 건 [would like to]라는 것, 꼭 알아두세요. would like to의 would는 앞에 나온 주어 뒤에 'd로 축약해 쓸 수 있다는 것도 알아두세요.

▶ 094-95

문법 감 잡기 다음 우리말이 영어로 어떻게 바뀌는지 확인해 보세요.

전 당신과 저녁 먹고 싶어요.
저는 I / 저녁 먹고 싶어요
would like to have dinner / 당신과 with you

I would like to have dinner with you.

전 머리 색깔을 바꾸고 싶어요.
저는 I / 바꾸고 싶어요 would like to change
/ 제 머리 색을 my hair color

I would like to change my hair color.

쇼핑하러 가시겠어요?
～하시겠어요? Would you like to
/ 쇼핑하러 가다 go shopping

Would you like to go shopping?

시식해 보시겠어요?
～하시겠어요? Would you like to /
샘플을 먹어 보다 try a sample

Would you like to try a sample?
미드: The Affair

저희는 당신께 몇 가지 질문을 하고 싶습니다.
저희는 We / 물어보고 싶어요 would like to ask
/ 당신에게 you / 몇 가지 질문을 some questions

We'd like to ask you some questions.
미드: NCIS

궁금해요 Would you like to ～?는 '당신 ～하고 싶으세요?' 아니에요?

배운 걸로만 하면 그렇지만 실제 의미는 정중하게 권유하는 느낌으로 '～하시겠어요?'가 됩니다. 그래서 Would you like to drink coffee?는 '커피 드시겠어요?'가 되는 것이죠. 참고로 would like 뒤에 to부정사가 아니라 명사가 나올 수도 있어요. I would like coffee.처럼요. 이때는 '커피가 좀 마시고 싶네요.'로 I want coffee. (난 커피 원해.)보다 더 정중한 느낌을 줍니다. 그래서 상대방에게 '～를 원하세요?'라고 정중히 물을 때는 Do you want ～?보다 Would you like ～? 표현을 씁니다. 이 I would는 회화에서 I'd로 축약해서 말하지요.

공항에서 체크인할 때

A Good afternoon. **I'd like to check in.**

B May I see your passport, please?

A Here you are.

B Thank you. **Would you like an aisle seat or a window seat?**

A: 안녕하세요. 탑승 수속하려고 합니다. B: 여권 좀 보여주시겠어요?
A: 여기요. B: 감사합니다. 복도 쪽 좌석 원하세요, 창가 쪽 좌석 원하세요?

문장 조립하기 다음 우리말을 영어 문장으로 만드세요.

1. 전 해외에서 공부하고 싶어요.

....

- study 공부하다 / abroad 해외에서
- abroad는 그 자체가 '해외에서, 해외로'란 뜻이 있어서 앞에 방향을 나타내는 전치사 to가 붙지 않습니다.

2. 메뉴 보시겠어요?

....

- see 보다 / the menu 메뉴
- would like to의 의문문은 조동사 would를 주어 앞으로 이동시켜서 만듭니다.

3. 나랑 결혼해 줄래?

....

- marry ~와 결혼하다
- '~와 결혼하다'는 marry with가 아니라 그냥 marry입니다. 바로 뒤에 결혼할 사람이 오는 거죠.
  e.g. Marry me. (나랑 결혼해 줘.)

4. 일본에 있는 제 아들에게 돈을 좀 보내고 싶어요.

....

- send 보내다 / some money 돈을 좀 / to my son 내 아들에게 / in Japan 일본에 있는

5. 차 한 잔 마시겠어요?

....

- drink 마시다 / a cup of tea 차 한 잔

1. A **I would like to study abroad.**
   B Me, too. We *have many things in common.

   난 외국에서 공부하고 싶어.
   나도 그래. 우린 공통점이 많다.

   > have A in common은 'A를 공통점으로 가지고 있다'는 뜻입니다. 공통점이 아무것도 없다면 A 자리에 nothing을 써서 have nothing in common을 써서 표현할 수 있어요. 뭐라고 꼬집어 말할 수는 없지만, 무언가 공통점이 있다면 something을 써서 have something in common이라고 하면 되지요.

2. A Please have a seat. **Would you like to see the menu?**
   B Yes, please. And *could you get me a glass of water?

   앉으세요. 메뉴를 보시겠어요?
   네, 그러죠. 그리고 물 한 잔 갖다 주시겠어요?

   > can은 '~할 수 있다' 뜻 외에 '~해도 된다'의 허가의 의미도 있습니다. 이런 can이 Can you ~?의 의문문 형태로 쓰이면 상대방에게 '~해 주시겠어요?'라고 요청의 뜻을 나타내기도 합니다. 좀 더 정중하게 말할 때는 Could를 써서 Could you ~?라고 요청, 부탁을 할 수 있습니다.
   > e.g. Could you help me? (저 좀 도와주시겠어요?)

3. A **Would you like to marry me?**
   B Of course, *I would.

   나랑 결혼해 줄래?
   그럼, 당연히 하지.

   > Would you like to ~?로 상대방이 물어볼 때, 긍정이면 간단히 Yes, I would.로, 부정이면 No, I wouldn't.라고 대답하면 됩니다. Yes 대신 긍정의 강도를 높이기 위해 Of course나 Sure라고 말하기도 합니다. 또 Would you like to drink beer? (맥주 마시겠어요?) 같이 음식이나 음료를 권하는 질문일 때 긍정의 답은 Yes, please. 또는 That would be great. (좋지요.)로 많이 합니다. 부정일 때는 정중히 No, thanks. / No, thank you.라고 말할 수 있습니다.

4. A Good morning, sir. What can I do for you?

어서 오십시오. 무엇을 도와드릴까요?

B **I'd like to *send some money to my son in Japan.**

일본에 있는 제 아들에게 돈 좀 보내고 싶어요.

send는 '~에게 ~을 보내다'로 뒤에 목적어가 연달아 위치하는 동사입니다. 즉, Send A B의 형태로 'A에게 B를 보내다'란 의미지요. 그런데 이 문장에서는 send my son some money가 아니라 send some money to my son이라고 돼 있죠? 사실, send A B는 send B to A로도 표현할 수가 있기 때문입니다. 회화에서는 두 문장을 자유롭게 바꿔 쓰기 때문에 꼭 알아두세요.

5. A ***Would you like to drink a cup of tea?**

차 한 잔 마시시겠어요?

B No, thanks. I just had coffee.

괜찮습니다. 저 막 커피 마셨어요.

[would like+명사]는 '~을 원하다, ~을 마시고 싶다. ~을 먹고 싶다'의 뜻으로 쓰입니다. 상대방에게 음료, 음식을 권할 때 간단히 [Would you like+명사?] 형태가 즐겨 사용되죠. 즉, Would you like to drink a cup of tea?는 간단히 Would you like a cup of tea?라고 물을 수도 있습니다.

[would like to+동사원형] 구문으로 내가 하고 싶거나 상대방에게 권유하고 싶은 걸 정중하게 전달하는 연습을 해보세요.

난 예전에 담배 많이 피웠어.
I used to smoke a lot.

[used to+동사원형]으로 과거엔 그랬지만 지금은 아닌 걸 말해 보자.

과거에는 반복적으로 했던 행동이지만, 지금은 더 이상 하지 않는 습관, 혹은 과거에는 지속된 상태지만 지금은 그렇지 않을 때, [used to+동사원형] 틀을 사용합니다. 우리말로는 '(예전에) ~했었어'라고 해석합니다. '(예전에) ~하지 않았어'의 used to 부정형은 [didn't use to+동사원형]이니 기억해 두세요. 참고로, used to는 [유스 투]에 가깝게 발음합니다.

▶ 097-98

문법 감 잡기   다음 우리말이 영어로 어떻게 바뀌는지 확인해 보세요.

난 담배 많이 피웠었어. (지금은 안 그래.)
나는 I / 예전에 담배 피웠었다 used to smoke
/ 많이 a lot

I used to smoke a lot.

그녀가 네 옆집에 살았었잖아.
(지금은 안 살지만.)
그녀는 She / 예전에 살았었다 used to live
/ 네 옆집에 next door to you

She used to live next door to you.

내가 시간이 많이 있진 않았어.
(지금은 많아.)
나는 I / 예전에는 가지고 있지 않았다
didn't use to have / 많은 시간을 much time

I didn't use to have much time.

우리 정말 좋은 친구였었어.
(지금은 아니지만.)
우리는 we / 예전에 ~였었다 used to be
/ 정말로 좋은 친구 really good friends

We used to be really good friends.
미드: Alias

여기엔 수건걸이가 있었어.
예전엔 ~가 있었다 There used to be /
수건걸이가 a towel bar / 여기에 here

There used to be a towel bar here.
미드: CSI

궁금해요 1   그냥 과거형으로 말해도 되지 않아요? used to로 말하는 거랑 차이가 있나요?

used to로 말할 때는 어떤 행동을 잠깐 한 게 아니라 꾸준히 했는데 지금은 안 한지 오래됐다는 뉘앙스를 띕니다. 반면, 과거시제는 일시적으로 한 번 그랬다의 뉘앙스를 풍기죠. '주말마다 부모님과 영화를 보곤 했어.'와 '지난 주말에 부모님과 영화를 봤어.'는 느낌이 다르죠? 앞 문장에는 used to를, 뒤의 문장에는 과거시제를 씁니다.

궁금해요 2   '(예전에) ~였었니?'처럼 물어볼 때는 어떻게 말해요?

used to의 의문문은 일반동사 과거시제 의문문 만드는 원칙과 같습니다. 주어 앞에 Did를 놓고, used는 원형인 use로 써 주면 됩니다. [Did+주어+use to 동사원형 ~?]으로 말이죠.
e.g. Did you use to smoke a lot? (너 예전엔 담배 많이 피우곤 했었니?)

예전엔 근무했지만 현재는 아니라고 말할 때

A   Hi, I'd like to speak to Dan Smith.

B   Dan Smith? Sorry, but there is no one here by that name.

A   That's strange. Isn't this 542-3377?

B   Well, the number is right, but, oh, I get it.
    He used to work here, but got fired recently.

A: 여보세요. 댄 스미스 씨랑 통화하고 싶은데요. B: 댄 스미스요? 죄송한데 여기 그런 분 안 계시는데요.
A: 이상하네요. 542-3377번 아닌가요? B: 음, 번호는 맞는데요. 아, 알겠다. 그 분 여기서 일하셨는데, 최근에 해고됐어요.

문장 조립하기   다음 우리말을 영어 문장으로 만드세요.

1. 난 랩 음악을 듣곤 했었어.

....

- listen to ~를 듣다
  / rap music 랩 음악

2. 난 오케스트라에서 바이올린 연주했었어.

....

- violin 바이올린
  / in an orchestra 오케스트라에서
- 악기를 '연주하다'는 동사 play를 씁니다. 참고로 연주하는 악기 앞에 the를 써 주는 것, 잊지 마세요.
  e.g play the piano (피아노를 치다)

3. 겨울에는 난 스키 타러 갔었어.

....

- In the winter 겨울에
  / go skiing 스키 타러 가다
- 문장 전체를 수식해 주는 [전치사+명사] 덩어리는 문장의 맨 앞 또는 맨 뒤 모두 위치 가능합니다.

4. 난 내 키에 콤플렉스가 있었어.

....

- be self-conscious about ~에 콤플렉스가 있다 / my height 내 키
- self-conscious는 '(남의 시선에 대해) 혼자서만 지나치게 의식하는'의 뜻으로 콤플렉스가 있는 걸 말해요.

5. 모퉁이에 경찰서가 있었어.

....

- be 있다 / a police station 경찰서
  / on the corner 모퉁이에
- '~가 있다'란 존재 여부를 말할 때 There is a car. (차가 있어.)처럼 [There+be동사+주어 ~] 구문을 사용합니다.

1. A What's your favorite genre of music?

   B **I used to listen to rap music.** Now I *prefer R&B.

   가장 좋아하는 음악 장르가 뭐야?

   난 예전에 랩 음악을 들었거든. 이제는 R&B 음악이 더 좋아.

   동사 prefer는 무언가를 '선호하다'란 뜻입니다. 더 좋아한다는 의미지요.

2. A Do you play any musical instruments?

   B Well, **I used to play *the violin in an orchestra.**

   너 악기 연주하는 거 있니?

   음, 나 예전에 오케스트라에서 바이올린 연주했었어.

   특정 악기를 연주한다고 말할 때는 해당 악기 이름 앞에 the를 붙여야 합니다.
   e.g. play the guitar (기타를 연주하다) play the piano (피아노를 연주하다) play the cello (첼로를 연주하다)

3. A **In the winter, I used to *go skiing.** But now I'm into skating.

   B Oh, I love skating, too. Why don't we go to the ice rink together?

   겨울에는 나 스키 타러 갔었어. 하지만 이젠 스케이트 타는 것에 빠졌어.
   아, 나도 스케이트 타는 거 완전 좋아해. 우리 같이 아이스 링크에 가는 거 어때?

   특정 운동을 하러 간다고 표현할 때 [go+운동 동사-ing] 형태를 사용할 수 있습니다. 운동 동사에는 swim (수영하다), ski (스키 타다), snowboard (스노보드 타다), jog (조깅하다) 등이 있는데, 이들 동사 뒤에 ing를 붙여서 [go+동사-ing] 형태가 되면 '~하러 가다'의 뜻이 됩니다. 꼭 운동 동사가 아니더라도 fish (낚시하다), shop (쇼핑하다) 등에 -ing를 붙여서 [go+동사-ing] 형태가 되도 '~하러 가다'의 의미입니다.
   e.g. Let's go fishing. (낚시하러 가자.)

4. A **I used to be self-conscious about my height,** but not anymore.
   B Good! Confidence is *the most important thing.

   난 키에 콤플렉스가 있었어. 하지만, 더 이상은 아니야.
   좋아! 자신감이 가장 중요한 거야.

important는 '중요한'의 뜻이에요. 그런데 그 앞에 the most를 붙이면 '가장 중요한'의 의미를 나타낼 수가 있지요. 이렇게 '가장 ~한'의 뜻이 되는 걸 영어 문법에서는 최상급이라고 합니다. 참고로 '더 중요한'처럼 둘 사이를 비교할 때 쓰는 건 어떻게 표현할까요? 그건 more를 붙여 more important라고 합니다.

5. A **There used to be a police station on the corner,** but now there is a bookstore.
   B Yeah, many things *have changed.

   모퉁이에는 경찰서가 있었어. 근데 지금은 서점이 있네.

   그러게, 많은 게 바뀌었구나.

영어 문장을 보다보면 [have/has+과거분사] 형태를 정말 많이 보게 됩니다. 이건, 과거에 발생한 일이 현재까지 영향을 미친다는 걸 표현합니다. 변화가 일어난 게 과거의 일로 끝난 게 아니라 현재까지도 영향을 주고 있다는 거죠. 예를 들어, 예전에는 그냥 길거리에 불과했던 곳이 많이 바뀌어서(과거) 지금은 사람들도 많이 모이는 핫 플레이스가 된(현재)처럼 말이에요. 이런 [have/has+과거분사] 형태를 현재완료라고 합니다.

[used to+동사원형] 구문으로 과거에 지속됐던 습관, 행동, 상태 등을 설명하는 연습을 꾸준히 해 주세요.

06

시제

우리말과 달리 세세한 뉘앙스를 전달하는 1등 공신이에요.

시제에는 크게 과거, 현재, 미래가 있습니다. 하지만 영어 시제는 이렇게 단순하지가 않습니다. 물론 영어도 과거, 현재, 미래시제가 있지만 우리말에는 없는 완료의 개념이 있거든요.

아마, 현재완료라는 말 들어보셨을 거예요. 현재완료는 말하는 사람의 입장이 중요합니다. 이게 무슨 말이냐면 현재완료는 과거에 어떤 일이 일어났는데 그게 지금 현재까지 어떤 식으로든 영향을 끼친다고 말하고 싶으면 쓰는 거고, 그게 아니면 안 써도 된다는 거예요. 이 현재완료는 [have/has+과거분사] 형태로 쓰고요, 과거분사는 동사의 3단 변화 go-went-gone에서 맨 끝에 있는 gone을 가리킵니다. 모든 동사의 3단 변화에서 맨 끝에 있는 게 과거분사입니다. 이런 과거분사가 have나 has와 같이 쓰이면 현재완료가 되는 거죠.

예를 들어볼게요. A와 B 두 사람이 얼마 전에 지갑을 잃어 버렸습니다. 그런데 두 사람이 '지갑을 잃어 버렸어.'라고 말할 때 A는 I lost my wallet.이라고 과거형으로 말했고, B는 I have lost my wallet.이라고 현재완료형으로 말했습니다.

A는 그냥 지갑을 잃어버린 사실이 중요하니까 과거형으로 말한 거예요. 하지만 B는 그렇지 않아요. 지갑을 잃어버렸고 (찾지를 못했는지, 찾을 의향이 없었는지) 지금도 자기한테 그 지갑이 없다는 걸 말하는 거예요. 똑같은 사실을 두고 과거에 일어난 일이 지금까지 어떻게든 영향을 미친다는 걸 말하고 싶을 때는 현재완료를 쓰는 거고, 그렇지 않을 때는 안 쓰는 것이다. 이렇게 알고 있으면 그 어렵기만 하고 복잡하던 현재완료는 끝납니다.

난 영어를 배워.
I learn English.

현재시제로 평소의 습관, 행동 등을 설명한다.

현재시제는 지금 일어나고 있는 일을 말하는 시제가 아닙니다. 그저께도 했고, 어제도 했고, 오늘도 하고, 내일도 변함없이 할, 평소에 반복되는 행동이나 습관을 나타낼 때 쓰는 시제입니다. 예를 들어, I go to school.은 '지금 내가 학교에 가고 있다'는 뜻이 아니라, 평소에도 학교에 간다 즉, '나는 학교에 다닌다. = 나는 학생이다.'란 뜻을 전합니다. 또 '해는 동쪽에서 뜬다.'처럼 과거에도 그랬고, 지금도 그렇고 미래에도 변하지 않는 사실을 말할 때도 이 현재시제를 사용하지요. 현재시제일 때 동사의 형태는 주어가 He, She, It 같은 대명사이거나 단수 명사일 때는 동사에 -(e)s를 붙여서 표현하고요, 그 외에는 동사원형을 쓰면 됩니다.

▶ 100-101

문법 감 잡기   다음 우리말이 영어로 어떻게 바뀌는지 확인해 보세요.

난 영어를 배워. (평소에도 늘)
나는 I / 배운다 learn / 영어를 English

I learn English.

그는 4개 국어를 해요. (현재의 사실)
그는 He / 말한다 speaks /
4개 언어를 four languages

He speaks four languages.

물은 100도에서 끓어. (과학적인 사실)
물은 Water / 끓는다 boils /
100도에서 at 100 degrees celsius

Water boils at 100 degrees celsius.

저 가게는 속바지를 팔아.
(평소의 반복 행위)
저 가게는 That store / 판다 sells /
속바지를 booty shorts

That store sells booty shorts.
미드: The mysteries of Laura

해는 동쪽에서 떠요. (불변의 사실)
해는 The sun / 뜬다 rises / 동쪽에서 in the east

The sun rises in the east.
미드: The man in the high castle

궁금해요   주어가 단수 (대)명사일 때 현재시제는 동사원형에 –s만 붙이면 되나요?

꼭 그런 건 아니에요. 동사 스펠링이 어떻게 끝나는가에 따라 조금씩 다릅니다. 일반적으로는 동사 뒤에 간단히 -s를 붙이지만, 동사가 -s/-sh/-ch로 끝나면 -es를, 동사가 [자음+-y]로 끝나면 y를 빼고 -ies를 붙여 주어야 합니다.
e.g. access – accesses (접속하다, 접근하다) wash – washes (씻다)
     watch – watches (보다, 시청하다) study – studies (공부하다)

일요일에 보통 하는 행동을 말할 때

A   What do you usually do on Sundays?
B   **I usually stay at home and watch TV.** What about you?
A   **I always go to the movies with my friends.**
B   Oh, I guess you're a movie buff.

A: 너 일요일에 보통 뭐 해? B: 보통은 집에 있으면서 TV 봐. 넌?
A: 난 항상 친구들하고 영화 보러 가. B: 아, 너 영화광인가 보다.

문장 조립하기   다음 우리말을 영어 문장으로 만드세요.

1. 그녀는 우체국에서 일해요.

....

- work 일하다
  / at the post office 우체국에서
- 위치나 지점을 나타낼 때는 전치사 at (~에서)을 사용합니다.

2. 전 학교에 버스 타고 가요.

....

- take (버스, 지하철 등) 타다, 타고 가다 / to (방향) ~로
- 보통 taxi (택시), train (기차), subway (지하철) 등의 대중교통을 탄다고 할 때는 동사 take를 씁니다.

3. 제인은 항상 아침을 먹어.

....

- always 항상 / breakfast 아침 식사
- '아침 식사를 하다'라고 할 때 have를 주로 씁니다. 이때의 have는 '~을 먹다'의 뜻이죠.

4. 아내랑 저는 함께 서울에서 삽니다.

....

- live 살다 / together 함께
- 나라, 도시와 같이 비교적 큰 공간 내의 위치를 말할 때는 in (~에서)을 사용합니다.

5. 나 네 머리 스타일 진짜 마음에 들어.

....

- love 진짜 마음에 들다
  / your hair style 네 머리 스타일
- 동사 love는 '사랑하다'란 뜻 외에, 뭔가가 '진짜로 마음에 든다'는 뜻으로도 쓰입니다.

회화로 연결하기

앞서 배운 문장을 대화문에서 확인해 보세요.

▶ 102

1. A *What does your mother do?
   B **She works at the post office.**

   어머니 뭐 하시니?
   어머니는 우체국에서 근무하세요.

상대방에게 "무슨 일 하세요?"라고 직업을 물을 때 가장 자연스러운 표현이 바로 What do you do?입니다. 이렇게 현재시제로 쓰이는 건 일이라는 게 오늘만 하고 끝나는 게 아니라 꾸준히 반복해서 하는 것이기 때문입니다.

2. A Jim, how do you go to school?
   B **I take a bus to school,** but
      *sometimes I take the subway.

   짐, 너 학교에 어떻게 가?
   나 학교에 버스 타고 가. 근데 가끔은 전철 타.

영어에는 횟수를 나타내는 부사가 있어요. always (항상), usually (보통, 일반적으로), often (자주), sometimes (때때로), hardly (거의 ~ 않는), never (절대 ~ 않는)가 대표적인 것으로 이것들을 빈도부사라고 합니다. 이 빈도부사는 일반동사 앞, 또는 be동사 뒤에 놓여요. 단, usually, sometimes, often은 문장 앞에도 놓일 수 있습니다.

3. A *So where do you live now?
   B **My wife and I live together in Seoul.**

   그래서 지금은 어디서 살아?
   아내랑 난 함께 서울에 살아.

So는 '그래서'란 뜻의 접속사입니다. 상대방의 말을 이어 받아서 내가 말을 시작할 때 So라고 말문을 열 수 있지요. So 말고도 But (하지만), Or (아니면), Then (그러면) 등의 표현들도 유용하게 쓰일 수 있으니 기억해 두세요.

4. A **Jane always has breakfast.**

   B I know. And she never eats
   anything after 9 *p.m.
   She has a strict self discipline.

제인은 항상 아침을 먹어.

그러게. 그리고 저녁 9시 이후에는 절대 아무것
도 안 먹어. 자기 관리가 철저하다니까.

정오를 기준으로 12시 이전은 a.m., 12시 이후는 p.m. 이라고 표현합니다. 또, in the morning (아침에), in the afternoon (오후에), in the evening (저녁에), at night (밤에) 등의 표현도 시간을 말할 때 즐겨 쓰입니다.
e.g. 9 in the morning (아침 9시) 11 at night (밤 11시)

5. A **I love your hair style.** Where did
   you *get it?

   B At a salon near my house.

나 네 머리 스타일 진짜 마음에 들어. 어디서
머리 했어?

집 근처 미용실에서.

동사 get은 회화에서 굉장히 여러 의미로 사용 가능한 만능 동사입니다. 기본 뜻은 '얻다, 받다'이지만 여기서는 목적어
인 it이 your hair style을 의미합니다. 그래서 직역하면 '네 머리 스타일을 얻다'의 뜻인데요, '머리를 하다'란 의미로 의
역해 주면 되지요.

현재시제로 평소에 반복하는 행동이나 습관, 불변의 진실, 현재의 상태를 말하는 연습을 꾸준히 해보세요.

나 회사에 있었어.

I was at work.

be동사 과거형 was/were를 활용해 과거 정보를 묘사해 보자.

be동사의 과거형은 was, were 두 가지입니다. **am과 is의 과거형은 was이고** are의 과거형은 were죠. 이 be동사의 과거형 was와 were는 '~이었다' 또는 '~ 있었다' 두 가지 의미로 쓰입니다. [주어+am/is/are]는 각각 I'm, 're, 's로 축약할 수 있지만, [주어+was/were]는 축약형이 없습니다. 하지만, 부정형인 was not과 were not은 각각 wasn't와 weren't로 축약돼 쓰입니다. 과거에 어디에 있었는지, 과거에 직업은 뭐였는지, 성격은 어땠는지, 어떤 상태였는지 등을 말할 수 있지요. 의문문은 어떻게 만드는지 아시나요? 그렇습니다. Was/Were를 주어 앞에다 두기만 하면 됩니다.

▶ 103-104

문법 감 잡기 다음 우리말이 영어로 어떻게 바뀌는지 확인해 보세요.

나 회사에 있었어.
나는 I / 있었다 was / 회사에 at work

I was at work.

나 어제 피곤했어.
나는 I / ~이었다 was / 피곤한 tired /
어제 yesterday

I was tired yesterday.

제임스는 내 동료가 아니었어.
제임스는 James / 아니었다 was not /
내 동료가 my colleague

James was not my colleague.
[= James wasn't my colleague.]

그것들이 시장에서 세일했었어.
그것들은 They / ~이었다 were /
세일 중인 on sale / 시장에서 at the market

They were on sale at the market.
미드: Portlandia

너 오늘 아침에 어디에 있었어?
어디에 Where / 너는 있었니? were you /
오늘 아침에 this morning

Where were you this morning?
미드: Stalker

궁금해요 be동사 과거형이 쓰인 질문에 간단하게 답하려면 어떻게 말하면 돼요?

앞서 배웠던 단답형 답변 형태에서 am, is 대신에 was를, are 대신에 were를 쓰면 됩니다.

	긍정 대답			부정 대답	
Yes,	I / he/ she / it	was.	No,	I / he / she / it	wasn't.
	you / we / they	were.		you / we / they	weren't.

일본에 출장 중이었다고 말할 때

A **You weren't at the office on Monday, right?**

B No, I wasn't. **I was on a business trip to Japan.**

A How was it?

B **It was okay. The hotel wasn't nice, though.**
The room was too small, and it wasn't clean.

A: 너 월요일에 사무실에 없었지, 그렇지? B: 응, 없었어. 일본에 출장 중이었거든.
A: 어땠어? B: 괜찮았어. 하지만 호텔은 별로였어. 방이 너무 작았고, 깨끗하지도 않았어.

문장 조립하기 다음 우리말을 영어 문장으로 만드세요.

1. (날씨가) 어젯밤에 정말 추웠어.

....

- really cold 정말 추운
  / last night 어젯밤에
- 날씨, 시간 등을 말할 때 주어 자리에 it을 씁니다. 이때의 it은 그냥 주어 자리를 채워 주는 역할을 합니다.

2. 그 영화는 한국에서 인기가 많았어.

....

- The movie 그 영화
  / popular 인기 있는
- '한국에(서)'란 표현은 나라, 도시 같은 넓은 공간의 안을 의미하는 전치사 in을 사용합니다.

3. 내 남편, 수년 전에 영어 선생님이었어.

....

- My husband 내 남편
  / an English teacher 영어 선생님
  / many years ago 수년 전에
- '선생님'처럼 셀 수 있는 명사는 앞에 a(n)을 붙여요. 단어 첫 음이 모음이면 an, 자음이면 a를 붙이죠.

4. 톰과 제니가 파티에 있었니?

....

- Tom and Jenny 톰과 제니
  / at the party 파티에
- 파티, 직장과 같은 특정 위치, 지점에 있는 걸 말할 때는 전치사 at (~에)을 사용합니다.

5. 너 왜 어제 화난 거야?

....

- Why 왜 / mad 화난
  / yesterday 어제
- Who (누구), What (무엇), Why (왜), When (언제), Where (어디) 같은 의문사는 의문문 맨 앞에 놓습니다.

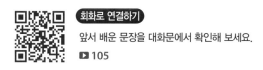

회화로 연결하기

앞서 배운 문장을 대화문에서 확인해 보세요.

▶ 105

1. A **It was very cold last night.**

   B Yeah, the winter is *just around the corner.

   어젯밤에 정말 추웠어.

   그러게, 겨울이 다 왔어.

---

around는 '~ 주위에'란 뜻입니다. just around the corner는 '딱 모퉁이 주위에'란 의미로 무언가가 모퉁이만 돌면 나올 만큼 공간적 혹은 시간적으로 가까운 거리에 있다는 걸 의미하지요.

---

2. A **The movie was popular in Korea.**

   B For real? I don't understand. It was really *boring.

   그 영화는 한국에서 인기 많았어.

   진짜? 이해가 안 가네. 그거 진짜 지루했는데.

---

boring은 '지루한'이란 뜻입니다. 좀 더 정확히는 '(사람을) 지루하게 하는'의 뜻이지요. 그래서 내가 기분이 지루할 때는 I am boring.이라고 말하면 안 됩니다. 이건 '나라는 사람은 주위 사람들을 지루하게 한다'라는 뜻이거든요. 이때는 '(사람이) 지루하게 된'이란 뜻의 bored를 사용해야 합니다.

e.g. I am bored. (나 지루해. = 나 지루한 상태야.)

---

3. A **My husband was an English teacher many years *ago.** Now he is a real estate agent.

   B Really? My wife was an English teacher, too. Now she is a designer. She works in New York.

   내 남편, 수년 전에 영어 선생님이었어. 지금은 부동산 중개인이고.

   정말? 내 아내도 영어 선생님이었어. 지금은 디자이너고. 뉴욕에서 일해.

---

ago는 '~ 전에'란 뜻으로 현재 시점을 기준으로 그보다 이전을 가리키는 단어입니다. three days ago (3일 전에), a week ago (일주일 전에)처럼 구체적인 기간과 함께 쓰이거나 a long time ago (오래 전에), a while ago (조금 전에) 같이 대략적인 기간과 함께 쓰이기도 하지요.

---

4. A **Were Tom and Jenny at the party?**

    B No, they weren't. They were at work. They *are busy these days.

톰과 제니가 파티에 있었나?

아니, 걔들 없었어. (걔들) 회사에 있었어. 요즘 바빠.

---

be동사는 be busy (바쁘다)처럼 상태, 외모, 성격, 신분 등을 설명할 때는 '~이다'로 해석되고, be at the party (파티에 있다)처럼 '있다'란 뜻의 위치 정보를 전달하는 의미로도 쓰입니다.

---

5. A **Why were you mad yesterday?**

    B I was mad *because you were late. You didn't even say sorry.

너 왜 어제 화난 거야?
네가 늦었으니까 화가 났지. 너 심지어 미안하다고 말도 안했잖아.

---

because는 '~이기 때문에, 왜냐하면'의 뜻으로 쓰이는 접속사입니다. 뒤에 나오는 문장과 한 덩어리를 이루지요.
e.g. because I love you (내가 널 사랑하기 때문에)

---

be동사 과거형을 활용해 과거에 어떤 상태였는지, 과거에 어디에 있었는지 등의 정보를 말하는 연습을 꾸준히 해주세요.

나 보스턴 구경 갔어.
I visited Boston.

[일반동사+ed]로 과거의 특정 시점에 일어난 사건, 행동을 설명한다!

be동사를 제외한 일반동사의 과거시제는 대개 동사의 기본형에 -(e)d를 붙이면 됩니다. **과거시제는 이미 끝난 과거의 상태, 행동, 동작 또는 역사적 사실들을 말할 때 쓰지요.** 이런 과거시제 동사가 쓰인 문장은 yesterday (어제), ~ ago (~전에), in ~ (~년에)처럼 과거 시점을 표시해 주는 단어들과 함께 쓰일 수 있습니다.

 ▶ 106-107

문법 감 잡기 다음 우리말이 영어로 어떻게 바뀌는지 확인해 보세요.

나 보스턴 구경 갔었어.
나는 I / 구경 갔다 visited / 보스턴을 Boston

I visited Boston.

톰이 어제 서울에 도착했어.
톰이 Tom / 도착했다 arrived /
서울에 in Seoul / 어제 yesterday

Tom arrived in Seoul yesterday.

나는 최선을 다해 노력했어.
나는 I / 노력했다 tried / 나의 최선을 my best

I tried my best.

너 이거 떨어트렸어.
너는 You / 떨어트렸다 dropped / 이것을 this

You dropped this.
미드: Teen Wolf

나 온라인으로 청바지 다섯 벌 샀어.
나는 I / 샀다 bought / 다섯 벌의 청바지를
five pairs of jeans / 온라인으로 online

I bought five pairs of jeans online.
미드: Pepole of Earth

궁금해요 모든 동사의 과거형은 동사 원형에 -(e)d를 붙이면 되나요?

그건 아니에요. 대부분은 -(e)d를 붙이지만 이 또한 세부적으로 조금씩 달라집니다. 불규칙 동사들은 아예 동사원형과 형태가 달라지는 경우도 있고요. 아래 표를 참고하여 기억해 두세요.

규칙 형	동사 대부분	동사+-ed	clean - cleaned
	-e로 끝난 동사	동사+-d	arrive - arrived
	자음+y로 끝난 동사	y를 i로 바꾼 후+-ed	try - tried
	모음+자음으로 끝나고 1음절인 동사	자음 반복 후+-ed	drop - dropped
불규칙 형		아예 형태가 변경	go - went
		과거형과 형태 동일	hit - hit

사나웠던 일진을 말할 때

A Oh, **I had a terrible day today.**

B What happened?

A **I lost my purse while I was grocery shopping.**

B Oh, that sucks.

A: 아, 나 오늘 일진이 사나웠어. B: 무슨 일 있었어? A: 장보다가 지갑을 잃어버렸지 뭐야. B: 아, 짜증나겠다.

문장 조립하기 다음 우리말을 영어 문장으로 만드세요.

1. 파티가 10시에 끝났어.

....

- The party 그 파티 / end 끝나다 / at 10 10시에
- 특정 시간을 말할 때는 전치사 at (~ 에)을 사용합니다.

2. 나는 3년 전에 시드니로 이사했어.

....

- move to ~로 이사하다 / three years ago 3년 전에
- move는 '이사하다' 외에 '~을 움직 이다'의 뜻도 있습니다. **e.g.** Move your body. (몸을 움직여.)

3. 톰은 지난주에 아주 열심히 공부했어.

....

- study 공부하다 / very hard 아주 열심히 / ast week 지난주에
- last는 '지난 ~'의 뜻으로 시간 표현과 같이 자주 쓰입니다. **e.g.** last May (지난 5월(에))

4. 나 하루 종일 호텔에 있었어.

....

- stay 머무르다, 계속 있다 / in the hotel 호텔에 / all day long 하루 종일
- stay는 '머물다'란 뜻으로 한 곳에 계속 있는 상황을 설명해 줍니다. **e.g.** You stay here. (넌 여기 있어.)

5. 나 몰에 가서 옷 많이 샀어.

....

- went ← go 가다 / to the mall 쇼핑 몰에 / bought ← buy 사다 / a lot of clothes 많은 옷
- 한 문장에서 두 동사를 언급할 때는 접속사 and (그리고)를 이용해서 나열하면 됩니다.

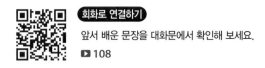
1. A You came *home late last night.
   B Sorry. **The party ended at 10.**

   너 어젯밤에 늦게 집에 들어왔더라.
   미안해. 파티가 10시에 끝났었어.

   home은 명사로는 '집'이지만 부사로는 '집으로, 집에'란 뜻이 있습니다. 그래서 You came home. (너 집에 왔더라.)에
   서처럼 home 앞에 굳이 방향을 나타내는 to (~로)를 붙일 필요가 없어요.

2. A Do you *still live in Cairns?
   B No, **I moved to Sydney three
   years ago.**

   너 아직도 케언스에서 사니?
   아니, 나 3년 전에 시드니로 이사했어.

   still은 부사로 '여전히, 아직도'란 뜻이에요. 또, 문장 시작점에 쓰여서 '(앞에서 언급한 내용을 다시 언급하며) 그럼에도,
   하지만, 그러나'란 의미로도 사용 가능합니다. **e.g** Still, I hate him. (하지만, 난 걔가 싫어.)

3. A Tom failed the test.
   B I can't believe *it. **He studied
   very hard last week.**

   톰 시험 망쳤어.
   그거 안 믿기는데. 걔 지난주에 엄청 열심히
   공부했어.

   대명사 it은 앞서 말한 구체적인 사물을 지칭하기도 하지만, 누군가가 말한 내용이나 전체적인 대화 상황 등을 지칭해서
   쓰일 수 있습니다. it 대신 that을 써도 관계없습니다. **e.g** I can't believe that. (그거 믿기지가 않네.)

4. A What did you do yesterday? Did you do any *sightseeing?

   너 어제 뭐 했어? 관광 좀 했어?

  B No, I was sick, so <u>I stayed in the hotel all day long.</u>

   아니, 나 아팠어. 그래서 <u>나 하루 종일 호텔에 있었어.</u>

여행지에서 볼거리를 찾아 관광하는 걸 sightseeing이라고 해요. 보통 동사 do와 함께 쓰여 do a sightseeing (관광하다)이라고 하고요, go를 써서 go sightseeing (관광하러 가다)라고 표현하기도 합니다.

---

5. A Where did you go on your birthday?

   너 네 생일 때 어디 갔었어?

  B <u>I went to the mall and bought a lot of clothes.</u>

   몰에 가서 옷을 많이 샀어.

---

a lot of는 '많은'의 뜻으로 lots of라고 말해도 됩니다. many, much와 다르게 a lot of와 lots of는 셀 수 없는 명사와 셀 수 있는 명사 모두와 쓰일 수 있습니다.
e.g. a lot of clothes 많은 옷들 (= many clothes) a lot of water 많은 물 (= much water)

동사의 과거시제를 활용해 과거 특정 시점의 행동, 사건을 설명하는 연습을 꾸준히 해주세요.

너 좋은 시간 보냈니?
Did you have a good time?

과거의 특정 시점에 일어난 사건, 행동에 대해 질문한다.

일반동사가 쓰인 문장을 의문문으로 만들 때 시제가 과거면 **주어의 인칭, 수에 관계없이 [Did+주어+동사원형 ~?] 형태**로 하면 됩니다. Did가 이미 뒤에 나올 내용이 과거시제임을 표시했기 때문에 주어 뒤에는 동사원형이 온다는 점을 꼭 기억해 주세요. 또, 이미 말하는 사람의 의견을 담아서 '~하지 않았어요?'처럼 부정의문문으로 물어볼 때는 Did 대신 Didn't를 써서 [Didn't+주어+동사원형 ~?]이라고 표현합니다.

e.g. I finished my homework. Did you finish yours? (난 내 숙제 끝냈어. 넌 네 것 끝냈니?)
Didn't you love the man? (너 그 사람 사랑하지 않았었어?)

 ▶ 109-110

문법 감 잡기 다음 우리말이 영어로 어떻게 바뀌는지 확인해 보세요.

너 좋은 시간 보냈어?
너는 가졌니? Did you have /
좋은 시간을 a good time

Did you have a good time?

잭 싱가포르에 도착했어?
잭은 도착했니? Did Jack arrive /
싱가포르에 in Singapore

Did Jack arrive in Singapore?

어젯밤에 비 오지 않았니?
비가 오지 않았니? Didn't it rain /
어젯밤에 last night

Didn't it rain last night?

너 뭔가 들었어?
너는 들었니? Did you hear /
무언가를 something

Did you hear something?
미드: Teen Wolf

그 애들이 그 큰 TV를 고장 냈어?
그 애들이 고장 낸 거야? Did the kids break /
그 큰 TV를 the big TV

Did the kids break the big TV?
미드: The Middle

궁금해요 Didn't로 시작하는 의문문은 어떻게 답해요?

먼저 [Didn't+주어+동사원형 ~?] 질문은 '~하지 않았니?'로 해석합니다. 화자가 생각하기엔 그랬던 것 같은데 혹시 몰라서 상대방에게 정보를 확인하고자 할 때 주로 쓰지요. 대답은 우리말처럼 하면 안 되고요, 전체적인 대답이 긍정이면 Yes, 부정이면 No라고 하면 됩니다.

e.g. Didn't you take my book? (너 내 책 안 가져갔니?) → Yes, I did. (아니, 갖고 갔어.)
No, I didn't. (응, 안 갖고 갔어.)

아몬드 우유 넣은 카푸치노 주문하시지 않았어요?

A Excuse me, I ordered a latte, but this is a cappuccino.

B I'm sorry, but **didn't you order a cappuccino with almond milk?**

A No, I didn't. I ordered a latte with soy milk. Here, check my receipt.

B Oh, I'm really sorry. I'll make you a latte right away. With soy milk, of course.

A: 죄송한데요, 제가 라떼를 시켰는데 이건 카푸치노네요. B: 죄송합니다. 그런데 아몬드 우유 넣은 카푸치노 시키지 않으셨어요?
A: 아뇨, 두유 넣은 라떼 시켰어요. 여기요, 영수증 확인해 보세요. B: 아, 정말 죄송합니다. 바로 라떼 만들어 드릴게요. 당연히 두유
넣어서요.

문장 조립하기 다음 우리말을 영어 문장으로 만드세요.

1. 너 어제 슈퍼스타 K 봤어?

....

- watch 보다 / yesterday 어제
- 일반동사 과거시제 의문문은 주어에 관계없이 문장 시작이 Did입니다.

2. 너 머리 잘랐어?

....

- get a haircut 이발하다, (머리) 커트하다
- haircut은 '이발, (머리) 커트'의 뜻으로 동사 get 또는 have와 함께 쓰입니다.

3. 존 살 뺐니?

....

- John 존 / lose weight 살을 빼다
- '살을 빼는' 것을 원어민들은 '몸무게를 잃는' 것으로 보기 때문에 '잃다'의 동사 lose가 쓰입니다.

4. 그 시험 어떻게 됐어?

....

- How 어떻게 / the test 그 시험 / go 진행되다
- When, Where, How 등의 의문사는 의문문 맨 앞에 위치합니다.

5. 너희들 몇 주 전에 스카이다이빙 하러 가지 않았어?

....

- go skydiving 스카이다이빙 하러 가다 / a few weeks ago 몇 주 전에
- [go+스포츠 동사–ing]는 '~하러 가다'의 의미를 만듭니다.
  e.g. go skiing (스키 타러 가다)

회화로 연결하기

앞서 배운 문장을 대화문에서 확인해 보세요.

▶ 111

1. A **Did you watch the Superstar K yesterday?**

   B Oh, the music talent show? No, I couldn't. I *was on my way home from work.

   너 어제 슈퍼스타 K 봤어?

   아, 그 음악 경연 대회? 아니, 볼 수가 없었어. 회사에서 집에 들어가는 길이었거든.

> [be on one's way to+장소]는 '~에 가는 길이다'란 뜻으로 자주 사용되는 구문입니다. 직역하면 '~로 향하는 길 위에 있다'로 즉, 어딘가로 가는 중이다라는 의미가 되는 거죠. home은 그 자체가 '집으로'로 to의 의미를 포함하고 있기에 to home이라고 쓰지 않습니다.
> **e.g.** I am on my way to school. (나 학교 가는 중이야.)

2. A **Did you get a haircut?**

   B No, I didn't. I just *pulled my hair back.

   너 머리 잘랐어?

   아니, 안 잘랐어. 그냥 머리 뒤로 묶은 거야.

> pull은 '당기다', back은 부사로 '뒤로'의 뜻이니까 pull my hair back은 머리를 뒤로 당기다. 즉, '머리를 뒤로 묶다'의 뜻이 됩니다. 이렇게 [동사+부사]가 하나의 동사 역할을 하는 경우가 영어에 꽤 됩니다. 이때 목적어가 일반명사일 때는 동사와 부사 사이, 혹은 [동사+부사] 뒤에 올 수 있습니다.
> **e.g.** I pulled my hair back. = I pulled back my hair.

3. A **Did John lose weight?** He looks very different.

   B Yes, he did. He *went on a diet and lost about 5 kilograms.

   존 살 뺐니? 되게 달라 보인다.

   응, 뺐대. 다이어트해서 5킬로 정도 뺐대.

> '다이어트 하다'는 영어로 do a diet가 아닙니다. 동사 go를 사용해서 go on a diet라고 해야 해요. 명사 diet는 '식이요법'이란 뜻으로 go on a diet는 직역하면 '식이요법 상태에 들어가다'라고 이해하시면 됩니다. 현재 다이어트 중인 상태일 때는 be동사를 써서 be on a diet라고 하죠. **e.g.** I'm on a diet. (나 다이어트 중이야.)

4. A **How did the test go?**

   B It didn't *go well. I don't think I'm going to pass.

   시험 어떻게 됐어?

   잘 안 됐어. 통과할 것 같지가 않아.

동사 go는 '가다'란 뜻 외에 여러 의미가 있는데요, 여기서는 '진행되다'란 뜻입니다. 시험이라든지, 프로젝트라든지 업무가 진행된다 할 때 이 go를 쓰지요. 이 외에 우리가 안부인사로 쓰는 How is it going?의 go도 '진행되다'의 뜻이에요. How is it going?은 직역하면 '어떻게 그것(오늘 하루)이 진행되고 있나요?'로, '오늘 하루 어때요?'라고 안부를 묻는 인사 표현이 되는 겁니다.

5. A **Didn't you go skydiving a few weeks ago?**

   B Yes, we did. It was awesome. And we're planning to go rock climbing *in a few days.

   너희들 몇 주 전에 스카이다이빙 하러 가지 않았어?

   응, 그랬지. 끝내줬어. 그리고 며칠 후에 우리 암벽 등반하러 갈 계획이야.

[in+시간 표현]이 미래 의미와 함께 쓰이면 '~ 후에'라고 해석합니다. 예를 들어, The train leaves in five minutes.는 '기차가 5분 후에 떠나요.'라고 해석해야 하는 거죠. 위의 문장에서 in a few days는 미래시제와 쓰여서 '며칠 이내에'가 아니라 '며칠 후에'라고 해석해야 합니다. 참고로 a few는 '몇몇의, 약간의'란 뜻으로 셀 수 있는 명사하고만 같이 쓰입니다. **e.g.** a few boxes (약간의 상자들)

[Did+주어+동사원형 ~?] 구문을 활용해 과거의 특정 시점에 어떤 행동을 했는지, 어떤 상황이 있었는지 묻는 연습을 꾸준히 해 주세요.

나 차 팔 거야.
I'm going to sell my car.

가까운 미래의 상황, 혹은 하기로 결정한 내용은 [be동사 going to+동사원형]으로 말한다.

[be동사 going to+동사원형]은 '~할 것이다, ~할 예정이다'의 뜻입니다. **확실할 것으로 예상되는 가까운 미래 상황, 또는 말하는 사람이 결정해 계획을 가지고 하게 될 행동 등을 설명**할 때 쓰지요. 예를 들어, 8시까지 출근해야 하는데 7시 50분에 일어났다면 지각할 게 확실하니까 I'm going to be late. (나 지각하겠네.)라고 말하고, 차를 팔기로 결정해서 그럴 의도라면 I'm going to sell my car. (나 차 팔 거야.)라고 말할 수 있는 거죠. 미래에 하지 않을 것은, 그렇죠. [be동사+not going to+동사원형 ~]으로 표현하면 됩니다. 물어볼 때는 Be동사만 주어 앞에 놓으면 끝납니다.

▶ 112-113

문법 감 잡기 다음 우리말이 영어로 어떻게 바뀌는지 확인해 보세요.

나 차 팔 거야.
나는 I / 팔 것이다 am going to sell
/ 내 차를 my car

I am going to sell my car.
[= I'm going to sell my car.]

우리 그 방 청소할 거야.
우리는 We / 청소할 것이다 are going to clean
/ 그 방을 the room

We are going to clean the room.

너 제인에게 전화할 거야?
너는 전화할 거야? Are you going to call
/ 제인에게 Jane

Are you going to call Jane?

카렌이 정말로 기뻐할 거야.
카렌은 Karen / ~일 것이다 is going to be /
정말 행복한 so happy

Karen is going to be so happy.
미드: Shameless

너 이제 주문할 거야?
너 주문할 거야? Are you going to order /
이제 now?

Are you going to order now?
미드: It's always sunny in Philadelphia

궁금해요 I'm gonna go to school.을 '난 학교에 갈 거야.'로 해석한 걸 봤어요.

원어민들 중 몇몇은 회화에서 [be동사 going to]의 going to를 gonna라고 말하기도 합니다. 이게 발음하기 더 편하다 네요. [거너] 정도로 발음하면 됩니다. 하지만, 글로 쓸 때는 gonna라고 하지 말고 꼭 going to라고 써 주세요.

쇼핑 중 돈이 충분치 않을 때

A   This shirt looks really nice.

B   Yes, it does. **Are you going to buy it?**

A   No, I am not. I don't have enough cash on me right now.

B   Hey, don't worry. I will lend you some money. You can pay me back later.

A: 이 셔츠 정말 괜찮아 보인다. B: 그러게. 살 거야?
A: 아니. 나 지금 현금이 충분치가 않아. B: 야, 걱정하지 마. 내가 돈 좀 빌려 줄게. 나중에 갚아도 돼.

문장 조립하기   다음 우리말을 영어 문장으로 만드세요.

1. **내가 그것들 씻을 거야.**

   ....

   - wash 씻다 / them 그것들을
   - 목적어 자리에 쓰이는 대명사 them 은 사람과 사물을 모두 지칭할 수 있어서 '그들, 그것들'로 해석됩니다.

2. **오늘 오후엔 날씨가 끝내줄 거야.**

   ....

   - The weather 날씨가 / great 끝내주는 / this afternoon 오늘 오후에
   - 날씨가 좋다고 할 때 즐겨 쓰는 말에는 다음 표현들이 있습니다. **e.g.** great (끝내주는), nice (좋은), amazing (멋진)

3. **나 오늘 아침엔 아침밥 안 먹을 거야.**

   ....

   - have breakfast 아침 식사하다 / this morning 오늘 아침
   - [be동사 going to+동사원형]의 부정형은 be동사 뒤에 부정어 not만 놓으면 됩니다.

4. **너 이번 주말에 뭐 할 거야?**

   ....

   - What 무엇 / this weekend 이번 주말에
   - [be동사+going to+동사원형]의 의문문은 be동사를 주어 앞에 놓아서 만듭니다. 물론 의문사가 문장 맨 앞에 놓여야 하고요.

5. **네 딸이 금년에 5학년 되는 거야?**

   ....

   - your daughter 네 딸 / be a fifth grader 5학년이 되다 / this year 금년에
   - be동사가 들어간 문장의 의문문은 be동사를 주어 앞으로 이동시킵니다.

1. A Look at your *feet. They're so dirty.

   B Yeah, I know. **I'm going to wash them.** Where's the bathroom?

   네 발 좀 봐 봐. 진짜 더럽다.

   그래, 나도 알거든. 내가 (그것들) 씻을 거야. 화장실이 어디야?

> 명사의 복수형은 일반적으로 명사 뒤에 +(e)s를 붙여 주면 됩니다. 하지만 어떤 명사들은 -s가 붙지 않고 다르게 형태가 변하기도 하는데요, 대표적인 것으로 foot (발) – feet (발들), tooth (치아)–teeth (치아들), goose (거위)–geese (거위들) 등이 있습니다.

2. A **The weather is going to be great this afternoon.**

   B Are you sure? I think *it's going to rain.

   오늘 오후에는 날씨가 끝내줄 거야.

   확실해? 내 생각엔 비가 올 것 같은데.

> 날씨 관련 문장을 말할 때 주어 자리에 거의 대개 It을 씁니다. 문법에서는 이걸 어려운 말로 비인칭 주어라고 해요. 쉽게 말해서 '그것'이라고 해석하지 않고 그냥 주어 자리에 놔 두기만 한 형태라고 기억하시면 됩니다. 예를 들어, '눈이 올 것이다.'는 It is going to snow.로, '해가 쨍쨍할 것이다'는 It is going to be sunny.라고 말하면 되지요.

3. A I'm not hungry. **I'm not going to have breakfast this morning.**

   B That's not a good idea. It's the *most important meal of the day.

   나 배 안 고파. 나 오늘 아침엔 아침밥 안 먹을 거야.

   그건 좋은 생각 아닌데. 아침 식사가 하루 중 가장 중요한 식사야.

> important, beautiful 같은 단어들은 앞에 the most를 붙여서 '가장 ~한'이라는 최상급을 만듭니다. 혼자 있으면서 최상급을 논하지는 않지요? 어떤 비교 대상이 있어야 그 중 '가장 ~하다'라는 걸 나타낼 수 있기에 '~에서, ~ 중에서'를 in, of 등을 활용해 만들어 최상급 뒤에 붙이곤 합니다.
> **e.g.** You're the most beautiful of them. (네가 걔네들 중에서 제일 아름다워.)

4. A **What are you going to do this weekend?**

   B I'm not sure. *I may visit my parents.

   너 이번 주말에 뭐 할 거야?

   잘 모르겠어. 부모님 찾아뵐 지도 몰라.

> 가능성이 약한 즉, 다소 불확실한 추측을 말할 때 쓸 수 있는 조동사가 바로 may입니다. 좀 더 부드럽고 공손한 느낌을 전하고 싶다면 might를 써도 되지요. 예를 들어, I may visit my parents. / I might visit my parents. 둘 다 동일한 의미를 전달합니다.

5. A **Is your daughter going to be a fifth grader this year?**

   B No, *she's not going to be a fifth grader. She's going to be a fourth grader this year.

   네 딸이 금년에 5학년 되는 거야?

   아니, 5학년 되는 거 아냐. 올해 4학년 될 거야.

> [be동사 going to+동사원형]의 부정형은 다른 be동사가 들어간 문장과 마찬가지로 be동사 뒤에 not을 붙여서 [be동사 not going to+동사원형 ~] 형태로 사용합니다.
> e.g. I'm not going to go there. (나 거기 안 갈 거야.)

> [be동사 going to+동사원형] 틀을 활용해 가까운 미래의 예상되는 상황, 결정하여 계획을 가지고 하게 될 행동을 말해 보세요.

내가 전화할게.
I will call you.

[주어+will+동사원형] 틀로 미래를 말하고 순간의 결심을 전달한다.

정해진 미래의 일정이나 계획이 아닌, 그저 **단순히 미래의 사실, 상태, 예측 등을 나타낼 때에는** be동사 going to가 아닌 will을 써서 표현합니다. will은 조동사이므로 반드시 뒤에는 동사원형이 와야 하고 주어에 관계없이 [will+동사원형] 틀이 유지되어야 하죠. 또, will은 말하는 이의 순간 의지, 혹은 순간에 결정된 사항을 전달할 때도 쓰입니다. will은 주어와 함께 [주어'll] 형태로 축약돼 쓰일 수 있습니다.

부정형은 will 뒤에 not을 붙인 will not, 혹은 축약해서 [won't+동사원형]이라고 하면 되고요, 의문문을 만들 때는 will을 주어 앞에 놓기만 하면 됩니다.

▶ 115-116

문법 감 잡기 다음 우리말이 영어로 어떻게 바뀌는지 확인해 보세요.

내가 전화할게.
내가 I / 전화할 것이다 will call / 네게 you

I will call you.

저 그거 할게요. [= 그거 살게요.]
내가 I / 택할 것이다 [= 살 것이다] will take /
그것을 it

I'll take it.

이 좋은 날씨가 금요일까지 계속될 거야.
이 좋은 날씨는 This good weather /
계속될 것이다 will continue / 금요일까지 until Friday

This good weather will continue until Friday.

난 어떤 약속도 하지 않을 거야.
나는 I / 만들지 않을 것이다 won't make /
어떤 약속들도 any promises

I won't make any promises.
미드: iCarly

그녀에게 흉터가 생기게 될까?
그녀는 가지게 될까? Will she have / 흉터를 a scar

Will she have a scar?
미드: Baby Daddy

궁금해요 1 will과 be going to의 의미상 차이를 정리해 주세요.

will은 말하는 시점에서 화자의 순간의 의지를 나타냅니다. 생각 안 하고 있었는데 말하는 순간 '뭐뭐 해야겠다'하는 생각이 들어 말하는 거죠. 반면, [be동사 going to]는 말하는 시점 이전에 미리 생각하고 계획했던 무언가를 나타냅니다. 예를 들어, 교통수단으로 버스를 타야겠다고 미리 생각을 해 두었다면 I'm going to take a bus. (나 버스 탈거야.)라고 말하겠지만, 그런 계획 없이 즉흥적으로 '버스 타야지.'라고 결정했다면 I'll take a bus. (나 버스 탈거야.)라고 말하게 되는 거죠.

궁금해요 2 won't는 will not의 줄임말이에요?

네, 맞습니다. will not 이렇게 쓰기도 하지만, 회화체에서는 won't로 더 많이 씁니다. 자칫 want와 발음이 헷갈릴 수도 있는데요, won't는 입술을 오므려서 [우워ㄴㅌ]에 가깝게 발음합니다.

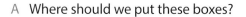

나중에 할 거라고 말할 때

A Where should we put these boxes?

B You can just leave them there. **I'll unpack them later.**

A What about this piano? Does it go in the living room?

B No, not in the living room. I want it in the bedroom.

A: 이 상자들 어디에 놓아야 할까요? B: 그냥 거기에 놔두셔도 돼요. 제가 나중에 풀 거예요.
A: 이 피아노는요? 거실로 가나요? B: 아뇨, 거실 아니에요. 침실에 놔주세요.

문장 조립하기 다음 우리말을 영어 문장으로 만드세요.

1. 전 햄버거랑 감자튀김 먹을게요.

....

- have 가지다, 먹다 / and 그리고
  / French fries 감자튀김
- 음식 주문은 보통 말하는 순간의 화자의 결심이므로 조동사 will로 표현합니다.

2. 난 너랑 결혼 안 할 거야.

....

- marry 결혼하다
- will의 부정형은 will not으로, 줄여서 won't라고 하고 발음은 [우웡ㅌ]에 가깝습니다.

3. 난 몇 달 후에 20살이 될 거야.

....

- be 20 20살이 되다
  / in a few months 몇 달 후에
- 20살이 되는 건 자연히 일어나는 미래의 사실이라서 will을 씁니다. 미래 시제와 함께 쓰일 때 [in+시간 표현]은 '~ 후에'라고 해석됩니다.

4. 그거 비용이 어떻게 될까요?

....

- How much 얼마나 많이
  / cost 비용이 들다
- 조동사 will이 들어간 문장의 의문문은 will을 주어 앞으로 이동시켜서 만듭니다.

5. 난 일요일에 하루 종일 바쁠 거야.

....

- busy 바쁜 / all day 하루 종일
  / on Sunday 일요일에
- '월요일에', '금요일에'와 같은 요일 표현은 전치사 on과 함께 씁니다.

회화로 연결하기

앞서 배운 문장을 대화문에서 확인해 보세요.

▶ 117

1. A **I will have a burger and French fries.**
   B ***For here or to go?**

   전 햄버거랑 감자튀김 먹을게요.

   드시고 가세요, 포장해 가세요?

   or는 '혹은, 또는'이란 뜻입니다. For here는 여기서 먹을 건지를, to go는 포장해 갈 건지를 묻는 거죠. 패스트푸드점에서 거의 100% 들을 수 있는 질문입니다. 대답은 간단히 For here. (여기서 먹을게요.) 아니면 To go. (포장해 갈게요.)라고 하면 됩니다. 참고로, 영국이나 호주 쪽에서는 Have here or take away?란 표현을 더 즐겨 사용합니다.

2. A Will you marry me?
   B No, I won't. **I won't marry you.** We don't have *anything in common.

   나랑 결혼해 줄래?

   싫어, 안 해. 나 너랑 결혼 안 할 거야. 우린 공통점이 하나도 없어.

   have ~ in common은 '공통적으로 ~을 가지고 있다'의 뜻이에요. anything은 주로 부정문과 의문문에서 '어떤 것'의 뜻으로 쓰입니다. 위의 문장은 공통적으로 어떤 것도 가지고 있지 않다니까, 공통점이 하나도 없다는 의미예요.

3. A **I'll be 20 in a few months.**
   B Really? You will be 20? Wow, time *does fly.

   나 몇 달 후에 20살이 될 거야.

   진짜? 네가 20살이 된다고? 와, 시간 정말 빨리 가는구나.

   긍정문에서 동사 앞에 주어 인칭에 따라 do, does, 혹은 과거시제일 때 did를 붙여주면 '정말'이란 뜻으로 동사의 의미를 강조해 줍니다.
   e.g. I love you. (나 너 사랑해.) – I <u>do</u> love you. (나 너 <u>정말</u> 사랑해.)
   He loves her. (그는 그녀를 사랑해.) – He <u>does</u> love her. (그는 그녀를 <u>정말</u> 사랑해.)
   She went there. (그녀는 거기에 갔어.) – She <u>did</u> go there. (그녀는 <u>정말</u> 거기에 갔어.)

4. A I'd like to change the engine oil of my car. **How much will it cost?**

   B *It depends. But usually it costs between 20 to 30 dollars.

제 차 엔진 오일 갈고 싶은데요. 그거 비용이 얼마나 들까요?

그때그때 달라요. 근데 보통 20에서 30달러 정도 비용이 듭니다.

동사 depend는 '(~에) 달려 있다, (~에) 좌우되다'의 뜻입니다. 문장 끝에 [on+목적어] 형태로 무엇에 따라 달라지는지 언급해 줄 수도 있지요.
e.g. It depends on the situation. (상황에 따라 달라요.) It depends on the price. (가격에 따라 달라요.)

5. A Let's go see a movie together this Sunday.

   B *I'd love to, but I can't. **I will be busy all day on Sunday.**

이번 주 일요일에 함께 영화 보러 가자.

그렇고 싶은데 안 돼. 나 일요일에 하루 종일 바쁠 거야.

[would love to+동사원형]은 '정말 ~하고 싶다'는 뜻입니다. love 대신에 like를 써서 would like to라고 해도 되죠. I'd love to는 원래 I'd love to go see a movie를 뜻하는데요, 이미 앞에서 언급되었고 서로 알고 있는 내용을 반복할 필요가 없어서 축약형으로 I'd love to까지만 말한 것입니다.

[will+동사원형] 틀로 미래의 단순 사실과 관련한 말, 또는 그 순간의 의지를 표현하는 문장을 만들어 보세요.

나 내일 병원에 갈 거야.
I'm going to the doctor tomorrow.

[be동사+동사-ing]로 미래의 계획, 약속을 말할 수 있다.

[be동사+동사-ing]는 원래 진행형을 나타내며 '~하는 중이다'로 해석이 됩니다. 하지만, **현재진행형으로 미래시제를 나타낼 수도 있습니다.** 이미 정해진 가까운 미래의 계획, 약속 등을 말할 때 보통 tomorrow (내일), next week (다음 주에), tonight (오늘 밤에) 등의 미래를 나타내는 부사어와 함께 동사를 현재진행형으로 써서 미래를 말할 수 있다는 거지요. 그래서 앞으로 문장에 현재진행형이 보이면 문맥에 따라 이것이 진행형을 의미하는 건지 미래시제 문장을 의미하는 건지 구분해서 이해하세요.

▶ 118-119

문법 감 잡기　다음 우리말이 영어로 어떻게 바뀌는지 확인해 보세요.

나 내일 병원에 갈 거야.
나는 I / 갈 것이다 am going /
의사에게 to the doctor / 내일 tomorrow

I'm going to the doctor tomorrow.

나 오늘 밤에 새 아파트로 이사 갈 거야.
나는 I / 이사 갈 것이다 am moving / 새 아파트로
to a new apartment / 오늘 밤에 tonight

I'm moving to a new apartment tonight.

너 오늘 저녁에 톰 만날 거야?
너는 만날 것이니? Are you meeting / 톰을 Tom
/ 오늘 저녁에 this evening

Are you meeting Tom this evening?

너희 오늘 밤 학부모 간담회에 갈 거야?
너희 갈 거니? Are you guys going /
학부모 간담회에 to the parent-teacher conference
/ 오늘 밤에 tonight

Are you guys going to the parent-teacher conference tonight?
미드: Shameless

넌 우리랑 보스턴으로 여행 갈 거야.
너는 You / 여행할 것이다 are travelling /
보스턴으로 to Boston / 우리랑 with us

You're traveling to Boston with us.
미드: CSI

궁금해요　미래시제가 아닌데도 미래를 의미하는 경우가 또 있어요?

네, 있습니다. 앞에서 배웠던 평소에 반복되는 습관, 행동을 나타내는 현재시제가 미래시제를 의미하는 경우도 있어요. 예를 들어, 대중교통 시간표처럼 고정된 즉, 변경될 가능성이 거의 없는 미래의 일을 설명할 때는 현재시제가 사용될 수 있습니다.
e.g. The plane leaves for Chicago at 7.
(비행기가 7시에 시카고로 떠납니다. - 7시에 떠난다는 게 거의 확정된 사실)

돌아오는 그녀를 위해 파티를 열 때

A When my girlfriend returns next week, **I'm having a party for her.**

B That sounds great. Just the two of you?

A No, **I'm inviting a few friends.** Including you, of course.

B Oh, thanks.

A: 내 여자친구가 다음 주에 돌아오면, 나 여자친구한테 파티 열어 줄 거야. B: 멋진데. 너희 둘이서만?
A: 아니, 친구들 몇 명 초대할 거야. 물론 너도 포함해서. B: 오, 고마워.

문장 조립하기 다음 우리말을 영어 문장으로 만드세요.

1. 너 오늘 밤에 집에 있을 거잖아.

....

- stay home 집에 머물다, 집에 있다
  / tonight 오늘 밤에
- stay는 다른 곳에 가지 않고 그대로 남아 머물다의 의미입니다.

2. 내 아내가 오늘 오후에 출산할 거야.

....

- My wife 내 아내
  / have a baby 아기를 낳다
  / this afternoon 오늘 오후에
- '아이를 낳다'는 give birth to a baby라고도 할 수 있습니다.

3. 너 오늘 밤에 뭐할 거야?

....

- What 무엇 / do ~하다
  / tonight 오늘 밤에
- be동사가 들어간 문장의 의문문은 be동사를 주어 앞으로 이동시킵니다. 물론 의문사가 제일 앞에 오지요.

4. 나 집에서 파티를 열 거야.

....

- throw a party 파티를 열다
  / at my house 우리 집에서
- throw a party는 주최자가 돼서 '파티를 열다'란 뜻으로 쓰입니다.

5. 나 토요일에 사촌 결혼식에 가.

....

- my cousin's wedding 내 사촌 결혼식 / on Saturday 토요일에
- '월요일(Monday)에, 화요일(Tuesday)에'의 '에'에 해당하는 말이 바로 on입니다. 그래서 [on+요일]처럼 표현합니다.

회화로 연결하기

앞서 배운 문장을 대화문에서 확인해 보세요.

▶ 120

1. A **You're staying home tonight, right?**

    B Yeah, I guess *so.

    너 오늘 밤에 집에 있을 거잖아, 그렇지?

    응, 아마 그럴 거야.

so는 앞에서 언급된 말을 받아서 '그렇게, 그럴'이란 뜻으로 쓰입니다. 예를 들어, 상대방이 John is handsome. (존은 잘 생겼어.)라고 말하면 그 말을 so로 받아서 I think so. (나도 그렇게 생각해.)라고 말할 수 있는 거죠. 보통, I'm afraid so. (안타깝지만 그래.), I hope so. (그러길 바라지.), I guess so. (그런 것 같아.)처럼 쓰입니다.

2. A **My wife is *having a baby this afternoon.**

    B Oh, that's wonderful. Congratulations.

    내 아내가 오늘 오후에 출산할 거야.

    아, 잘됐네. 축하해.

have가 무언가를 '가지다'의 뜻일 때는 진행형으로 쓸 수 없습니다. 예를 들어, '나 돈 있어.'는 I have money.이지 I'm having money.라고 할 수 없지요. 하지만, have가 '(아기를) 낳다, (시간을) 보내다, (음식을) 먹다'의 의미로 쓰일 때는 진행형이 가능합니다. **e.g.** I'm having a great time. (나 멋진 시간 보내고 있어.)

3. A **What are you doing tonight?**

    B *Nothing special.

    너 오늘 밤에 뭐 할 거야?

    특별한 건 없어.

nothing, something 같이 -thing으로 끝나는 명사들은 특이하게도 형용사가 뒤에 놓여서 이들을 수식해 줍니다. 예를 들어, important nothing, important something이 아니라 nothing important (중요한 거 아무것도), something important (중요한 무언가)라고 말해야 하지요.

4. A What are you doing *this weekend?

   B **I'm throwing a party at my house.**

너 이번 주말에 뭐 할 거야?

나 집에서 파티를 열 거야.

> this의 기본 뜻은 '이 ~/이것'으로 현재와 관련 있는 시간 표현과 함께 쓰입니다. 예를 들어, this morning (오늘 아침), this week (이번 주), this Monday (이번 주 월요일), this month (이번 달), this year (금년), this March (금년 3월)처럼 쓰이죠. 참고로, this가 이렇게 시간 표현과 함께 쓰일 때는 앞에 at, in, on 등의 전치사를 쓰지 않습니다. 그 자체로 부사어 표현으로 쓰일 수 있습니다.

5. A What are you doing this Saturday?

   B ***I'm going to my cousin's wedding on Saturday.**

너 이번 주 토요일에 뭐 할 거야?

나 토요일에 사촌 결혼식에 가.

> [be동사 going to+장소]는 위의 문장처럼 '~에 갈 예정이다' 또는 '~에 가는 중이다'로 해석될 수 있습니다. [be동사 going to+동사원형]의 '~할 예정이다'로 해석될 때와 구분해 주세요.
> e.g. I'm going to the park. (나 공원에 가는 중이야.)
> I'm going to the park tonight. (나 오늘 밤에 공원에 갈 거야.)
> I'm going to study English. (나 영어 공부할 거야.)

> 현재진행시제 [be동사 현재형+동사-ing] 틀을 활용해 계획된 가까운 미래를 표현하는 연습을 해주세요.

나 문자 답장 중이야.
I'm answering a text message.

[be동사 현재형+동사-ing]로 지금 진행 중인 행동을 말해 본다.

[be동사+일반동사-ing] 형태를 진행시제라고 합니다. 진행시제는 특정 시점에서 진행 중인 행동, 일을 묘사할 때 쓰이는 시제죠. 그래서 **현재진행시제는 현재 말하는 시점에서 진행되는 걸** 말하고요, be동사의 현재형을 씁니다. 현재시제니까 주어에 따라 be동사는 am, are, is 중 하나를 선택해 씁니다. 부정문, 의문문은 be동사가 들어간 문장을 부정문과 의문문 으로 만들었던 것과 같은 원리를 적용하면 됩니다.

▶ 121-122

문법 감 잡기 다음 우리말이 영어로 어떻게 바뀌는지 확인해 보세요.

나 문자 답장 중이야.
나는 I / 답장 중이다 am answering /
문자에 a text message

I am answering a text message.
[= I'm answering a text message.]

그는 지금 일하는 중 아니야.
그는 He / 일하는 중이 아니다 is not working
/ 지금 now

He is not working now.

우리 아빠 신문 읽는 중이셔.
우리 아빠는 My dad / 읽는 중이다 is reading
/ 신문을 a newspaper

My dad is reading a newspaper.

우리는 결혼식장으로 운전해 가는 중이야.
우리는 We / 운전해 가는 중이다 are driving /
결혼식장에 to the wedding

We are driving to the wedding.
미드: How I met your mother

나 너한테 말하고 있는 거 아니야.
나는 I / 말하고 있는 중이 아니다 am not talking
/ 너에게 to you

I'm not talking to you.
미드: Younger

궁금해요 1 일반동사에 -ing를 붙인 건 해석이 어떻게 돼요?

일반동사에 -ing를 붙인 건 '~하다'로 해석하는 게 아닙니다. '~하는' 또는 '~하는 중인'으로 해석해야 하고요, be동사 와 같이 쓰일 때 '~하는 중이다'가 되는 거예요. 마치 pretty가 '예쁜'이고, [be동사+pretty]가 '예쁘다'가 되는 것이랑 같 아요. 예를 들어, eat은 '먹다'이지만 eating은 '먹는' 또는 '먹는 중인'의 뜻이에요. 이게 be동사와 결합하면 '먹는 중이다' 의 진행형 동사가 만들어지는 것이죠.

궁금해요 2 '~하고 있는 중이 아니다'라고 부정형으로 말할 때는 어떻게 해요?

be동사가 들어간 문장의 부정형은 be동사 뒤에 not을 붙이면 되듯이, 이 진행형도 be동사 뒤에 not을 붙여서 문장을 만들면 됩니다. 예를 들어, '난 일하는 중이야.'는 I am working.이고 '난 일하는 중 아니야.'는 I am not working.이라고 말하면 되지요.

밖에 비가 내리고 있을 때

▶ Max쌤의 강의 041

A **It is raining outside.**

B Yes, it is. **It's raining cats and dogs.**

A No bikes today. Let's take a bus instead.

B All right. Do we have an umbrella? Oh, there it is.

A: 밖에 비 오네. B: 응, 미친 듯이 쏟아지고 있어.
A: 오늘은 자전거 안 되겠다. 대신에 버스 타자. B: 그래. 우리 우산 있나? 아, 저기 있구나.

문장 조립하기 다음 우리말을 영어 문장으로 만드세요.

1. 나 버스 기다리는 중이야.

....

- wait for ~를 기다리다 / a bus 버스
- 진행형은 반드시 [be동사+동사–ing] 형태를 취합니다.

2. 저 디지털 카메라 찾고 있어요.

....

- look for ~를 찾다
  / a digital camera 디지털 카메라
- look for는 어디 있는지 모르는 대상을 찾을 때, 또는 상점에서 사고 싶은 물건을 찾을 때 모두 쓰입니다.

3. 내 남자친구는 모자 쓰고 있지 않아.

....

- My boyfriend 내 남자친구
  / wear 입다, 쓰다 / a hat 모자
- 우리말로는 비슷하나 wear는 입거나 쓰고 있는 상태, put on은 몸을 움직여 입거나 쓰는 동작을 나타낼 때 씁니다.

4. 저 그쪽이 낸 구인광고 보고 전화 드리는 건데요.

....

- call 전화하다
  / your job advertisement 당신의 구인광고
- 구인광고 보고 전화하는 건 구인광고에 대해 전화하는 것이므로 '~에 관해서'의 about을 씁니다.

5. 우리 맥주 마시고 있는 거 아니야.

....

- drink 마시다 / beer 맥주
- beer (맥주)는 셀 수 없는 명사로 여러 잔 이라고 해서 beers라고 말하지 않습니다.

1. A What are you doing here?

    B **I'm waiting for a bus.** I'm going
       to *my uncle's.

    너 여기서 뭐하고 있어?

    나 버스 기다리는 중이야. 나 삼촌네 가는 중이
    거든.

> '삼촌네 집'에 대한 정확한 영어 표현은 my uncle's house입니다. 하지만 일반적으로 '~의'를 나타내는 소유격 표현 뒤
> 에 등장하는 house (집), store (가게) 등의 명사는 보통 생략하고 간단히 소유격까지만 말해도 괜찮습니다.
> **e.g.** my friend's (내 친구네 집 – house 생략)   a barber's (이발소 – shop 생략)

2. A *How can I help you?

    B **I'm looking for a digital camera.**

    무엇을 도와드릴까요?

    저 디지털 카메라 찾고 있어요.

> 외국에서 물건 사러 가게에 들어갔을 때 점원이 많이 쓰는 표현 중 하나가 바로 How can I help you?입니다. 의문사
> how는 정확히는 '어떻게'란 뜻이지만 여기선 의역하여 '무엇을 도와드릴까요?'로 받아들이면 됩니다.

3. A Is *that your boyfriend?

    B No, he is not. **My boyfriend is
       not wearing a hat.**

    쟤가 네 남자친구야?

    아니야. 내 남자친구는 모자 쓰고 있지 않아.

> 대명사 that은 '저것'의 의미지만 사람을 지칭할 때는 '저 사람, 저 분'이란 뜻으로도 쓰입니다. This도 마찬가지로 '이것'
> 외에 '이 사람, 이 분'의 뜻이 있지요. **e.g.** This is my boss. (이 분은 제 상사입니다.)

4. A **I'm calling about your job advertisement.**

구인광고 보고 전화 드리는 건데요.

B Oh, okay. Please tell me *a little about yourself.

아, 네. 본인에 대해서 조금 말해 주세요.

동사를 수식하면서 '약간'의 뜻으로 쓰이는 부사 표현에 a little / a bit / a little bit 등이 있습니다. 이때 a little 대신 a few를 쓸 수는 없어요. a few는 동사를 수식하는 부사로는 사용되지 않거든요.

5. A **We aren't drinking beer.** We are drinking wine.

우리 맥주 마시고 있는 거 아닌데. 우리 와인 마시고 있어.

B Oh, I hate wine. I like Dong-dong-ju. It has *a kick.

아, 난 와인 싫어. 난 동동주가 좋아. 톡 쏘는 맛이 있거든.

kick은 동사로는 '발로 차다', 명사로는 '발로 차기, 쾌감, 스릴'의 의미가 있어요. 술을 마실 때 톡 쏘는 맛이 술 마실 때의 쾌감이라고 할 수 있잖아요. 그래서 이렇게 술과 관련할 때의 kick은 '톡 쏘는 쾌감'이라고 표현합니다.

[be동사 현재형+동사-ing] 현재진행시제를 활용하여 현재 내가 하고 있는 일, 동작이나 행동을 묘사해 보세요.

난 그때 일하는 중이었어.
I was working at that time.

[was/were+동사-ing]로 과거의 특정 시점에 진행 중이던 행동, 상황을 말하자.

현재진행시제가 be동사의 현재형으로 현재 진행 중인 행동이나 상황을 나타내는 거라면, 과거진행형은 be동사의 과거형 was/were를 활용해 **[was/were+동사-ing]** 형태로 과거의 특정한 시점에 진행 중이던 행동, 상황을 나타냅니다. 과거 시점을 나타내는 at that time (그때에), yesterday (어제), this morning (오늘 아침), when you called me (네가 나한테 전화했을 때) 같은 다양한 부사 표현들을 같이 언급할 수 있습니다.

 ▶ 124-125

문법 감 잡기 다음 우리말이 영어로 어떻게 바뀌는지 확인해 보세요.

우리 점심 먹고 있었어.
우리는 We / 먹고 있었다 were having / 점심을 lunch

We were having lunch.

나 오늘 아침에 과제하고 있었어.
나는 I / 하고 있었다 was doing /
과제를 the assignment / 오늘 아침에 this morning

I was doing the assignment this morning.

네가 나한테 전화했을 때 나 샤워 중이었어.
나는 I / 샤워 중이었다 was taking a shower /
네가 내게 전화했을 때 when you called me

I was taking a shower when you called me.

너 무슨 생각하고 있던 거야?
무엇을 what /
넌 생각하고 있었니? were you thinking

What were you thinking?
미드: Big Bang Theory

내가 일어났더니, 머리가 빙빙 돌더라고.
난 I / 일어났다 woke up / 그리고 and /
내 머리가 my head / 빙빙 돌고 있었다 was spinning

I woke up and my head was spinning.
미드: CSI

궁금해요 when you called me에서 when은 '언제'란 뜻 아닌가요?

아닙니다. when이 의문문에서 쓰이는 의문사일 때는 When is the flight? (비행편이 언제지?)처럼 '언제'란 뜻이 맞아요. 하지만, 문장과 문장을 맞대어 이어 주는 접속사로 쓰일 때는 '∼할 때, ∼하면'의 뜻으로 쓰입니다. 이때는 뒤에 문장이 붙고요. 이 [when+문장 덩어리]가 시점에 대한 추가 정보를 전달하는 부사 역할을 하지요.
e.g. I smiled (난 웃었다) + when I saw her (내가 그녀를 봤을 때)
  = I smiled when I saw her. = When I saw her, I smiled.

과거에 하고 있던 상황을 설명할 때

A I heard you scream. What happened?

B **I was walking down the street,** and a man came up to me and snatched my purse.

A What did he look like?

B He had a mustache, and **he was wearing a red baseball cap.**

A: 네가 소리 지르는 것 들었어. 무슨 일이야? B: 길을 걸어가고 있었는데, 한 남자가 내게 다가오더니 내 지갑을 채갔어.
A: 어떻게 생겼디? B: 콧수염이 있었어. 그리고 빨간 야구 모자 쓰고 있었어.

문장 조립하기 다음 우리말을 영어 문장으로 만드세요.

1. 나 샤워하던 중이었어.

....

- take a shower 샤워하다
- shower (샤워), 목욕 (bath)은 둘 다 동사 take와 함께 쓰여 '샤워하다, 목욕하다'를 뜻합니다.

2. 우리는 뉴욕에서 공부 중이었어.

....

- study 공부하다 / in New York 뉴욕에서
- '뉴욕에서' 혹은 '서울에서'처럼 큰 도시 안에서를 의미할 때는 전치사 in이 쓰입니다.

3. 너 2017년에 일본에서 일하고 있었니?

....

- work 일하다 / in Japan 일본에서 / in 2017 2017년에
- 달, 년도, 계절과 같이 큰 시간 단위는 '~에'란 뜻으로 전치사 in이 쓰입니다.

4. 그는 검은색 셔츠와 검은색 바지를 입고 있었어요.

....

- wear 입다 / pants 바지
- shirt, jacket 같은 상의는 단수로 취급하고, pants (바지), shorts (반바지) 같은 바지 종류는 복수 취급합니다.

5. 그건 벽을 맞대고 있는 문 뒤에 숨어 있었어.

....

- hide 숨다 / behind ~ 뒤에 / against ~을 맞대어 / the wall 벽
- [전치사+장소 명사]를 통해서 대상의 위치를 설명할 수 있습니다.

1. A Jim! Where were you? We were *looking for you.

    B Oh, **I was taking a shower.**

    짐! 너 어디 있었어? 우리 너 찾고 있었잖아.

    아, 나 샤워하던 중이었어.

> 동사 look은 look for '～를 찾다', look at '～를 보다', look into '～를 살펴보다', look after '～를 돌보다'와 같이 특정 전치사와 함께 쓰여서 다양한 의미를 만들어 냅니다.

2. A What were you and Jane doing in 2010?

    B In 2010, **we were studying in New York.** *You know, we went to the same school.

    제인이랑 너 2010년에 뭐 하고 있었어?

    2010년에, 우리 뉴욕에서 공부하고 있었어. 그게 말이야, 우리가 같은 학교를 다녔거든.

> You know는 크게 의미 없이 말하는, 중간 중간 추임새처럼 들어가는 표현 중 하나입니다. '너는 알고 있다'로 직역하는 게 아닙니다. 우리말로 굳이 옮긴다면 '그게 말이야', '그건 있잖아' 정도가 되겠네요.

3. A **Were you working in Japan in 2017?**

    B Yes, I was. I was teaching Korean *to Japanese students.

    너 2017년에 일본에서 일하고 있었니?

    응, 그랬지. 일본 학생들에게 한국어를 가르치고 있었어.

> 전치사 to는 기본적으로 대상, 방향성을 가리키는 단어입니다. 그래서 '～로, ～에게'의 뜻이 있지요. 보통 편지나 선물에 '～에게'라고 적을 때 To Susan (수잔에게)처럼 to를 사용하지요.

4. A I heard you saw the thief last night. What did he look like?

    B **He was wearing a black shirt and black pants.** He was very tall *with broad shoulders.

어젯밤에 도둑을 보셨다고 들었습니다. 어떻게 생겼던가요?

그는 검은색 셔츠와 검은색 바지를 입고 있었어요. 어깨가 넓고 키가 무척 컸어요.

어떤 신체적 특징을 가지고 있다고 말할 때, 전치사 with를 활용한 [with+신체적 특징] 형태가 즐겨 쓰입니다. 가지고 있다고 해서 꼭 have만 쓰는 게 아니라 다양하게 표현할 수 있다는 점, 꼭 알아두세요.
e.g. with blue eyes (파란 눈을 가진, 파란 눈의) with a horn (뿔을 가진, 뿔이 난)
with curly hair (곱슬머리를 가진, 머리가 곱슬머리인)

---

5. A Did you find your lizard?

    B Yeah, **it was hiding *behind the door against the wall.**

너 네 도마뱀 찾았어?

응, 그게 벽을 맞대고 있는 문 뒤에 숨어 있었더라고.

[전치사+장소 명사]를 통해서 대상의 정적인 위치를 설명하려면 기본적인 전치사의 뜻을 알고 있어야 합니다. 가장 기본이 되는 at, in, on 이외에 일상회화에서 많이 쓰이는 위치, 장소 전치사들은 다음과 같습니다.
e.g. in front of (~ 앞에) behind (~ 뒤에) by (~ (가까이, 근처에) 옆에) next to (~ (나란히) 옆에) against (~와 맞대어 있는) between A and B (A와 B 사이에) over (~ 위에) under (~ 아래에)

[was/were+동사–ing] 구문으로 과거의 특정 시점에 진행 중이던 행동을 묘사해 보세요.

너 맥주 마시고 있는 거야?
Are you drinking beer?

[Be동사+주어+동사-ing~?] 틀로 진행형 질문을 던진다.

지금 이 순간 특정 행동을 하고 있는지 물어보고 싶을 때는 주어에 맞춰 주어 앞에 be동사 Am, Are, Is를 놓고 [주어+동사-ing ~?]를 놓으면 됩니다. 과거의 특정 시점에 무언가를 하고 있었는지 묻고 싶을 때는? 그렇죠. 주어 앞에 Was나 Were를 붙여 질문하면 되죠.

e.g. Were you dancing? (너 춤추고 있었어?)

▶ 127-128

문법 감 잡기 다음 우리말이 영어로 어떻게 바뀌는지 확인해 보세요.

너 맥주 마시고 있는 거야?
너는 마시고 있는 거니? Are you drinking
/ 맥주를 beer

Are you drinking beer?

너 이 방송 보는 중이야?
너는 보고 있는 중이니? Are you watching /
이 방송을 this show

Are you watching this show?

그는 최선을 다하고 있는 건가?
그는 하고 있는 거니? Is he doing /
그의 최선을 his best

Is he doing his best?

너 뭐 하고 있는 거야?
무엇을 What / 너는 하고 있니? are you doing

What are you doing?
미드: Teen Wolf

너 그렇게 서둘러 어디 가는 거야?
어디에 Where / 너는 가고 있니? are you going
/ 그렇게 서둘러 in such a hurry

Where are you going in such a hurry?
미드: Gilmore Girls

궁금해요 1 모든 동사는 다 진행형으로 할 수 있나요?

아니오, 그렇지 않습니다. 영어가 그렇게 단순하지가 않아요^^ 진행형으로 할 수 없는 대표적인 동사가 know (알다)와 want (원하다)입니다. 무언가를 알고 원하는 것은 지금 진행 중인 행동이나 동작이 아니라, 지속적인 현재의 상태이기에 현재시제로 표현하는 것이 맞습니다. 즉, '난 널 원해.'는 I am wanting you.가 아니라 I want you.라고 말하는 것이 맞습니다.

궁금해요 2 '너 맥주 마시고 있는 거 아니야?' 같이 부정의문문 형태로 질문하려면 어떻게 해요?

이때는 be동사의 부정 형태인 Aren't와 Isn't를 주어 앞에 놓고 말하면 돼요. 그럼 '~하고 있는 거 아니야?'란 부정의문문 질문이 됩니다.

e.g. Aren't you drinking beer? (너 맥주 마시고 있는 거 아니야?)
Isn't he studying? (걔 공부하고 있는 거 아니야?)

걔가 통화 중이니?

A Look at that man over there. He is so handsome.

B Who are you talking about? Is he talking on the phone?

A No, he isn't. He is drinking coffee.

B Oh, I see him. He is wearing a black suit, right? Well, he's not my type.

A: 저기 있는 저 남자 좀 봐 봐. 완전 잘생겼어. B: 누구 얘기하는 거야? 전화 통화 중인 사람?
A: 아니야. 커피 마시고 있어. B: 아, 보이네. 검은색 양복 입고 있네. 그지? 음, 내 타입은 아니야.

문장 조립하기 다음 우리말을 영어 문장으로 만드세요.

1. 너 내 말 듣고 있는 거야?

....

• listen to ~를 듣다
• '내 말'을 어렵게 생각하지 말고 간단히 '나를 듣고 있니?'로 해서 '나를'인 me로 표현하면 됩니다.

2. 버스 오고 있는 거야?

....

• the bus 버스 / come 오다

3. 너 왜 날 쳐다보는 거야?

....

• Why 왜 / look at ~을 보다
• 의문사는 의문문 맨 앞에 위치합니다. look at에 쓰인 at은 '~를 향해'란 뜻이 있습니다.

4. 걔 컴퓨터 게임하고 있는 거야?

....

• play computer games 컴퓨터 게임을 하다
• soccer (축구) 같은 운동을 하는 것, the violin (바이올린) 같은 악기를 연주하는 것, 게임을 하는 것 모두 동사 play로 표현합니다.

5. 너 지금 뭐 입고 있어?

....

• What 무엇 / wear 입다 / now 지금
• wear는 입고 있는 상태를, put on은 손발을 넣어 옷을 입는 동작을 나타냅니다.

1. A **Are you listening to me?**
   B Of course. I'm *all ears.

   너 내 말 듣고 있는 거야?
   당연하지. 집중해서 듣고 있어.

   영어에는 [all+복수 명사] 형태로 '매우 ~하는'의 뜻으로 쓰이는 관용표현이 몇 개 있습니다. 알아두면 회화에서 쓸 데가 많아 좋습니다.
   e.g. all ears (집중해서 듣는)   all smiles (아주 행복해 보이는)   all thumbs (매우 서투른)

2. A **Is the bus coming?**
   B *I don't know. Oh, look. It's coming.

   버스 오고 있는 거야?
   모르겠어. 오, 봐 봐. 오고 있네.

   '난 잘 모르겠다.'라고 말할 때 I don't know.만 있는 건 아니에요. 쓸 수 있는 표현들 몇 가지 알아두세요.
   e.g. I don't know. (난 모르겠어.)   I have no idea. (난 전혀 모르겠어.)
       I'm not sure. (확실하지가 않아.)   Beats me. (때려 죽여도 몰라.)

3. A **Why are you looking at me?**
   B No, I'm not looking at you. I'm looking at the picture *behind you.

   너 왜 날 쳐다보는 거야?
   아니, 나 너 쳐다보는 거 아니야. 네 뒤에 있는 그림 보고 있는 거야.

   사물의 위치를 나타내는 다양한 전치사들을 알아두면 좋습니다.
   e.g. behind (~ 뒤에)   next to (~ (나란히) 옆에)   in front of (~ 앞에)   across (~를 가로질러)
       above (~ 위에)   under (~ 아래에)

4. A What is Tom doing in his room?
      Is he playing computer games?
   B *No, he is not. He is fixing his
      computer.

톰 자기 방에서 뭐 하고 있는 거야? 걔 컴퓨터
게임하고 있는 거야?
아냐. 걔 자기 컴퓨터 고치고 있어.

현재진행시제 의문문에 대한 답변은 Yes, she is. / No, I'm not. / No, he's not. / No, he isn't.처럼 간단히
줄여서 대답할 수 있습니다.

5. A **What are you wearing now?** Are
      you wearing *shorts?
   B No, I'm wearing *jeans and a
      T-shirt.

너 지금 뭐 입고 있어? 너 반바지 입고 있어?

아니, 나 청바지랑 티셔츠 입고 있는데.

영어에서 바지 종류의 의복은 항상 복수 취급합니다. '일반 바지'는 영어로 pants, '청바지'는 jeans, '반바지'는 shorts처
럼 모두 단어 뒤에 -s를 붙여 주어야 합니다.

[Be동사+주어+일반동사-ing ~?] 형태를 활용하여 누군가가 지금 하고 있는, 혹은 특정 시점에 하고 있던 행동이
무엇인지 묻는 연습을 해 주세요.

나 지갑 잃어 버렸어.
I have lost my wallet.

[have/has+과거분사]의 현재완료로 현재까지 영향을 미치는 일을 말하자.

현재완료는 우리말에는 없는 시제라서 많은 분들이 힘들어하는 부분이지만, 기본만 알면 쉽게 이해할 수 있습니다. 일단 **현재완료는, 과거에 일어난 일이 어떤 형태로든 현재까지 영향을 준다고 말하는 사람이 생각할 때 쓰는 시제**예요. 그럼, 과거시제와 뭐가 다를까요? 과거는 과거 한 순간에 벌어졌던 상황만 딱 설명하는 거예요. 예를 들어, 말하는 사람이 I lost my wallet. (나 지갑 잃어버렸어.)이라고 과거시제로 말했다면, 과거 한 시점(3시간 전, 어제, 1년 전 등)에 지갑을 잃어버렸다는 정보만 딱 전합니다. 하지만, I have lost my wallet. (나 지갑 잃어버렸어.)는 현재완료시제로 과거에 지갑을 잃어버려서 현재, 지금까지도 그 지갑을 잃어버린 상태다 즉, 지갑이 아직도 없다는 것을 전달하고 있지요.

▶ 130-131

문법 감 잡기 다음 우리말이 영어로 어떻게 바뀌는지 확인해 보세요.

나 지갑 잃어버렸어. (그래서 지금 지갑 없어.) **I have lost my wallet.**
나는 I / 잃어버렸다 have lost / 내 지갑을 my wallet   [= so I don't have my wallet now]

제인은 뉴욕으로 이사했어. **Jane has moved to New York.**
(그래서 지금 뉴욕에서 살아.)
제인은 Jane / 이사했다 has moved /
뉴욕으로 to New York

내 차 고장 났어. (그래서 지금 못 움직여.) **My car has broken down.**
내 차는 My car / 고장 났다 has broken down

그녀가 아직 나한테 문자 안 보냈어. **She has not texted me yet.**
(그래서 지금 문자를 못 받고 있어.) 미드: Melissa & Joey
그녀는 She / 문자를 안 보냈다 has not texted /
내게 me / 아직 yet

너 막 혼수상태에서 깨어났어. **You have just come out of a**
(그래서 지금 의식을 찾은 상태야.) **coma.**
너는 You / 막 나왔다 have just come / 미드: Desperate Housewives
혼수상태 밖으로 out of a coma

궁금해요 과거분사, 과거분사 하는데요, 정확하게 과거분사가 뭐예요?

일단 과거분사는 동사의 3단 변화에서 맨 끝에 오는 거예요. go (가다)–went–gone에서 맨 끝에 있는 gone이 과거분사죠. 그럼 이 과거분사는 언제 쓰이느냐? 바로 지금처럼 have/has와 결합해 현재완료 시제를 쓸 때 사용합니다. 그리고 내가 직접 하는 게 아니라 다른 사람한테 어떤 행위를 당할 때 [be동사+과거분사]로 표현할 수 있습니다. 또 형용사처럼 명사 앞에 놓여 명사를 수식해 주기도 하지요.
e.g an interested audience (흥미를 갖게 된 관중: interest (흥미를 불러 일으키다)–interested–interested(과거분사: 흥미를 불러일으킨 (완료의 의미), 흥미를 갖게 된 (행위를 당하게 된 수동의 의미))

아직까지 일자리를 구하지 못했을 때

A Jack, are you working these days?

B No, **I haven't found a job yet.**

A Hey, don't worry too much. I'm sure you will get one soon.

B Yes, thanks for the pep talk.

A: 잭, 너 요즘 일하고 있니? B: 아니, 나 아직 일자리를 못 찾았어.
A: 야, 너무 걱정하지 마. 곧 일자리 잡을 거야. B: 그래, 격려해 줘서 고마워.

문장 조립하기 다음 우리말을 영어 문장으로 만드세요.

1. 내 여자친구는 학교를 떠났어.

....

- My girlfriend 내 여자친구는 left ← leave 떠나다
- 과거에 떠나 지금 학교에 없는 것이니 현재완료로 표현하고, 주어가 3인칭 단수이므로 has를 씁니다.

2. 우리 막 공항에 도착했어.

....

- just 막 / arrived ← arrive 도착하다 / at the airport 공항에
- just (막, 방금)는 현재완료시제에서 자주 쓰이는 부사로, have/has와 과거분사 사이에 위치합니다.

3. 내 남자친구는 캐나다에 갔어.

....

- My boyfriend 내 남자친구는 / gone ← go 가다 / to ~로
- 과거에 캐나다에 가서 지금도 거기에 있다는 정보를 전달하려면 현재완료시제가 필요합니다.

4. 난 이미 점심 먹었어.

....

- already 이미, 벌써 / lunch 점심 식사
- 아침, 점심, 저녁을 '먹다'고 말할 때는 동사 have를 쓸 수 있습니다. have의 과거분사는 had입니다.

5. 페인트가 아직 안 말랐어.

....

- The paint 페인트가 / dried ← dry 마르다 / yet 아직
- 현재완료시제의 부정형은 [have/has+not+과거분사]입니다. 현재완료시제에서 yet은 보통 문장 끝에 옵니다.

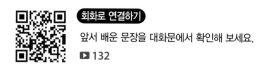
1. A **My girlfriend *has left school**, so
   I don't see her anymore.
   B Do you miss her?

   내 여자친구가 학교를 떠났어, 그래서 더 이상
   그녀를 만나지 않아.
   그녀가 보고 싶니?

   > 현재완료시제 has left를 통해서 화자의 여자친구가 학교를 떠났고, 지금 이 순간 학교에 그녀가 없다는 정보를 얻을 수
   > 있습니다. 하지만 My my girlfriend left school. 문장에서처럼 과거시제를 썼다면 과거의 한 시점에 '떠났다'는 정보만
   > 전달할 뿐 지금은 어떤 상황인지 듣는 이는 전혀 알 수가 없습니다. 만약 돌아왔다면 뒤에 but she is back now처럼 추
   > 가적인 정보를 말해야 하는 거죠.

2. A Charlie, where are you? **We
   *have just arrived at the airport.**
   B I'm almost there.

   찰리, 너 어디야? 우리 막 공항에 도착했어.

   거의 다 왔어.

   > 현재완료시제 have arrived를 통해 화자가 막 도착해 지금도 공항에 있는 상태라는 걸 알 수 있습니다. just 자체가 지
   > 니는 의미 덕분에 도착한 시점이 현재와 매우 가깝다는 것도 인지할 수가 있고요. 반면 과거시제는 보통 과거의 특정 시
   > 점을 알려주는 표현들과 함께 쓰이거나 해서 딱 그때의 시점이나 사건에만 국한됩니다.
   > e.g. We arrived at the airport yesterday. (우리 어제 공항에 도착했어.)

3. A **My boyfriend *has gone to
   Canada.** He will be back two
   years later.
   B Well, I hate to say this, but long
   distance relationships never
   work.

   내 남자친구가 캐나다로 가버렸어. 2년 뒤에 돌
   아올 거야.

   음, 이런 말 하기 싫은데, 장거리 연애는 절대
   잘 안 되더라고.

   > 현재완료시제 has gone을 통해서 화자의 남자친구가 캐나다로 떠난 이후 지금까지도 캐나다에 있는 상태라는 것을 알
   > 수 있습니다.

4. A Are you hungry?

    B No, *I've already had lunch.

    너 배고파?

    아니. 나 이미 점심 먹었어.

현재완료시제 have had를 통해 화자가 점심 식사를 했고, 그래서 지금 배가 고프지 않다는 정보를 얻을 수 있습니다.
already (이미)라는 부사를 통해서 점심 먹은 시점이 며칠 전, 몇 달 전처럼 먼 게 아니라 현재와 매우 가깝다는 것을 더
강하게 인지할 수가 있지요.

5. A John, don't touch the wall. The
       paint *hasn't dried yet.

    B Oh, thanks for the heads-up.

    존, 벽 만지지 마. *페인트 아직 안 말랐어.

    아, 알려줘서 고마워.

현재완료시제의 부정형 hasn't dried를 통해서, 현재 이 순간에도 그 벽 페인트가 마르지 않은 상태라는 정보를 얻을 수
있습니다. 여기에 yet (아직)이라는 부사의 사용을 통해서 페인트를 칠했고 아직 마르지 않은 시점이 현재와 매우 가깝
다는 것을 더 강하게 인지할 수가 있지요.

[have/has+과거분사] 구문으로 과거에 일어났고 현재까지도 영향을 미치는 일, 행동, 사건 등을 문장으로 만들어 말
해 보세요.

나 멕시코 음식 먹어 본 적 있어.
I have eaten Mexican food.

[have/has+과거분사]로 과거의 경험이 지금의 인생에 영향을 주는 걸 설명하자.

현재완료시제는 과거에서부터 현재까지 살아오면서 겪은 경험을 나타낼 때도 사용할 수 있습니다. 하지만 단순한 경험이 아니라 뭔가 현재까지 영향을 준다는 뉘앙스를 풍기는 거죠. 이를 문법에서는 현재완료의 '경험'이라고 합니다. 예를 들어, I ate Mexican food. (난 멕시코 음식 먹었어.)는 과거의 한 시점에서 멕시코 음식을 먹었다는 단순 사실을 전합니다. 반면, I have eaten Mexican food. (난 멕시코 음식 먹어 본 적 있어.)는 현재까지 영향을 미치는 자신의 경험을 나타낸다는 차이가 있습니다. 이렇게 현재완료가 경험을 나타낼 때는, never (한 번도 ~ 아닌), ever (이제까지), once (한 번), twice (두 번)과 같이 횟수를 나타내는 표현들과 함께 쓰입니다.

▶ 133-134

문법 감 잡기 다음 우리말이 영어로 어떻게 바뀌는지 확인해 보세요.

나 멕시코 음식 먹어 본 적 있어.
나는 I / 먹어 본 적 있다 have eaten /
멕시코 음식을 Mexican food

I have eaten Mexican food.

너 그거 실제로 본 적 있어?
너는 본 적 있어? Have you seen /
그것을 it / 실제로 in person

Have you seen it in person?

그는 많은 곳에서 살아 봤어.
그는 He / 살아 봤다 has lived /
많은 곳에서 in many places

He has lived in many places.

너 어디 있었던 거야?
어디에 Where / 너는 있었던 거야? have you been

Where have you been?
미드: Homeland

우리 이번 주에 초밥 세 번 먹었어.
우리는 We / 먹었다 have had / 스시를 Sushi
/ 세 번 three times / 이번 주에 this week

We have had Sushi three times this week.
미드: Victorious

궁금해요 현재완료시제의 부정문과 의문문 만드는 법, 정리해 주세요.

우선 부정문은 [have/has+not+과거분사] 틀로 만들면 됩니다. not이 have/has 뒤에 오는 것에 주의해 주세요. 좀 더 강하게 한 번도 ~하지 않았다고 말할 때는 not 대신 never를 넣으면 됩니다. never가 not보다 좀 더 강한 뉘앙스를 전달해 주거든요. 의문문은 주어에 맞춰 주어 앞에 Have/Has를 놓아서 만들면 됩니다.

관심 있는 이성이 있을 때

A Who is that gorgeous woman?

B Beats me. **I have never seen her.**

A Oh, but I know the man next to her. **I have met him once.**

B Oh, I know him, too. He's Jenny's brother.

A: 저 멋진 여자는 누구야? B: 몰라. 난 한 번도 본 적이 없는데.
A: 아, 근데 나 그녀 옆에 있는 남자는 알아. 한 번 만난 적이 있어. B: 오, 나도 아는데. 제니 오빠잖아.

문장 조립하기 다음 우리말을 영어 문장으로 만드세요.

1. 너희 둘 만난 적 있잖아.

....

- You two 너희 둘
  / met ← meet 만나다
- meet의 3단 변화는 meet – met – met입니다.

2. 나 전에 네 식당에서 밥 먹은 적 있어.

....

- eaten ← eat (밥) 먹다
  / at your restaurant 네 식당에서
  / before 전에
- eat의 3단 변화는 eat – ate – eaten 입니다.

3. 너 비행기 타고 여행한 적 있어?

....

- traveled ← travel 여행하다
  / by plane 비행기 타고
- 현재완료시제의 의문문은 Have/Has 를 주어 앞으로 이동시켜야 합니다.

4. 나 그거에 대해 들어본 적 한 번도 없어.

....

- heard of ← hear of ~에 대해 듣다
- 현재완료시제의 부정형은 have/has 뒤에 not을 붙이면 됩니다. 줄여 말 하면 haven't/hasn't가 되지요. hear의 3단 변화는 hear–heard– heard입니다.

5. 너 이제까지 런던에 가 본 적 있어?

....

- ever 이제까지 / been ← be 있다
  / to London 런던에
- 우리는 '가 본 적 있냐?'라고 하지만, 영어식 사고에서는 '있어 본 적 있 냐?'로 묻습니다. 그래서 go가 아니 라 be동사의 과거분사형을 이용해 말해야 합니다.

회화로 연결하기

앞서 배운 문장을 대화문에서 확인해 보세요.

▶ 135

1. A **You two have met**, right?

   B *Yes, we have. We met at the auction last year.

   너희 둘 만난 적 있잖아, 그렇지?

   응, 있어. 우리 작년에 경매장에서 만났어.

   > 현재완료시제로 물을 때 긍정일 경우에는, Yes, I have., 부정일 경우에는 No, I haven't.로 대답하면 됩니다.
   > 주어가 he, she 등의 3인칭 단수일 경우에는 Yes, he has. / No, he hasn't.라고 답하면 되지요. have/has 이하의 내용은 생략 가능합니다.

2. A **I have eaten at your restaurant before.** I really loved the food.

   B *I'm glad you enjoyed it.

   나 전에 네 식당에서 밥 먹은 적 있어. 정말로 음식 맛있었어.

   네가 맛있게 먹었다니 나도 기쁘네.

   > glad는 형용사로 '기쁜'이란 뜻이고, be glad는 '기쁘다'입니다. 즉, '나 기뻐.'는 I'm glad.라고 말하면 되지요. 이렇게 내가 기쁜 감정을 느끼게 된 이유를 설명하는 문장을 뒤에 붙이면 '~해서 나 기뻐'란 문장이 완성됩니다.
   > e.g. I'm glad (난 기쁘다) + You are here (네가 여기 있다) = I'm glad you're here. (나 네가 여기 있어서 기뻐.)

3. A John, have you seen the movie *Jackpot*?

   B No, I haven't. Actually, **I've never *heard of it.**

   존, 너 영화 Jackpot 봤어?

   아니, 못 봤어. 사실, 나 그거 들어본 적 한 번도 없어.

   > 우리말 '~에 대해서 듣다'는 영어로 hear of나 hear about을 쓸 수 있습니다. 단 해석상의 차이가 존재하는데요. hear of는 무언가에 대해서 대충이나마 들어본 적이 있다는 의도로 쓰이고, hear about은 무언가에 대해서 자세한 정보를 듣는다는 의도로 쓰입니다.

4. A **Have you ever *been to London?**   너 이제까지 런던에 가 본 적 있어?
   B Yes, I have. I went there two years   응, 있어. 2년 전에 갔었지. 아름다운 도시야.
   ago. It's a beautiful city.

우리말의 '가 본 적 있다'는 영어에서는 '있어 본 적이 있다'로 표현해야 합니다. 즉, 현재완료시제 have/has gone이 아니라 have/has been으로 말해야 하는 거죠. 왜냐하면, 가 본 적이 있다는 건 이미 거기 갔다가 현재 있는 곳으로 돌아온 건데, have/has gone은 가 버려서 (여기 없고) 계속 거기 있는 상태를 나타내기 때문입니다. have/has been to ~는 '~에 가 본 적이 있다', have/has gone to ~는 '~에 가버린 상태이다'라고 확실하게 알아두세요.

5. A **Have you ever traveled *by plane?**   너 이제까지 비행기 타고 여행해 본 적 있어?
   B No, I haven't. This is my first time.   아니, 없어. 이번이 나 처음이야.

전치사 by (~에 의해서) 뒤에 plane (비행기), taxi (택시), bus (버스) 같은 교통수단 명사가 와서 '~을 타고'의 의미일 때는 그 명사 앞에 a나 the를 붙이지 않습니다.

[have/has+과거완료] 구문으로 내 인생에 있었던 다양한 경험들을 영어로 말해 보세요.

난 그녀를 3년간 계속 알고 지냈어.
I have known her for three years.

[have/has+과거분사]로 과거부터 현재까지 계속되는 상황을 말해 보자.

현재완료시제는 과거의 어떤 시점에서 시작된 동작이나 상황이 현재까지도 계속 진행되고 있음을 나타낼 때도 사용합니다. 이걸 문법에서는 현재완료의 '계속적 용법'이라고 부르지요. 예를 들어, He was in prison. (그는 감옥에 있었다.)는 과거시제로 지금과는 관계없이 과거의 어느 시점만을 의미합니다. 하지만 He has been in prison for 3 years. (그는 3년 동안 감옥에 있었다.)는 과거 어느 시점부터 현재까지 3년이란 시간을 감옥에 계속 있어 왔다는 것을 의미합니다. 현재완료시제가 계속적 용법으로 쓰일 때는 보통 진행돼 온 기간을 알려 주기 위해서 for (~ 동안) 혹은 since (~ 이래로)와 함께 쓰이는 경우가 많습니다.

e.g. We **have been** friends **for** years. (우리는 수 년 동안 친구로 지내고 있어요.)

▶ 136-137

문법 감 잡기 다음 우리말이 영어로 어떻게 바뀌는지 확인해 보세요.

난 그녀를 3년간 계속 알고 지냈어.
나는 I / 알아왔다 have known / 그녀를 her / 3년 동안 for three years

I have known her for three years.

잭은 어린 시절 이후로 계속 여기서 살았어.
잭은 Jack / 계속 살았다 has lived / 여기서 here / 어린 시절 이후로 since childhood

Jack has lived here since childhood.

우린 2010년 이후로 그에게서 소식을 못 들었어.
우리는 We / 못 들었다 haven't heard / 그로부터 from him / 2010년 이후로 since 2010

We haven't heard from him since 2010.

우린 수년 동안 서로 얘기를 안 했어.
우리는 We / 얘기를 안 했다 haven't talked / 서로에게 to each other / 수년 동안 in years

We haven't talked to each other in years.

난 밤새도록 응급실에 있었어.
나는 I / 있었다 have been / 응급실에 in the emergency room / 밤새 all night

I have been in the emergency room all night.
미드: Stalker

수 년 동안 누군가를 보지 못했다고 할 때

A Can you do me a favor? Please pick up John at the airport.
B **But I haven't seen him for many years.** How will I recognize him?
A I saw his recent picture, and **he hasn't changed a bit.**
B **Six years have passed since he left.** Is it possible?

A: 내 부탁 좀 들어줄래? 공항에서 존 좀 데려와 줘. B: 하지만 나 몇 년 동안 걔를 못 봤는데. 걔 어떻게 알아보지?
A: 걔 최근 사진 내가 봤는데 하나도 안 변했더라. B: 걔 떠나고 6년이 지났잖아. 그게 가능해?

문장 조립하기 다음 우리말을 영어 문장으로 만드세요.

1. 난 어렸을 때 이후로 계속 걔를 좋아했어.

....

- since ~ 이후로 / young 어린
- since는 뒤에 명사 표현이 나오기도 하고, [주어+동사] 덩어리가 나오기도 합니다.

2. 여기 멕시코에 얼마나 오래 있는 거야?

....

- How long 얼마나 오래 / stay 머물다 / here 여기
- How long (얼마나 오래)과 같은 의문사 의문문은 의문사가 문장 맨 앞에 와야 합니다.

3. 내 아내와 나는 10년 동안 결혼 생활을 해왔어

....

- be married 결혼하다 (= 결혼한 상태이다)
- 주어가 나 포함 두 명 이상일 땐 A and B로 표현하고, I는 B의 자리에 옵니다. **e.g.** Jack and I (잭과 나)

4. 난 지난 5일 동안 웰링턴에 있었어.

....

- been ← be 있다
  / in Wellington 웰링턴에
  / for the last five days (지난 5일 간)
- be동사의 과거분사는 been입니다.

5. 나 지난주 이후로 5kg 빠졌어

....

- lost ← lose 빼다
  / last week 지난주
- '살을 빼다'는 영어로 lose weight인데요, weight 대신 구체적인 수치를 넣어 말할 수 있습니다.

회화로 연결하기

앞서 배운 문장을 대화문에서 확인해 보세요.

▶ 138

1. A Are you a *dog person or a cat person?

   B I'm a dog person. **I have liked dogs since I was young.**

   넌 개를 좋아해, 아니면 고양이를 좋아해?

   난 개를 좋아해. 난 어릴 때 이후로 계속 개를 좋아했어.

> 강아지나 개를 좋아하는 사람을 영어로 a dog person이라 하고, 고양이를 좋아하는 사람을 가리켜서 a cat person이라고 합니다. 비슷한 원리로 아침형 인간은 a morning person, 야간형 인간은 a night owl이라고 하지요.

2. A **How long have you stayed here in Mexico?**

   B *Since last year.

   여기 멕시코에서 얼마나 오래 있었어?

   작년부터.

> since가 접속사일 때는 since I was young (내가 어렸을 때 이후로)처럼 문장을 이끌지만, 전치사로 쓰일 때는 뒤에 명사 혹은 명사 덩어리가 와야 합니다.
> e.g. since June (6월 이후로) since the Korean War (한국 전쟁 이후로)

3. A **My wife and I have been *married for 10 years.**

   B Really? Wow, time flies.

   내 아내와 나는 10년 동안 결혼 생활을 해왔어.

   진짜? 와, 시간 참 빠르네.

> 동사 marry는 '~와 결혼하다'입니다. 그래서 청혼할 때 보통 Will you marry me? (나랑 결혼해 줄래?)라고 물어보죠. 반면, '결혼한 상태이다'를 말할 때는 be married라고 합니다. 그래서 "저 결혼했어요."는 영어로 I am married.라고 하면 되는 거죠.

4. A Jack, I heard you're travelling at the moment. Where are you now?

   B I'm in New Zealand. **I have been in Wellington for the *last five days.**

   잭, 나 너 현재 여행 중이라고 들었어. 너 지금은 어디야?

   나 뉴질랜드에 있어. 지난 5일 동안 계속 웰링턴에 있었어.

> last는 '마지막의'란 뜻 외에 Last Christmas (지난 크리스마스)처럼 '지난 ~, 요전번의 ~'란 뜻도 있습니다.
> 이건 문맥에 따라 이해하면 돼요. **e.g** last month (지난 달) last year (작년) last two days (지난 이틀)

5. A **I've lost 5 kilograms since last week.**

   B *Seriously? I think you're losing weight too quickly.

   나 지난주 이후로 5kg 빠졌어.

   진짜? 너 너무 빨리 살을 빼는 것 같다.

> '진지하게, 심각하게'란 뜻의 부사 seriously는 회화에서 단독으로 쓰여 '진짜야?'라고 내용을 확인하기도 하고요, '아, 꼭
> 그래야겠냐? / 왜 그러는 거야?' 같은 뉘앙스로 상대방의 행동이나 말에 어이가 없음을 표현할 때도 즐겨 쓰입니다.

> [have/has+과거분사]로 과거에 시작된 행동이나 상황이 지금까지도 계속해서 이어지고 있음을 나타내는 문장을 만
> 들어 보세요.

07

수동태

주체적인 의지가 아니라
타인이나 상황에 떠밀리게 될 때 써야 해요.

사람이 수동적이다, 능동적이다 이런 말 쓰죠? 수동적인 건 자기 스스로 뭘 하는 게 아니라 남이 하라는 대로, 혹은 상황에 따라 어쩔 수 없이 하는 것이고, 능동적인 것은 자기 스스로 결정하고 알아서 하는 걸 말합니다. 영어의 수동태, 능동태도 마찬가지예요. 수동태 문장의 주어는 자기 의지대로 뭘 하는 게 아니라 다른 사람이나 환경의 영향을 받습니다. 반면, 능동태 문장의 주어는 자기 의지대로 어떤 행동을 하거나 상태에 있게 된다는 것이죠.

이런 수동태 문장은 [주어+be동사+과거분사] 형태로 만듭니다. 참고로 [be동사+과거분사]에서 be동사의 어떤 형태든 예를 들어, am/are/is/was/were 외에 being이라든가 been의 형태로 뒤에 과거분사가 오는 건 다 수동태의 변형이라고 보면 됩니다. 이 외의 나머지 문장은 다 능동태라고 합니다. 앞의 시제에서 과거분사를 언급했어요. have/has가 과거분사와 결합하면 '과거에 있던 일이 현재까지 영향을 끼치는 걸 나타낸다고요. 그런 과거분사가 be동사와 결합하면 주어가 제3자나 환경에 영향을 받게 되는 수동태를 나타냅니다. 기본적으로 과거분사는 다른 사람에게 어떤 동작이나 상태를

당한다는 의미가 있기 때문입니다.

예를 들어, love (사랑하다)의 과거분사 loved는 (타인에 의해) 사랑 받는의 뜻입니다. kill은 '~을 죽이다'의 뜻이에요. 이 kill의 과거분사 killed는 (타인에 의해) 죽게 된의 뜻이고요. 이런 과거분사 앞에 be동사가 붙어 be loved가 되면 '사랑받다', be killed가 되면 '(스스로의 의지가 아니라 어떤 사고나 사람 때문에) 죽게 되다'의 의미입니다.

수동태의 핵심은 이게 전부입니다. 이제 시작해 볼까요?

그는 차에 치어 죽었어.
He was killed by a car.

자신의 의지와 상관없이 어떤 행동을 당할 때 [be동사+과거분사]로 표현한다.

문장의 '주어'가 '동사'가 의미하는 동작이나 행동을 직접 하는 주체가 아니라, 그 동작이나 행동을 당하는(즉 받는) 대상일 때, 동사를 '수동태'로 바꿔 말해야 합니다. **수동태의 기본 틀은 [be동사+과거분사]**입니다. 이때 해석은 '~되다, ~ 당하다'가 됩니다. 이 수동태에서 행동이나 동작을 직접 하는 주체는 [by+주체]로 표현됩니다.

e.g. **[능동형] People purchase milk.** (사람들은 우유를 구매해요.)
[수동형] Milk is purchased by people. (우유는 사람들에 의해서 구매돼요.)
– 우유가 뭔가를 사는 게 아니라 구매 행위를 받는 객체이고, 사는 주체는 by people로 표현됨

▶ 139-140

문법 감 잡기   다음 우리말이 영어로 어떻게 바뀌는지 확인해 보세요.

그는 차에 치어 죽었어.
그는 He / 죽게 됐다 was killed /
차에 의해서 by a car

He was killed by a car.

우리 벌레한테 물렸어.
우리는 We / 물렸다 were bitten /
벌레들에 의해서 by bugs

We were bitten by bugs.

그 프로그램은 4번 채널에서 방송돼.
그 프로그램은 The show / 방송된다 is aired /
4번 채널에서 on channel 4

The show is aired on channel 4.

나 그 파티에 초대받지 못했어.
나는 I / 초대받지 못했다 wasn't invited /
그 파티에 to that party

I wasn't invited to that party.
미드: Gilmore Girls

농구는 백인 놈에 의해서 개발됐어.
농구는 Basketball / 개발됐다 was invented /
백인 놈에 의해서 by a white dude

Basketball was invented by a white dude.
미드: Black–ish

궁금해요   수동태 문장에서 누가 그런 행동을 하는지 반드시 표시해 줘야 해요?

그건 아니에요. 누군가 또는 무엇에 의해서 그렇게 된 건지 확실히 모르거나, 알더라도 그렇게 중요하지 않을 때는 굳이 [by+행위자]를 말하지 않아도 됩니다.

관광지에서 성 (castle)을 구경할 때

A **When was this castle built?**

B **Don't be surprised. It was built about 500 years ago.**

A Wow, that's amazing. It still has a modern and luxurious feel.

B That's right. **It is very well known for its modern style.**

A: 이 성은 언제 지어진 거야? B: 놀라지 마. 약 500년 전에 지어진 거야.
A: 와우, 엄청난데. 여전히 현대적이고 고급스런 느낌이 있는데 말이야. B: 맞아. 현대적인 스타일로 아주 잘 알려져 있지.

문장 조립하기 다음 우리말을 영어 문장으로 만드세요.

1. 이 책은 1927년에 쓰였어요.

....

- written ← write 쓰다
  / in 1927 1927년에
- write의 p.p.는 written입니다. 행위자에 대한 정보가 없을 때는 [by+행위자]를 쓸 필요가 없습니다.

2. 그 사고로 10명이 부상당했어.

....

- Ten people 10명 / injure 부상을 입히다 / in the accident 그 사고에서
- 문장의 주어는 사고로 부상을 당한 10명 (ten people)입니다. injure의 p.p.는 injured입니다.

3. 그것은 모래로부터 만들어져.

....

- from ~로부터 / sand 모래
- make의 p.p.는 made입니다.

4. 남편과 나는 그 소음에 깼어.

....

- woken up ← wake up 잠에서 깨다
  / the noise 그 소음
- wake up 같이 두 단어가 뭉쳐서 쓰이는 표현들은 수동태로 바뀌어도 같이 뭉쳐서 쓰입니다.
  e.g. wake up ➜ be woken up

5. 이 단어는 발음이 어떻게 되나요?

....

- How 어떻게 / this word 단어
  / pronounce 발음하다
- 수동태 의문문은 다른 be동사가 들어간 문장들과 마찬가지로 be동사를 주어 앞으로 이동시켜 줍니다.

1. A **This book was written in 1927.** It's a *classic.

   이 책은 1927년도에 쓰였어. 고전이지.

   B Oh, I love that book. It has a great message. It was written by James H. Miller, right?

   아, 나 그 책 완전 좋아해. 멋진 메시지를 담고 있잖아. 제임스 H. 밀러에 의해 쓰였지, 그렇지?

   > classic은 다양한 의미가 있습니다. 본문에서처럼 명사일 때는 '고전, 고전작품'의 의미고요, 형용사일 때는 '고전의'란 뜻 외에, '걸작인, 정평이 나 있는'의 의미로 쓰입니다. 참고로, 우리가 흔히 쓰는 '클래식 음악'이란 표현은 잘못된 것으로, 정확히는 classical (고전주의의) 어휘를 써서 classical music이라고 말해야 합니다.

2. A **Ten people were injured *in the accident,** but fortunately no one died.

   그 사고로 10명이 부상당했어. 그런데 다행히도 죽은 사람은 없어.

   B Oh, thank god.

   아, 정말 다행이다.

   > 사고에 의해서(by) 부상을 당한 게 아니라, 자동차 충돌에 의해 발생한 사고 속에서 사람들이 부상을 당한 것이기에 in the accident라고 말할 수 있습니다.

3. A What is glass made from?

   유리는 뭐로 만들어지는 거야?

   B **It's made *from sand.** You didn't know that?

   모래로부터 만들어지지. 넌 몰랐어?

   > '~로부터'란 출처를 나타내는 전치사 from을 이용한 be made from (~로 만들어지다)은 어떤 재료로부터 출발해서 여러 가공을 거쳐서 제품이 되는 걸 표현할 때 사용됩니다.

4. A There was a huge car crash in the middle of the night.

    한밤중에 큰 차 사고가 있었어.

    B Yeah, I heard that. *My husband and I were woken up by the noise.

    응, 나도 들었어. 남편과 내가 그 소음 소리에 깼거든.

[A와 나]라는 영어 표현은 반드시 상대방을 먼저 언급하고 뒤에 ~ and I 식으로 말하면 됩니다. 상대를 먼저 말해 주고 자신을 뒤에 표현하는 것이 매너라고 생각하시면 됩니다.

5. A **How is this word *pronounced?**

    이 단어 어떻게 발음되는 거야?

    B Look up the dictionary. I'm a little busy.

    사전 찾아 봐. 나 좀 바빠.

사람이 발음을 하는 거고, 단어 입장에서는 발음이 되는 거라서 수동태 문장으로 썼습니다. What (무엇) / How (어떻게) / When (언제) / Where (어디) 등의 의문사는 의문문 맨 앞에 위치시키고 뒤에 의문문 원칙을 적용시켜서 문장을 완성하면 됩니다.

[be동사+과거분사] 수동태 형태로 무언가가 어떤 행동, 동작을 당한다는 문장을 만들어 보세요.

그녀는 충격 받았어.
She was shocked.

[be동사+과거분사] 틀로 어떤 감정을 느끼게 되었는지 설명하자!

shock (충격을 주다), surprise (놀라게 하다), disappoint (실망시키다), tire (싫증나게 하다)처럼 **특정 감정을 들게 하다**란 뜻의 동사들이 있습니다. 이 동사들을 수동태로 쓰게 되면 주어가 해당 감정이 들게 되었음을 표현할 수 있습니다. 예를 들어, 내가 뭔가에 놀라게 됐을 때는 I am surprised. (나 놀라어. = 나 놀라게 됐어.)로, 내가 뭔가에 실망하게 됐을 때는 I am disappointed. (나 실망했어. = 나 실망하게 됐어.)라고 말하는 것처럼 말이죠. 이때 이런 감정을 느끼게 만든 행위자를 표현할 때 by 외에 be tired of (~에 싫증나다)처럼 다른 전치사가 짝으로 쓰이는 경우가 많으니 같이 외워 둬야합니다.

▶ 142-143

문법 감 잡기 다음 우리말이 영어로 어떻게 바뀌는지 확인해 보세요.

그녀는 충격 받았어.
그녀는 She / 충격 받았다 was shocked

She was shocked.

나 너한테 싫증났어.
난 I / 싫증나게 되다 am tired / 너한테 of you

I am tired of you.

우리 그 소식에 놀랐어.
우리는 We / 놀랐다 were surprised /
그 소식에 at the news

We were surprised at the news.

그 문은 낙서로 덮여 있었어.
그 문은 The door / 덮여 있었다 was covered
/ 낙서로 with graffiti

The door was covered with graffiti.
미드: Law and order

나 너한테 실망했어.
난 I / 실망했다 am disappointed / 너한테 in you

I am disappointed in you.
미드: The Originals

궁금해요 1 be tired / be surprised 같은 표현과 함께 쓰이는 전치사에 어떤 원칙이 있나요?

안타깝게도 원칙이 있지는 않습니다. 예를 들어, '실망하게 되다'의 be disappointed의 경우 이런 감정을 일으킨 행위자를 말할 때 at, in, with 등의 전치사가 모두 사용 가능하기 때문이죠. 언어라는 게 오랜 시간 이어진 문화이자 관습이기에 가끔은 그냥 그렇구나하고 통으로 외워야 할 때도 있어요.

궁금해요 2 surprising과 surprised의 차이점을 정리해 주세요.

과거분사인 surprised는 수동태 표현에서 사용되듯이 '놀란'의 뜻을 전합니다. 반면, surprising처럼 감정을 유발시키는 동사에 -ing를 붙이면 우리말의 '~하는, ~하게 하는'이란 능동의 뜻을 전달하게 됩니다. surprising (놀라게 하는), disappointing (실망시키는)처럼 말이죠.

영화 속 주인공들의 연기에 실망했을 때

A Did you enjoy the movie?

B Not really.
   I was disappointed with the acting of the lead characters.

A Yeah, me, too. Besides, the plot was too predictable.

B Yeah, I totally agree with you.

A: 영화 재미있게 봤어? B: 별로. 주인공들 연기에 실망했어.
A: 응, 나도 그래. 게다가 줄거리가 너무 뻔했어. B: 응, 완전 동감이야.

문장 조립하기 다음 우리말을 영어 문장으로 만드세요.

1. 난 요리에 흥미가 있어.

....

- interested ← interest 흥미를 가지게 하다 / cooking 요리
- 동사 interest는 '흥미를 가지게 하다'란 뜻이에요. 그래서 흥미를 가지게 되는 건 interested로 나타내죠. **e.g.** be interested in (~에 흥미를 가지다, 흥미가 있다)

2. 나 지루해 죽을 것 같아.

....

- bored ← bore 지루하게 하다 / to death 죽음을 향해
- 어떤 감정이나 상태 뒤에 to death를 붙이면 '~해 죽을 것 같은'의 뜻을 추가합니다.

3. 너 그 결과에 만족하니?

....

- satisfied ← satisfy 만족하게 하다 / the result 결과
- 만족한 감정을 느끼게 해준 대상은 전치사 with와 함께 표현합니다.

4. 난 종이로 만들어졌어.

....

- made ← make 만들다 / paper 종이
- be made of (~로 만들어지다)는 어떤 요소의 본질이 바뀌지 않은 상태로 뭔가가 만들어질 때 표현합니다. of 뒤에 원료, 재료가 오지요.

5. 그 식당은 사람들로 붐벼.

....

- crowded ← crowd 붐비게 하다
- 뭔가를 붐비게 하는 대상은 함께하여 가득 차 있다는 것을 뜻하므로 전치사 with와 함께 표현됩니다.

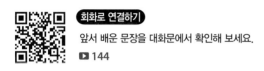
1. A John, what are you interested in?
   B I liked hiking, but now I'm *interested in cooking.

   존, 너 뭐에 관심 있어?
   나 하이킹하는 거 좋아했었는데, 지금은 요리에 관심 있어.

   동사 interest는 '흥미를 가지게 하다'로 감정 유발 동사입니다. 내가 무언가에 관심을 갖는 것은 그 무언가에 의해 흥미를 가지게 된 것이기에 수동태인 [be동사+과거분사] 형태로 표현해 주어야 하지요. 이때 관심의 대상에는 전치사 in이 함께 쓰여야 함을 기억해 두세요.

2. A What's the matter, Tim?
   B I am bored *to death. Let's go out and have some fun.

   무슨 일이야, 팀?
   나 지루해 죽을 것 같아. 밖에 나가서 즐겁게 좀 놀자.

   to death는 단어대로 풀면 '죽음을 향하여'의 뜻이에요. 어떤 상태나 감정에 있는 게 죽음을 향할 정도라니, 그만큼 심하다는 걸 과장해서 표현한 거겠죠? 우리말에도 배고파 죽을 것 같다 이렇게 쓰잖아요. 원어민들도 그렇게 씁니다. e.g. I'm freezing to death. (추워 죽겠다.)

3. A Mary, are you satisfied *with the result?
   B Not at all. I should study harder.

   메리, 너 결과에 만족해?
   전혀. 더 열심히 공부해야겠어.

   특정 대상에 의한 만족감, 기쁨 등을 표현할 때는 전치사 with가 함께 쓰입니다. be satisfied with (~에 만족하다), be pleased with (~에 기쁘다)처럼 말이죠.

4. A I'm square. **I am made *of paper.**
      I am read by people. What am I?
   B Book. That's too easy. Piece of
      cake.

난 사각형이야. 난 종이로 만들어졌어. 난 사람
들에 의해 읽히지. 난 무엇일까?
책이잖아. 너무 쉽네. 식은 죽 먹기야.

of는 참 활용과 뜻이 많은 단어인데요, 핵심적인 구성 요소를 설명할 때 쓰이기도 합니다. 즉, be made of는
핵심적인 구성 요소가 바로 적용되어 만들어진 대상을 말할 때 사용됩니다.

5. A **The restaurant is *crowded with
      people.** Let's go somewhere else.
   B But the food here is really good.
      Let's wait in line.

그 식당은 사람들로 붐벼. 다른 데로 가자.

하지만 여기 음식이 정말 맛있어. 줄 서서 기다
리자.

어떤 대상으로 채워져 있음을 전달하는 표현으로 be crowded with 외에 be filled with도 기억해 두세요.
우리말로 '~로 채워지다'란 뜻이죠. **e.g.** The bag is filled with money. (그 가방은 돈으로 채워져 있어.)

감정 유발 동사의 수동태 표현과 특정 전치사들을 기억해 자신이 느끼는 심경을 자유자재로 표현해 보세요.

그는 실망할 거야.
He will be disappointed.

다양한 조동사들과 함께 [be동사+과거분사] 수동태 표현을 사용한다.

will (~할 것이다), can (~할 수 있다), should (~해야 한다), may (~일지도 모른다) 등의 조동사와 수동태를 결합해서 다양한 문장들을 만들 수 있습니다. 이 조동사들은 뒤에 반드시 동사원형이 와야 하기에 수동태와 결합할 때 [be+과거분사] 형태 즉, am/are/is/was/were가 아닌 be를 써야 합니다. 예를 들어, '그 방은 청소될 거야.'는 The room will is cleaned.가 아니라 The room will be cleaned.라고 말하면 되지요.

▶ 145-146

문법 감 잡기　다음 우리말이 영어로 어떻게 바뀌는지 확인해 보세요.

그는 실망할 거야.
그는 He / ~일 것이다 will /
실망하게 되다 be disappointed

He will be disappointed.

그 병은 치료될 수 있어.
그 병은 The disease / ~할 수 있다 can /
치료되다 be cured

The disease can be cured.

그 방은 지금 청소되어야 해.
그 방은 The room / ~해야 한다 should
/ 청소되다 be cleaned / 지금 now

The room should be cleaned now.

넌 해고될 거야.
넌 You / ~일 것이다 will / 해고되다 be fired

You will be fired.
미드: One Tree Hill

내 코가 부러졌을지도 몰라.
내 코가 My nose / ~일지도 모른다 may
/ 부러지다 be broken

My nose may be broken.
미드: Victorious

내일까지 꼭 보고서가 제출되어야 할 때

A **Your report must be submitted by tomorrow.**

B Tomorrow? I don't think I can make it. Can I get an extension?

A No can do. The rule applies to everyone.

B All right. I think I should stay up all night.

A: 자네 보고서는 반드시 내일까지 제출되어야 하네. B: 내일요? 못 할 것 같은데요. 연장해 주실 수 있어요?
A: 그건 안 되겠네. 규칙은 모두에게 적용되는 거니까. B: 알겠습니다. 밤을 새야 할 것 같네요.

문장 조립하기 다음 우리말을 영어 문장으로 만드세요.

1. 그 회의는 내일 열릴 거야.

   ....

   • The meeting 그 회의 / held ← hold ~을 열다, ~을 개최하다
   • hold의 3단 변화는 hold – held – held입니다. 미래의 일을 말할 때 조동사 will을 씁니다.

2. 그 프로젝트가 제시간에 완료될 수 있을까?

   ....

   • can ~할 수 있다 / finished ← finish ~을 완료하다 / on time 제시간에
   • 조동사가 들어간 의문문은 주어 앞으로 조동사를 이동시켜야 합니다.

3. 그건 냉장고에 보관해야 해.

   ....

   • kept ← keep ~을 보관하다 / in the refrigerator 냉장고 안에
   • 주어인 that (그것은)이 무언가를 보관하는 게 아니라 보관되는 것이므로 수동태로 말해야 합니다.

4. 고객님의 소포는 내일 배달될 겁니다.

   ....

   • Your package 당신의 소포 / delivered ← deliver ~을 배달하다
   • 상대방에게 말하는 문장이므로 '고객님의'는 간단히 '당신의 (your)'로 바꿔 말하면 됩니다.

5. 그거 고장 났을지도 몰라.

   ....

   • might ~일지도 몰라 / broken ← break ~을 고장 내다
   • break의 3단 변화는 break – broke – broken입니다.

1. A **The meeting will be held tomorrow.** Is everything ready?
   B Of course. Everything *is set.

   회의가 내일 열릴 거야. 모든 게 준비됐나?

   물론이지. 다 준비됐어.

   '~을 준비하다, ~을 마련하다'의 동사 set의 3단 변화는 set – set (준비했다) – set (준비된)으로 형태가 동일합니다.
   그러므로 '준비되다'의 수동태는 be set이 되는 거죠.

2. A **Can the project be finished on time?**
   B Actually, *I don't think it's possible.

   그 프로젝트가 제시간에 완료될 수 있을까?

   사실, 가능할 것 같지 않아.

   '(난) ~인 것 같지 않아'라고 부정적인 생각을 전하고 싶을 때 I don't think ~로 문장을 시작할 수 있습니다. 뒤에는
   자신이 부정하고 싶은 내용을 붙여주면 되지요.
   e.g. He is handsome. (그는 잘생겼다.)
      → I don't think he is handsome. (난 그가 잘생겼다고 생각하지 않아.)

3. A Will this *go bad if I leave it here?
   B Definitely. **That should be kept in the refrigerator.**

   이거 여기다가 놔두면 상할까?
   당연하지. 그건 냉장고에 보관해야 해.

   동사 go는 '가다'의 뜻 외에 '~한 상태가 되다'란 뜻으로도 쓰입니다. 후자의 뜻으로 쓰일 때는 반드시 뒤에
   형용사가 와야 하지요. 그래서 '상하다'는 go bad, '대머리가 되다'는 go bald라고 합니다.

4. A I *haven't received my package yet.

    B I'm sorry. **Your package will be delivered tomorrow.**

제가 아직 소포를 못 받았어요.

죄송합니다. 고객님 소포는 내일 배달될 겁니다.

[have+과거분사]의 현재완료시제는 부정문일 때 '아직'이란 뜻의 yet과 함께 쓰여 바로 지금 시점까지도 뭔가가 완료되지 못했음을 전달합니다. **e.g.** I haven't read the book yet. (나 아직 그 책 안 읽었어.)

5. A Why isn't this working?

    B Tom dropped it yesterday. **It *might be broken.**

왜 이거 작동을 안 하지?
톰이 어제 그거 떨어트렸어. 그거 고장 났을지도 몰라.

'～일지도 모른다'의 약한 추측을 전달할 때는 may와 might 모두 사용 가능합니다. might가 좀 더 그 추측의 정도가 약하고, 좀 더 부드럽고 공손한 느낌을 전달해 주지요.

[조동사+수동태] 표현을 활용해서 좀 다양한 상황에서 수동태 문장을 말해 보세요.

그는 혼나는 중이야.
He is being scolded.

[be동사+being+과거분사]로 주어가 당하고 있는 중임을 표현한다.

단순히 현재나 과거 시점을 기준으로 '~된다', '~되었다'라고 말하는 것 외에, **'~되는 중이다, ~ 당하고 있는 중이다'** 같이 수동태를 진행형으로 말해야 할 때가 있습니다. 이때는 be동사 뒤에 being을 중간에 삽입해서 **[be동사+being+과거분사]** 형태로 말하면 됩니다. 어순을 '주어가 ~되는 중이다 (be동사 being) ~된 상태로 (과거분사)' 이렇게 이어가면 어렵지 않게 만들 수 있습니다.

e.g. 그가 (He) + ~되는 중이다 (is being) + scolded (혼나게 된 상태로) → 그가 지금 혼나고 있는 중이야.

▶ 148-149

문법 감 잡기 다음 우리말이 영어로 어떻게 바뀌는지 확인해 보세요.

걔 혼나는 중이야.
그는 He / ~되는 중이다 is being / 혼나는 scolded

He is being scolded.

그 산이 파괴되고 있어.
그 산은 The mountain / ~되는 중이다 is being / 파괴된 destroyed

The mountain is being destroyed.

새 도서관이 지어지고 있어.
새 도서관이 A new library / ~되는 중이다 is being / 지어진 built

A new library is being built.

모든 민간인이 대피시켜지고 있어.
모든 민간인이 All civilians / ~되는 중이다 are being / 대피시키게 된 evacuated

All civilians are being evacuated.
미드: The fugitive

넌 허구한 날 괴롭힘 당하고 있었잖아.
넌 You / ~되는 중이었다 were being / 괴롭혀진 bullied / 허구한 날 day in day out

You were being bullied day in day out.
미드: Family Guy

궁금해요 1 You are being a baby.란 문장을 봤는데 이것도 수동태 진행형 문장인가요?

아닙니다. 수동태 진행형은 [be동사+being+과거분사] 형태만 그렇습니다. 위 문장에는 are being 다음에 과거분사가 아니라 명사가 왔잖아요. 그래서 수동태 진행형이 아닙니다. 참고로 [be동사+being+명사/형용사]는 원래는 안 그런데 지금 유독 그런 상태라는 걸 강조할 때 쓰는 형태예요. You're a baby.가 '넌 아기야.'라는 뜻이라면 You're being a baby.는 '(평소에는 안 그런데 지금) 너 아기처럼 구는구나.'란 뜻인 거죠.

궁금해요 2 be동사 의문문은 be동사를 주어 앞에 놓는데, 여기선 be being이 주어 앞으로 가나요?

아닙니다. 이것 역시 첫 번째 be동사만 주어 앞으로 이동시키면 됩니다. 즉, 주어와 시제에 따라서 am, are, is, was, were 중 하나만 이동시키면 되는 거죠.
e.g. He was being scolded. (그는 혼나고 있었어.) → Was he being scolded? (그는 혼나고 있었니?)

차가 견인되고 있을 때

▶ Max쌤의 강의 050

A Isn't your car a red Kia?

B That's right.

A **Your car is being towed.**

B What? No! Hold my spot. Hey, wait! That's my car!

A: 네 차 빨간 색 기아 차 아냐? B: 맞아.
A: 네 차 견인되고 있는데. B: 뭐? 안 돼! 내 자리 좀 맡아 줘. 저기, 잠깐만요! 그거 제 차예요!

문장 조립하기 다음 우리말을 영어 문장으로 만드세요.

1. 그거 수리되고 있는 중이야.

....

- repaired ← repair ~을 수리하다
- repair의 3단 변화는 규칙형으로 repair (고치다) – repaired (고쳤다) – repaired (고쳐진)입니다.

2. 새 우체국이 지어지고 있어.

....

- A new post office 새 우체국 / built ← build ~을 짓다
- build의 3단 변화는 불규칙으로 build (짓다) – built (지었다) – built (지어진)입니다.

3. 창문들이 닦이는 중이야.

....

- The windows 창문들 / cleaned ← clean ~을 닦다
- windows 앞에 the가 붙은 건 말하는 사람과 듣는 사람이 모두 아는 것이기 때문입니다. 이렇게 the는 어떤 특정한 것을 가리킬 때 씁니다.

4. 잔디가 깎이는 중이야.

....

- The grass 잔디 / mowed ← mow (풀 등을) 깎다, 베다

5. 그 회의가 서울에서 열리고 있나요?

....

- the conference 그 회의 / held ← hold ~을 개최하다, 열다
- 수동태 의문문과 마찬가지로 수동태 진행형 의문문 역시 be동사만 주어 앞으로 위치시켜 주면 됩니다.

1. A Where is your car?
    B It's *at the garage. **It's being repaired.**

네 차 어디 있어?
정비소에 있어. <u>수리 받는 중이야.</u>

> at은 어떤 지점을 콕 찍어서 가리킨다고 보시면 돼요. at the corner (모퉁이에), at the bus stop (버스 정류장에)처럼 말이죠. 정비소 (garage)라는 지점을 콕 찍어서 내 차가 있음을 말하고 있기 때문에 It's at the garage.라고 말할 수 있습니다.

2. A What are *those people doing down there?
    B Oh, they're the construction workers. **A new post office is being built.**

저 사람들 저 아래서 뭐하고 있는 거야?

아, 저 사람들 건설 노동자들이야. <u>새 우체국이 지어지는 중이거든.</u>

> that은 '저'의 뜻으로 말하는 사람에게서 조금 떨어져 있는 단수 명사를 가리킬 때 씁니다. that boy (저 소년)처럼 말이죠. those 역시 '저'의 뜻이지만 복수 명사를 수식한다는 차이점이 있습니다. those boys (저 소년들)처럼 말이죠. this와 these도 마찬가지입니다. **e.g.** this boy (이 소년) – these boys (이 소년들)

3. A What are those people doing up *there?
    B Oh, they're window cleaners. See? **The windows are being cleaned.**

저 사람들 저 위에서 뭐하고 있는 거야?

아, 저 사람들 창문 청소부야. 보여? <u>창문들이 닦이고 있잖아.</u>

> there를 활용해 up there (저 위에), down there (저 아래)처럼 다양하게 방향 표현을 말할 수 있습니다. over there (저쪽에), back there (저 뒤에), out there (저 밖에)도 같이 기억해 두세요.

4. A I can smell the grass, and it's really strong.

   B Look over there. **The grass is being mowed.** *That explains why.

   잔디 냄새가 나네. 진짜 강한데.

   저쪽 봐 봐. 잔디가 깎이고 있네. 왜 냄새가 심한지 알겠네.

> 우리말로 "왜 그런지 알겠네."에 해당하는 영어 표현이 바로 That explains why.입니다. 여기서 that은 어떤 사물을 가리키는 것이 아니라 대화가 가리키는 내용이나 상황을 의미하지요. why는 '왜'라는 뜻 외에 '이유'란 의미로도 쓰입니다. 즉, That explains why.는 직역하면 '그 상황이 이유를 설명해 준다.'로 "왜 그런지 알겠네."가 되는 거지요.

5. A **Is the conference being held in Seoul?**

   B No, I *heard it's being held in Busan.

   그 회의가 서울에서 열리고 있나요?

   아뇨, 부산에서 열리고 있다고 들었어요.

> 다른 사람한테서 들은 내용을 말할 때 보통 문장을 I heard ~라고 시작합니다. 뒤에 들은 내용을 완전한 문장으로 붙여 주면 되지요.
> **e.g** I heard you're smart. (네가 똑똑하다고 들었어.) I heard he sings well. (그가 노래 잘한다고 들었어.)

> [be동사+being+과거분사] 형태로 현재나 과거에 특정 대상이 당하고 있는 진행 상황을 설명해 보세요.

08

동명사, to부정사의 활용

다양한 자리에서 다양한 역할을 해요.

문장의 주어, 목적어, 보충어 자리에는 보통 명사가 옵니다.
다음 문장을 보세요.

A boy is reading a book.
소년이 책을 읽고 있어요.
A boy with a yellow hat is reading an interesting book.
노란 모자를 쓴 소년이 흥미로운 책을 읽고 있어요.

주어, 목적어 자리에 온 표현들 앞과 뒤에 수식해 주는 말이 붙기는 했지만 핵심은 모두 명사입니다. 그럼, '영어 공부하는 게 너무 힘들어.'를 보세요. 주어는 '영어 공부하는 것'이 됩니다. 그런데 영어 단어에 영어 공부하는 것이란 명사 표현이 있을까요? 그 자체로는 없습니다. 그렇기 때문에, '영어를 공부하다'라는 표현을 '영어를 공부하는 것'이라는 명사 표현으로 바꿔 줘야 하는데, 그렇게 바꿀 수 있는 것에 두 가지가 있다는 거예요. 일단 '영어를 공부하다'가 영어로 뭐죠? 그렇죠. study English입니다. 이걸 명사 표현으로 만들 때 먼저, studying English처럼 동사에다 -ing를 붙이는 거죠. 이때 이렇게 만들어진 studying English를 동명사라고 한답니다. 두 번째로 study English에서 study 앞에 to를 붙여서 to study English라고 하는 거죠. 이렇게 하는 걸 to부정사로 만든다고 합니다. 이렇게 동명사와 to부정사를 써서 '영어 공부하는 게 너무 힘들어'를 만들면 다음과 같습니다.

Studying English is too difficult. / To study English is too difficult.
자, 이제 출발해 볼까요?

영어를 배우는 건 재밌어.
Learning English is fun.

동사에 -ing를 붙여 '~하는 것 / ~하기'로 만들어 문장의 주어로 쓸 수 있다.

동사는 '~다'로 끝납니다. 하지만, 우리말에서 동사 '먹다'를 '먹기, 먹는 것'으로 활용 가능하듯이 영어도 동사에 -ing를 붙이면 '~하기, ~하는 것'으로 바뀌어요. 그러면 동사에서 '명사'로 바뀌는데 이걸 영어 문법에서는 '동명사'라고 부르지요. study는 '공부하다'의 동사이지만, studying은 '공부하기, 공부하는 것'의 명사가 되는 거죠. 이런 동명사는 문장에서 주어 자리에 쓰일 수 있습니다. 주어 자리에 올 수 있는 게 명사니까요. 이것만이 아니에요. 동명사는 명사이면서 동시에 동사의 성질도 갖고 있어서 뒤에 '목적어'를 취할 수가 있답니다. 예를 들어, learn English (영어를 배우다)는 목적어가 붙은 동사 표현이지만, -ing를 붙인 learning English (영어를 배우는 것)는 English라는 목적어를 취하면서 동시에 한 덩어리로 주어 역할을 할 수 있습니다.

 ▶ 151-152

문법 감 잡기 다음 우리말이 영어로 어떻게 바뀌는지 확인해 보세요.

영어를 배우는 건 재밌어.
영어를 배우는 것은 Learning English /
~이다 is / 재미있는 fun

Learning English is fun.

혼자서 여행하는 건 위험해.
혼자서 여행하는 것은 Travelling alone /
~이다 is / 위험한 dangerous

Travelling alone is dangerous.

여자친구가 있는 건 돈이 들어.
여자친구를 갖는 것은 Having a girlfriend /
(비용, 돈이) 들다 costs / 돈이 money

Having a girlfriend costs money.

독서는 내 인생의 큰 부분이야.
책을 읽는 것은 Reading books / ~이다 is /
큰 부분 a big part / 내 인생의 of my life

Reading books is a big part of my life.
미드: The Big Bang Theory

그녀를 만나는 게 솔직히 정말로 어색했어.
그녀를 만나는 것은 Meeting her / ~이었다 was
/ 솔직히 정말로 어색한 honestly really awkward

Meeting her was honestly really awkward.
미드: Becoming Us

궁금해요 1 동명사가 '주어' 자리에 쓰이면 문장의 동사는 복수형으로 써요, 단수형으로 써요?

동명사는 어떤 하나의 행동을 취하는 것이고 그걸 하나 두 개 셀 수 없는 것이어서 단수로 취급합니다. 그러므로 be동사일 때는 is나 was, 일반동사일 때는 -(e)s를 붙여서 말합니다.

궁금해요 2 진행형일 때도 [동사+-ing]를 붙이잖아요. 동명사랑 진행형이랑 어떻게 구분하죠?

네, 사실 이건 따로 구분하는 법이 있는 건 아니에요. 문장을 보면서 이해하는 수밖에 없지요. 하지만, 문장 맨 앞에 [동사+ing]가 나오고, 뒤에 동사가 온다면 거의 90% 동명사로 쓰인 것이라고 보면 됩니다.

일찍 일어나는 사람, 늦게 자는 사람

A **Getting up early is not easy.**

B Really? I thought you were a morning person.

A Me? No way. I'm a night owl. I always sleep late.

B Oh, I didn't know that.

A: 일찍 일어나는 게 쉽지가 않아. B: 진짜? 난 네가 아침형 인간이라고 생각했는데.
A: 내가? 절대 아냐. 나 저녁형 인간이야. 항상 늦게 자거든. B: 아, 그건 몰랐어.

문장 조립하기 다음 우리말을 영어 문장으로 만드세요.

1. 커피를 마시는 게 도움이 될 수 있어.

....

• drink 마시다 / can ~할 수 있다
  / help 도움이 되다
• can, could 둘 다 '~할 수 있다, ~일
  수 있다'는 가능성을 나타냅니다.

2. 만화책 읽는 게 내 취미야.

....

• read 읽다 / comic books 만화책들
  / my hobby 내 취미
• 만화책을 읽는다고 할 때 만화책이
  한 권이 아니라 여러 권이므로 comic
  books처럼 복수형으로 씁니다.

3. 살 빼는 건 정말 어려워.

....

• lose weight 살 빼다
  / difficult 어려운
• 살을 뺀다는 건 결국 몸무게를 뺀다
  는 뜻이므로 목적어가 살 (flesh)이
  아니라 weight (몸무게)입니다.

4. 담배 피우는 게 폐암을 유발할 수 있어.

....

• smoke 담배 피우다
  / cause 유발하다
  / lung cancer 폐암
• a cold (감기) 같은 비교적 간단한 질
  병은 관사 a/an이 붙지만 cancer (암)
  같은 큰 병은 관사가 붙지 않습니다.

5. 충분한 수면을 취하지 않는 건 심각한 문제야.

....

• get enough sleep 충분한 수면을 취
  하다 / serious 심각한
• '~하지 않는 것'이란 동명사의 부정
  형은 동명사 앞에 not을 붙여주면 됩
  니다. **e.g.** not learning (배우지 않는
  것)

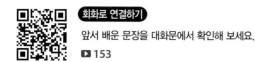

회화로 연결하기

앞서 배운 문장을 대화문에서 확인해 보세요.

▶ 153

1. A I didn't have much sleep last night. I'm so sleepy now.
   B **Drinking coffee can *help.** Let's stop by Starbucks.

   어젯밤에 잠을 많이 못 잤어. 나 지금 너무 졸리다.
   커피 마시는 게 도움이 될 수 있어. 스타벅스에 잠깐 들르자.

> help는 '~를 도와주다'로 뒤에 목적어를 취하기도 하고, 목적어 필요 없이 '도움이 되다'의 뜻으로도 쓰입니다. 단어의 뜻을 한 가지로만 고착해서 알면 다양한 문장을 만들 수가 없어요. 가장 기본이 되는 동사일수록 다양한 뜻을 확실하게 자기 것으로 가지고 가야 합니다.

2. A **Reading comic books is my hobby.** What's *yours, Jane?
   B Well, playing basketball is my hobby.

   만화책 읽는 게 내 취미야. 너는 뭐야, 제인?

   음, 농구하는 게 내 취미야.

> '소유격 대명사+명사'를 간단히 소유대명사로 쓸 수 있습니다. 예를 들어, 첫 번째 문장의 yours는 your hobby로, 두 번째 문장의 my hobby는 mine이라고 얘기할 수 있는 거죠. 소유대명사의 종류를 다시 한 번 상기하고 지나갈까요?
> mine (내 것) yours (네 것, 너희들 것) his (그의 것) hers (그녀의 것) ours (우리의 것) theirs (그들의 것)

3. A Nancy, *are you still on a diet?
   B Yes, I am. But **losing weight is really difficult.** I still weigh the same.

   낸시, 너 아직도 다이어트 중이야?
   응, 맞아. 근데 살을 빼는 건 정말 어려워. 여전히 몸무게가 똑같이 나가.

> '다이어트 한다'는 영어로 be on a diet라고 합니다. diet의 정확한 사전적 의미는 살을 빼기 위한 '식이요법'으로 be on a diet는 그러한 '식이요법 상태에 있다'라고 말하는 표현인 거죠. 참고로 go on a diet는 '다이어트에 돌입하다'의 뉘앙스가 있습니다.

4. A **Smoking can cause *lung cancer.**

   담배 피우는 게 폐암을 유발할 수 있어.

   B You know what? I don't really care.

   그거 알아? 난 정말로 신경 안 써.

일상에서 자주 접할 수 있는 암의 종류에는 stomach cancer (위암), breast cancer (유방암), liver cancer (간암), colon cancer (대장암) 등이 있습니다.

---

5. A I think I have insomnia.

   나 불면증 걸린 것 같아.

   B **Not getting enough sleep is a serious problem.** You should see a doctor.

   충분한 수면을 취하지 않는 건 심각한 문제야. 너 병원 가 봐야 해.

'~하는 것, ~하기'란 틀의 동명사 부정형은 동명사 앞에 not 또는 never를 붙이는 것입니다. drinking coffee는 '커피를 마시는 것'이지만 not drinking coffee는 '커피를 마시지 않는 것'이고, never drinking coffee는 '절대 커피를 마시지 않는 것'이 되는 거죠.

not + 동사-ing (~하지 않는 것)	never + 동사-ing (절대 ~하지 않는 것)

[동사+-ing (~하는 것)] 동명사를 주어로 삼아 문장을 만들어 보세요.

나 술 마시는 걸 즐겨.
I enjoy drinking.

동명사를 문장의 목적어 자리에 위치시켜서 말한다.

'~하다'란 동사의 의미를 '~하는 것, ~하기'로 바꾸어 놓는 동명사는 **문장의 목적어 자리에도 위치**할 수 있습니다. 예를 들어, 우리말 '나 술 마시는 거 즐겨.'란 말을 영어 어순에 따라서 [주어 = 나는] [동사 = 즐긴다]를 먼저 말하고 그 다음에 [목적어 = 술 마시는 것을]을 나열시키면, I + enjoy + drinking이 완성됩니다. 하지만, 모든 동사 뒤에 동명사가 목적어로 올 수 있는 건 아니에요. 동명사를 목적어로 받을 수 있는 동사로는 enjoy (즐기다), mind (꺼리다), avoid (피하다), finish (끝내다), suggest (제안하다), keep (계속하다) 등이 있습니다.

 ▶ 154-155

문법 감 잡기 다음 우리말이 영어로 어떻게 바뀌는지 확인해 보세요.

난 술 마시는 걸 즐겨.
나는 I / 즐긴다 enjoy / 술 마시는 것을 drinking

I enjoy drinking.

난 야근하는 거 꺼리지 않아.
나는 I / 꺼리지 않는다 don't mind /
늦게까지 일하는 것을 working late

I don't mind working late.

우리 여행 짐 싸는 거 끝냈어.
우리는 We / 끝냈다 finished / 짐 싸는 것을
packing / 여행을 위해 for our trip

We finished packing for our trip.

누가 계속해서 너한테 전화하는 거야?
누가 Who / 계속하니? keeps / 전화하는 것을
calling / 네게 you

Who keeps calling you?
미드: The Romeo Section

오늘은 운전하는 거 피해.
피해라 Please avoid / 운전하는 것을 driving
/ 오늘은 today

Please avoid driving today.
미드: Fargo

궁금해요 동명사는 주어와 목적어 자리에만 위치하나요?

아닙니다. 동명사는 be동사 (~이다) 뒤에 놓여 보충어 역할을 할 수도 있습니다. 예를 들어, "내 취미는 영화를 보는 거야."를 영어 어순으로 말하면 [내 취미는+~이다+영화를 보는 것]이죠. 즉, My hobby is watching movies.가 됩니다. be동사 뒤에 watching movies (영화 보는 것)가 보충어로 위치하고 있는 거죠. 이때는 거의 주어와 보충어가 동격을 이룹니다.

택시 타고 갈까, 걸어갈까 고민될 때

A I'm all set. Let's go.

B Should we get a taxi to the restaurant?

A Well, it's not that far. Besides, it's a lovely day, so **I don't mind walking.**

B All right. Let's walk.

A: 나 준비 다됐어. 가자. B: 식당까지 택시 타고 갈까?
A: 음, 그렇게 멀지는 않아. 게다가 날씨도 너무 좋고 그래서 난 걷는 거 괜찮은데. B: 그래. 걷자.

문장 조립하기 다음 우리말을 영어 문장으로 만드세요.

1. 난 그녀와 시간 보내는 걸 즐겨.

   ....

   • enjoy 즐기다 / spend 보내다 / with her 그녀와
   • 동사 enjoy는 뒤에 동명사를 목적어로 받아서 '~하는 것을 즐기다'를 말할 수 있습니다.

2. 창문 여는 것 꺼리시나요?(= 창문 열어도 괜찮을까요?)

   ....

   • mind 꺼리다 / open 열다
   • mind는 상대방에게 정중하게 부탁할 때 유용하게 쓰이는 동사입니다. 동명사를 목적어로 받지요.

3. 역에 4시까지 도착하는 걸 권해드려요.

   ....

   • suggest 권하다 / get to ~에 도착하다 / the station 역 / by 4 네 시까지
   • 늦어도 특정 시간까지 어떤 행동이 완료되어야 함을 말할 때 전치사 by를 사용합니다. **e.g.** by 9 (9시까지)

4. 너 방 청소하는 거 끝냈니?

   ....

   • finish 끝내다 / clean 청소하다
   • 동사 finish는 뒤에 동명사를 목적어로 받아서 '~하는 것을 끝내다'를 말할 수 있습니다.

5. 그만 좀 떠들어.

   ....

   • stop 멈추다 / talk 말하다, 이야기하다
   • 상대방에게 '그만 좀 ~해라'라고 명령할 때는 stop을 활용해 동사원형으로 문장을 시작합니다. Please를 붙여서 좀 더 정중히 말할 수 있지요.

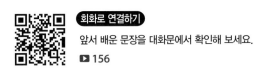

회화로 연결하기

앞서 배운 문장을 대화문에서 확인해 보세요.

▶ 156

1. A *What's your new girlfriend like?
    B She's a sweet and smart person. **I enjoy spending time with her.**

네 새 여자친구는 어때?
상냥하고 똑똑한 사람이야. 난 그녀와 함께 시간 보내는 걸 즐겨.

> What is A like?는 의문문 표현 중 하나로 'A는 어때?'의 뜻입니다. What ～ like가 How (어떤)의 의미가 있기 때문입니다. 문장에서 다양하게 활용 가능하니 꼭 알아두세요.
> **e.g.** What is the city like? (그 도시는 어때?) What's your boss like? (네 상사는 어떤 사람이야?)

2. A Excuse me. **Do you mind opening the window?**
    B *No, I don't mind.

실례합니다. 창문 여는 것 꺼리시나요? (= 창문 열어도 괜찮을까요?)
네, 괜찮습니다.

> [Do you mind + 동사-ing]는 무언가를 상대방에게 요청할 때 유용하게 쓸 수 있는 표현입니다. 직역하면, '당신은 ～ 하는 게 꺼려지나요?'입니다. 즉, '～해도 괜찮으시겠어요?'인데, 이때 답변에 조심해야 합니다. 상대방에게 기꺼이 그러라고 말할 때는 No이고, 안 된다고, 하지 말라고 하는 거절의 답변은 Yes라는 점입니다. 왜냐하면 애초에 질문 자체가 '～하는 걸 꺼리니?'였으니까요. 위와 같은 질문에 대해 상대방이 No, I don't mind.라고 했다고 당황하지 마세요. 오히려 꺼리지 않으니 괜찮다는 승낙의 답변이니까요.

3. A *My train leaves at 5.
    B Oh, is that so? Then **I suggest getting to the station by 4.**

제 열차가 5시에 떠나요.
아, 그래요? 그러면, 역에 4시까지 도착하는 걸 권해 드려요.

> 일정표, 시간표상 이미 정해져 있는 고정된 미래를 말할 때는 미래시제 대신 현재시제로 표현할 수 있습니다. 주로, leave (떠나다), depart (출발하다), start (시작하다), arrive (도착하다), go (가다) 등의 동사일 때 이렇게 많이 표현합니다. **e.g.** My class starts at 10. (내 수업은 10시에 시작해.)

4. A Tom, **did you finish cleaning the room?**

   B Yes, I did. I also finished cleaning the kitchen. You know, I do things *fast.

   톰, 너 방 청소하는 거 끝냈니?

   응, 끝냈지. 부엌 청소하는 것도 끝냈어. 알잖아, 나 일 빠르게 하는 거.

> fast는 형용사로 쓰일 때와 부사로 쓰일 때의 형태가 동일합니다. 형용사일 때는 '빠른'이란 뜻이고, 부사일 때는 '빠르게'란 뜻이죠. fastly라는 단어는 존재하지 않습니다. 절대로 I run fastly.라고 말하지 마세요. I run fast. (난 빨리 달려.) 가 맞는 문장입니다.

5. A *Guys, **please stop talking.** I'm working here.

   B Hey, this isn't your room. Go somewhere else.

   얘들아, 그만 좀 떠들어. 나 여기 일하고 있잖아.

   야, 여기 네 방 아니거든. 다른 데로 가.

> 많은 분들이 guy 이걸 남자들한테만 쓰는 걸로 알고 있습니다. 그런데요, 이 guy는 남녀 구분 없이 쓸 수 있어요. 참고로 남자들한테만 쓰는 단어로는 dude가 있고, 여자들한테만 쓰는 단어로는 girl이 있습니다.

> [동사┼ing (~하는 것)] 동명사 목적어를 활용하여 다양한 문장을 말해 보세요.

나 편지 쓰는 거 잘해.
I'm good at writing letters.

동명사를 전치사 뒤에 위치시켜 전치사의 목적어로 쓰자.

about (~에 관해), at (~에), for (~를 위해) 등과 같은 전치사들은 혼자 쓰일 수 없고 반드시 뒤에 명사가 와서 하나의 덩어리로 쓰입니다. about her (그녀에 관해), at school (학교에), for Jenny (제니를 위해)처럼 말이죠. **이렇게 전치사 뒤에 오는 명사를 전치사의 목적어라고 부르는데요, 이 목적어 자리에 동명사가 올 수 있답니다.** 동명사가 '~하는 것'이란 뜻으로 문장에서 명사 역할을 하기 때문이랍니다.

▶ 157-158

문법 감 잡기 다음 우리말이 영어로 어떻게 바뀌는지 확인해 보세요.

난 편지 쓰는 거 잘해.
나는 I / 잘한다 am good / at ~를 /
편지 쓰는 것 writing letters

I'm good at writing letters.

미국 가는 것에 대해 얘기 좀 하자.
이야기하자 Let's talk / ~에 대해 about /
미국에 가는 것 going to America

Let's talk about going to America.

제인은 인사도 없이 떠났어.
제인은 Jane / 떠났다 left / ~ 없이 without
/ 굿바이라고 말하는 것 saying good-bye

Jane left without saying good-bye.

너희들 놀려서 미안해.
미안하다 I'm sorry / ~해서, ~ 때문에 for /
너희들을 놀린 것 making fun of you guys

I'm sorry for making fun of you guys.
미드: Welcome to Sweden

큰 파티를 열까 생각 중이야.
나는 I / 생각 중이다 am thinking / ~에 대해 of
/ 큰 파티를 여는 것 throwing a huge party

I'm thinking of throwing a huge party.
미드: The Odd Couple

궁금해요 전치사 at은 at school처럼 장소를 말할 때 쓰이지 않나요?

맞습니다. 전치사 at은 at school (학교에서)처럼 지점이나 위치를 설명할 때 쓰입니다. 하지만 보통 전치사는 여러 가지 의미로 쓰여요. at이 at 11 (11시에)처럼 시간을 나타낼 때 쓰이는 것처럼 말이죠. 위의 예문 I'm good at ~ (나 ~를 잘해)에서 at은 '~를'이라는 대상을 가리키는 의미로 사용된 경우입니다. I'm good이 '난 잘한다'란 뜻이고 구체적으로 무엇을 잘하는지 그 대상을 전치사 at과 함께 표현하는 거죠.
e.g. I'm good at English. (난 영어를 잘해.) I'm good at cooking Ramen. (나 라면 요리하는 거 잘해.)

잘하는 게 무엇인지를 말할 때

A Tell me about yourself, John. What are you good at?

B Well, **I'm good at taking pictures.**

A Really? What kind of pictures do you take?

B Well, I usually take pictures of flowers. I think life is better with flowers.

A: 너에 대해 말해 줘, 존. 넌 뭘 잘해? B: 음, 난 사진 찍는 걸 잘해.
A: 정말? 무슨 종류의 사진을 찍어? B: 음, 난 보통 꽃 사진을 찍어. 인생이 꽃과 함께여서 더 멋지다고 생각하거든.

문장 조립하기 다음 우리말을 영어 문장으로 만드세요.

1. 나 춤 잘 못 춰.

....

- be good at ~를 잘하다 / dance 춤추다
- 전치사 뒤에는 동사가 원형으로 오지 못합니다. 반드시 동명사로 바꿔 줘야 합니다.

2. 저 도와줘서 고마워요.

....

- Thank you 고마워요 / for ~에 대해 / help me 나를 도와주다
- 전치사 for는 '~를 위해'란 기본 뜻 외에 '~를 향해, ~에 대해(행위의 원인)' 등 다양한 의미로 사용합니다.

3. 널 실망시켜서 미안해.

....

- I'm sorry 미안하다 / for ~에 대해 / let down ~를 실망시키다
- let down처럼 두 단어 이상이 합쳐진 동사 표현에서 목적어가 대명사일 때, 목적어는 반드시 두 단어 사이에 위치합니다.

4. 난 수잔에게 치마를 사 줄까 생각 중이야.

....

- think of ~에 대해 생각하다 / buy A for B B에게 A를 사 주다

5. 난 매일 똑같은 것을 하는 데 질렸어.

....

- be sick of ~에 질리다 / the same thing 똑같은 것 / every day 매일

1. A Oh, this is my favorite music. Let's hit the floor.

   B No, no, no. **I'm not *good at dancing.**

   오, 이거 내가 가장 좋아하는 음악이야. 춤추러 가자.

   싫어. 싫어. 싫어. 나 춤 잘 못 춰.

   > 만약 무언가를 심각할 정도로 못한다면, good 대신에 '끔찍한'의 형용사 terrible을 써서 be terrible at (~를 끔찍이도 못하다)이라고 하면 됩니다. 예를 들어, '그는 끔찍이도 노래 못해.'는 He is terrible at singing.이라고 하면 되는 거죠.

2. A **Thank you for helping me.**

   B *Don't mention it. What are friends for?

   나 도와줘서 고마워.

   뭘 그런 걸 가지고. 친구 좋다는 게 뭐겠어?

   > 상대방이 Thank you.처럼 고맙다고 했을 때, '괜찮아.'라고 답할 수 있는 영어 표현에는 You're welcome. Don't mention it. No problem. No worries. Anytime. 등이 있습니다. 우리 정서상 다소 어색하지만 원어민들이 잘 쓰는 대답 표현이 바로 Of course. Sure입니다. '물론이지.' 이 느낌이 아니고요, '당연히 도와줘야 하는 건데 뭘' 정도의 의미로 해석하시면 됩니다.

3. A **I'm sorry for letting you down.**

   B *That's all right. I'm sure you will do better next time.

   널 실망시켜서 미안해.

   괜찮아. 다음에는 너 분명히 더 잘할 거야.

   > 상대방이 I'm sorry처럼 미안하다고 말했을 때, '괜찮아.'라고 답할 수 있는 영어 표현에는 That's all right. That's okay. No problem. No worries. Never mind. Don't sweat it. 등이 있습니다.

4. A **I'm *thinking of buying a skirt for Susan.** What do you think?

   B I think that's a good idea.

나 수잔에게 치마를 사 줄까 생각 중이야. 어떻게 생각해?

좋은 생각인 것 같아.

어떤 결정을 내리는 것에 대해 생각하고 있다고 말할 때는 전치사 of와 about 둘 다 사용 가능합니다. 즉, I'm thinking of buying a present for Susan. = I'm thinking about buying a present for Susan. 둘 다 동일한 의미지요. 반면, think of는 '~를 기억해내다'란 의미로, think about는 '~에 대해 심사숙고 중이다'란 의미로 각각 쓰이니 구분해서 써야 합니다.
e.g. I can't think of her name. (그녀의 이름이 기억이 안 나.)
I'm thinking about his offer. (그의 제안에 대해 심사숙고 중이야.)

5. A **I'm sick of doing the same thing every day.**

   B Yeah, me, too. *Why don't we look for a new job?

나는 매일 똑같은 것을 하는 데 질렸어.

맞다, 나도 그래. 우리 새 일자리를 찾아보는 게 어떨까?

[Why don't we+동사원형 ~?]은 '우리 ~하는 게 어떨까?'라고 제안할 때 쓰이는 질문 패턴입니다. 이 패턴에서 주어 자리에 we 대신 you를 넣어서 상대방에게 '너 ~하는 게 어때?'라고 제안할 수 있습니다.
e.g. Why don't you go home? (너 집에 가는 게 어때?)

[동사+-ing (~하는 것)] 동명사를 전치사의 목적어로 쓰는 연습을 해 주세요.

난 영어를 잘하고 싶어.
I want to speak English well.

to부정사를 문장의 목적어 자리에 놓는다!

동사원형 앞에 to를 붙인 걸 to부정사라고 합니다. 이 **to부정사도 동명사처럼 '~하는 것, ~하기'로 뜻이 바뀔 수 있고요,** **이렇게 바뀐 to부정사는 문장에서 목적어 자리에 올 수 있습니다.** 예를 들어, '난 영어를 잘 말하고 싶어.'를 영어 어순에 따라서 [주어 = 나는] [동사 = 원하다]를 먼저 말하고 다음에 [목적어 = 영어를 잘 말하는 것]을 나열하면, I+want+to speak English well이 완성되는 겁니다. 하지만 모든 동사 뒤에 to부정사가 목적어로 올 수는 없어요. to부정사를 목적어로 받는 동사에는 want (원하다), need (필요하다), decide (결정하다), hope (바라다), plan (계획하다), learn (배우다), offer (제안하다), expect (예상하다, 기대하다) 등이 있습니다.

▶ 160-161

문법 감 잡기 다음 우리말이 영어로 어떻게 바뀌는지 확인해 보세요.

난 영어를 잘하고 싶어.
나는 I / 원한다 want / 말하는 것을 to speak
/ 영어를 English / 잘 well

I want to speak English well.

너 나에 대해 걱정할 필요 없어.
너는 You / 필요 없다 don't need /
걱정하는 것을 to worry / 나에 대해 about me

You don't need to worry about me.

우리는 저렴한 호텔 방을 찾길 바라고 있어.
우리는 We / 바란다 hope / 찾기를 to find /
저렴한 호텔 방을 a cheap hotel room

We hope to find a cheap hotel room.

난 아이비리그 학교에 입학할 계획이야.
나는 I / 계획한다 plan / 입학하는 것을 to attend
/ 아이비리그 학교를 an Ivy league school

I plan to attend an Ivy league school.
미드: The Simpsons

그는 나한테 태워다 주겠다고 제안했어요.
그는 He / 제안했다 offered / 주는 것을 to give
/ 내게 me / 태우기, 태우는 것 a ride

He offered to give me a ride.
미드: CSI

궁금해요 to부정사는 목적어 자리에만 오나요?

아니오, 그렇지는 않아요. to부정사는 '~하는 것, ~하기'의 뜻으로 문장의 주어 자리에도 올 수는 있지만 실제로 많이 쓰이지는 않습니다. 하지만 동명사와 마찬가지로 be동사 뒤에 놓여 보충어 역할로 자주 쓰입니다. 예를 들어, '내 꿈은 의사가 되는 거야.'를 영어로 하면 My dream is to become a doctor.입니다. be동사 '~이다' 뒤에 보충어로 to부정사 to become a doctor (의사가 되는 것)가 온 거죠.

오늘 할 일 계획을 말할 때

A **What did you decide to have for breakfast?**

B Well, I'll just eat bagels with coffee. What about you?

A I don't know. Actually, I'm not really hungry. **What do you plan to do today?**

B Well, **I plan to do a lot of shopping today.** Wanna join me?

A: 너 아침으로 뭐 먹기로 결정했어? B: 그냥 커피에다 베이글 먹으려고. 넌?
A: 모르겠어. 사실, 정말 배가 안 고파. 너 오늘 뭐 할 계획이야? B: 음, 오늘 쇼핑을 엄청 할 계획이야. 같이 갈래?

문장 조립하기 다음 우리말을 영어 문장으로 만드세요.

1. 나 운전하는 거 배우고 있어.

....

- learn 배우다 / drive 운전하다
- 동사 learn은 뒤에 목적어로 to부정사, 즉, [to+동사원형] 형태를 받아 '~하는 것을 배우다'란 뜻이 됩니다.

2. 나 자러 가고 싶어.

....

- want 원하다 / go to bed 자러 가다
- 동사 want는 뒤에 목적어로 to부정사, 즉, [to+동사원형] 형태를 받아 '~하고 싶다'란 뜻이 됩니다.

3. 나 이런 곳에서 널 보게 될 줄은 예상도 못 했어.

....

- expect 예상하다 / see 보다 / in a place like this 이런 곳에서
- like는 전치사로 쓰이기도 하는데, 그때의 뜻은 '~처럼, ~같은'입니다.
  e.g. like this (이것과 같은)
  like that (저것과 같은)

4. 너 나중에 그거 꼭 한다고 약속해 줘야 해.

....

- promise 약속하다 / do 하다 / later 나중에
- '~해야 한다'고 강한 의무를 표현할 때 have to를 가장 많이 씁니다.

5. 난 영문학 전공하기로 결정했어.

....

- decide 결정하다
  / major in ~을 전공하다
  / English literature 영문학

1. A *Anything new these days?

    B Well, **I'm learning to drive.** My husband is helping me.

    요즘 뭐 새로운 거 있어?

    음, 나 운전하는 거 배우고 있어. 남편이 도와주고 있거든.

> 원래 형용사는 자기가 꾸며 주는 말(명사) 앞에 위치해야 합니다. a beautiful woman (아름다운 여자)처럼 말이죠. 하지만, -thing이나 -one으로 끝나는 대명사들은 형용사가 특이하게도 뒤에 위치해야 합니다.
> **e.g.** someone beautiful (아름다운 누군가) anything fun (재미있는 어떤 것)

2. A Oh, I'm so tired. **I want to go to bed.**

    B But it's only *half past nine.

    아, 나 너무 피곤하다. 자러 가고 싶어.

    그치만 9시 반 밖에 안 됐는데.

> 시간에서 '~시 반'은 [half past+숫자] 형태를 기억해 주세요. 2시 반은 half past two, 11시 반은 half past eleven이라고 하면 됩니다. 참고로, '~시 X분 전'의 표현도 많이 쓰잖아요. 이때는 [숫자(분) to 숫자(시간)] 형태로 표현하는 것, 기억해 두세요. 예를 들어, 2시 15분 전은 fifteen to two, 3시 8분 전은 eight to three라고 말하면 됩니다.

3. A *Fancy meeting you here. **I didn't expect to see you in a place like this.**

    B Oh, I was just looking for some underwear for my wife.

    널 여기서 보다니. 이런 곳에서 널 보게 될 줄은 예상도 못했어.

    아, 아내에게 줄 속옷을 좀 찾고 있었어.

> 누군가를 예상치 못하게 만났을 때 반가움을 나타내기 위해 원어민들이 즐겨 사용하는 표현이 바로 Fancy meeting you here.입니다. 이에 대한 대답으로 똑같이 Fancy meeting you here.라고 해도 되고 간단히 Fancy that.이라고 할 수도 있습니다.

4. A I'm sorry, but I can't *do the dishes right now. I have to go out.
   B Okay. But **you have to promise to do it later.**

   미안한데, 나 지금 당장은 설거지 못 해. 나가봐야 하거든.
   알겠어. 하지만 너 나중에 그거 꼭 한다고 약속해 줘야 해.

> '하다'란 뜻의 동사 do와 짝을 이뤄서 쓰이는 표현들이 영어에 꽤 많습니다. do the dishes (설거지를 하다), do the laundry (빨래를 하다), do one's homework (숙제를 하다), do housework (집안일을 하다), do the shopping (쇼핑하다) 등이 있으니 꼭 외워 두세요.

---

5. A **I decided to *major in English literature.**
   B Good thinking! I know you're good at English, so that's a great choice.

   난 영문학 전공하기로 결심했어.

   좋은 생각이야! 네가 영어 잘하는 걸 내가 알잖아. 그러니 그거 정말 잘한 선택이야.

> 대학교 '전공'을 영어로 major라고 합니다. 동사로도 쓰이는데 전치사 in과 함께 major in이라고 하면 '~을 전공하다'의 뜻이 되지요. major는 명사로 '전공하는 학생'을 의미하기도 합니다. 전공 명을 앞에 붙여서 I'm an English literature major.라고 하면 '전 영문학 전공생이에요.'라고 말할 수 있습니다.

> [to+동사원형]의 틀을 활용해서 원하는 것, 희망하는 것, 결정한 것, 계획한 것 등 다양한 문장들을 만들어서 연습해 보세요.

난 너랑 있는 게 좋아.
I like being with you. vs. I like to be with you.

to부정사와 동명사를 모두 받는 동사들이 있다.

지금까지는 목적어 자리에 to부정사를 취하는 동사와 동명사를 취하는 동사들을 알아봤습니다. 하지만, **목적어 자리에 to부정사와 동명사를 모두 받을 수 있는 동사들도 있습니다.** 예를 들어, '난 노래하는 거 좋아해.'는 영어 어순대로 하면 [주어: 나는] + [동사: 좋아한다] + [목적어: 노래하는 것을]이 됩니다. 이 '노래하는 것을' 자리에 동명사 singing과 to부정사 to sing이 모두 위치 가능하다는 얘기지요. I like singing. = I like to sing.처럼 말이죠. 이렇게 동명사와 to부정사를 모두 받을 수 있는 동사에는 like (좋아하다), love (사랑하다, 완전 좋아하다), hate (싫어하다), start (시작하다), begin (시작하다), prefer (선호하다) 등이 있습니다.

 ▶ 163-164

문법 감 잡기 다음 우리말이 영어로 어떻게 바뀌는지 확인해 보세요.

난 너랑 있는 게 좋아.
나는 I / 좋아한다 like / 있는 것을 being
[= to be] / 너와 함께 with you

I like being with you.
[= I like to be with you.]

톰은 일찍 일어나는 거 싫어해.
톰은 Tom / 싫어한다 hates /
일찍 일어나는 것을 getting up [= to get up] early

Tom hates getting up early.
[= Tom hates to get up early.]

넌 뒷줄에 앉는 걸 선호하는 구나.
너는 You / 선호한다 prefer / 앉는 것을 sitting
[= to sit] / 뒷줄에 in the back row

You prefer sitting in the back row.
[= You prefer to sit in the back row.]

자네는 계속해서 여기서 일하게 될 거야.
너는 You / 계속 할 것이다 will continue /
일하는 것을 working [= to work] / 여기서 here

You will continue working here.
[= You will continue to work here.]
미드: Submission

난 너랑 카드 게임 하는 거 완전 좋아.
나는 I / 완전 좋아한다 love / 카드 게임 하는
것을 playing cards [= to play cards] / 너랑 with you

I love playing cards with you.
[= I love to play cards with you.]
미드: Children's Hospital

궁금해요 1 like의 목적어로 to부정사와 동명사가 모두 가능하면, would like도 마찬가지인가요?

아닙니다. 조동사 would와 함께 묶어 만들어지는 would like / would love / would prefer 등의 표현들은 모두 to부정사만이 뒤에 올 수 있습니다. 그러므로 '난 거기 가고 싶어요.'에 해당하는 영어 문장은 I would like to go there.만이 옳습니다.

궁금해요 2 동명사와 to부정사는 서로 아무런 의미 차이가 없나요?

동명사와 to부정사 둘 다 '~하는 것, ~하기'의 뜻으로 동일해 보이지만, 기본적인 뉘앙스 차이는 존재합니다. 동명사는 지금 이 순간에 진행되는 걸 한다는 느낌을 주는 반면, to부정사는 미래에 할 것이란 느낌을 준다는 차이가 있지요. 그래서 미래의 뜻이 담긴 want (원하다) 뒤에는 목적어로 to부정사가, 지금에 초점을 두는 동사 enjoy (즐기다) 뒤에는 목적어로 동명사가 와야 하는 차이가 생기는 거죠.

외국어를 언제 배우기 시작했는지 물을 때

A **When did you begin learning Chinese?**

B Well, **I began learning Chinese about three months ago.**

A Really? Your Chinese is pretty good.

B Thank you. I think I have a knack for learning languages.

A: 언제 중국어를 배우기 시작한 거야? B: 음, 한 세 달 전에 중국어 배우기 시작했어.
A: 진짜? 네 중국어 실력 꽤 좋은데. B: 고마워. 난 언어 배우는 데에 소질이 있는 것 같아.

문장 조립하기 다음 우리말을 영어 문장으로 만드세요.

1. 난 비 올 때 운전하는 거 안 좋아해.

....

• like 좋아하다 / drive 운전하다
• '비 올 때'는 원어민들 사고로는 '빗속에서'로 표현하기에 영어로는 in the rain입니다.

2. 난 집에서 밥 먹는 걸 선호해.

....

• prefer 선호하다 / eat 먹다, 밥 먹다
• '밥 먹다'는 굳이 목적어로 rice (밥, 쌀)를 쓰지 않고 동사 eat만으로 표현될 수 있습니다.

3. 너 언제부터 토할 것처럼 아프기 시작했니?

....

• start 시작하다 / feel sick 토할 것 같이 아프다
• feel sick은 보통 토할 것 같이 속이 불편하면서 몸이 아프고 안 좋을 때 쓰는 표현입니다.

4. 모두가 집안 일 하는 거 싫어해.

....

• hate 싫어하다 / household chores 집안 일
• 모든 사람을 뜻하는 단어 everyone은 현재시제일 때 항상 단수 취급해야 합니다.

5. 저 계속해서 당신과 일할 수 있을까요?

....

• can ~할 수 있다 / continue 계속하다
• 조동사 의문문은 조동사를 주어 앞으로 위치시켜 만듭니다.

1. A **I don't like driving [= to drive] in the rain.**

   난 비 올 때 운전하는 거 안 좋아해.

   B Yeah, *me neither. It's too dangerous.

   응, 나도 그래. 너무 위험하잖아.

> 상대방이 한 말에 대해서 '나도 그렇다'고 맞장구치는 경우에 두 가지 상황이 있습니다. 하나는 상대방이 긍정문으로 말한 것에 대해 동의할 때, 또 하나는 상대방이 부정문으로 말한 것에 대해 동의할 때입니다. 전자는 Me, too.라고 하고요, 후자는 Me, neither.라고 대답하면 됩니다.

2. A Do you always eat at home?

   넌 항상 집에서 밥 먹니?

   B Not always. I like to eat out once in a while, but I *prefer eating [= to eat] at home.

   항상은 아냐. 가끔씩은 외식하는 거 좋아해. 하지만 난 집에서 밥 먹는 걸 선호해.

> 동사 prefer는 prefer A to B (B보다 A를 선호하다) 형태로 말할 수 있습니다. 예를 들어, '난 사과보다 수박을 선호해.'는 영어로 I prefer watermelons to apples.라고 하면 되지요. 마찬가지로 '난 식당에서 먹는 것보다 집에서 밥 먹는 걸 선호해.'는 I prefer eating at home to eating at a restaurant.이라고 말할 수 있습니다.

3. A **When did you start *feeling sick?**

   언제부터 토할 것 같이 아프기 시작했니?

   B I started feeling sick yesterday.

   어제 토할 것처럼 아프기 시작했어요.

> 동사 feel은 '~을 느끼다'란 뜻 외에 '~한 기분이 들다, ~하게 느껴지다'란 뜻도 있습니다. 이때는 [feel+형용사] 형태로 쓰이는데요, 예를 들어, feel good (기분 좋게 느껴지다 = 기분이 좋다), feel angry (화가 나게 느껴지다 = 화가 난다) 처럼 말할 수 있지요.

4. A I mean, seriously, **everyone hates doing household chores.**

   B You're right, but *somebody's got to do them.

   제 말은요, 진짜로, 모두가 집안 일 하는 걸 싫어하잖아요.

   네 말이 맞아. 하지만, 누군가는 그걸 해야지.

---

have got to/has got to는 must와 have to처럼 '~해야 한다'는 뜻으로 강한 의무를 전달하는 표현들입니다. 주로 회화체에서 많이 쓰이죠. 예를 들어, '나 집에 가야해.'는 I have to go home. / I must go home. / I have got to go home.이라고 말할 수 있지요. 회화에서는 빠르게 발음하다 보니 got to가 gotta[가라]로 발음되곤 합니다.

---

5. A **Can I continue working with you?**

   B *I thought you were quitting.

   저 계속 당신과 일할 수 있을까요?

   난 자네가 그만두려 한다고 생각했었는데.

I thought는 문장 앞에 붙어서 '난 ~라고 생각했어'란 의미를 더합니다. [be동사+동사-ing] 진행형 시제는 이미 정해진 미래의 계획, 약속을 말할 때 쓰입니다. I'm quitting tomorrow. (나 내일 그만 둘 거야.)처럼 말이죠. 여기서는 과거 시제인 I thought와 시제를 일치시켜서 you were quitting이라고 말하고 있습니다.

[주어+동사+목적어]에서 목적어 자리에 to부정사와 동명사가 모두 허용되는 like, love, begin, continue, start 등의 동사를 활용해 다양한 문장을 만들어 보세요.

09

비교

둘 이상이 있다면
비교는 피할 수 없어요!

비교는 둘 사이를 놓고 하는 거예요. 얘가 쟤보다 더 빠르다, 이게 저것보다 더 빨리 달린다처럼 비교를 하는 거죠. 비교는 이렇게 둘을 비교하는 것 외에 한정된 범주 안에서 가장 최고의 것을 나타내는 것도 포함해요. 걔가 우리 반에서 제일 빨라, 여기 있는 것들 중에서 이게 가장 예뻐처럼 말이죠. 이런 건 최상급이라고 합니다.

영어 단어에서 비교급, 최상급이 될 수 있는 건 형용사와 부사입니다. 이 비교급과 최상급은 어떻게 만들까요?

기본적으로 비교급은 형용사, 부사 뒤에 -er을 붙여서, 최상급은 -est를 붙여서 만듭니다. 단어가 2음절 이상 되고 긴 녀석들은 단어 앞에 more를 붙여서 비교급을, most를 붙여서 최상급을 만듭니다. 물론 이런 규칙을 비웃듯이 제멋대로 변하는 녀석들도 있지만, 다행히도 그 수는 많지 않으므로 너무 걱정하지 않아도 됩니다.

비교의 핵심은 '혼자서는 절대 성립하지 않는다', '비교의 대상/범주가 있다', '형용사, 부사만이 비교급을 가질 수 있다'로 이 세 가지만 기억하면 반은 끝난 겁니다.

내 방이 더 커.
My room is bigger.

[형용사+-er], [부사+-er]로 두 대상 간의 성질을 비교해 말하자.

일반적으로 형용사나 부사를 비교급으로 만드는 방법은 간단해요. 단어 뒤에 -er를 붙여주면 되거든요. smart (똑똑한) – smarter (더 똑똑한)처럼 말이죠. 특정 대상과 비교해서 성질이 어떻다는 걸 말하고 싶을 때는 Jenny is smarter than me. (제니는 나보다 더 똑똑해.)처럼 than을 활용해 [비교급+than+비교 대상 (~보다 더 ...한)] 형태로 말하면 됩니다. 이 외에, 대부분의 2음절 단어와 3음절 이상 단어의 비교급은 단어 앞에 more를 붙여서 나타냅니다.

e.g. beautiful (아름다운) – **more** beautiful (더 아름다운)
important (중요한) – **more** important (더 중요한)

▶ 166-167

문법 감 잡기 다음 우리말이 영어로 어떻게 바뀌는지 확인해 보세요.

내 방이 더 커.
내 방은 My room / ~이다 is / 더 큰 bigger

My room is bigger.

그는 전보다 더 열심히 일해.
그는 He / 일한다 works / 더 열심히 harder / 전보다 than before

He works harder than before.

존은 더 작은 차를 원해.
존은 John / 원한다 wants / 더 작은 차를 a smaller car

John wants a smaller car.

넌 좀 더 빠르게 움직여야 해.
너는 You / 움직여야 한다 must move / 더 재빠르게 more quickly

You must move more quickly.
미드: Doctor Who

당신은 내 다른 고객들보다 더 재미있어요.
당신은 You / ~이다 are / 더 재미있는 more interesting / 내 다른 고객들보다 than my other clients

You're more interesting than my other clients.
미드: Billions

궁금해요 1 비교급은 -er이나 more만 붙이면 되나요?

그렇지 않아요. 정해진 규칙 없이 마음대로 변하는 비교급 어휘들도 있는데, 대표적인 것이 바로 good (좋은) – better (더 좋은), bad (나쁜) – worse (더 나쁜), many/much (많은, 많이) – more (더 많은, 더 많이)입니다.

궁금해요 2 그냥 '더 ~한'이 아니라 '훨씬 더 ~한'이라고 하고 싶으면 어떻게 해요?

이때는 비교급 단어 앞에 much/far/a lot/even 등의 단어를 붙여 주면 됩니다. 예를 들어, He is smarter than me. (그는 나보다 더 똑똑해.)에서 비교급 smarter 앞에 much를 붙여서 He's much smarter than me.라고 하면 (그는 나보다 훨씬 더 똑똑해.)가 되는 거죠.

가격이 예산보다 훨씬 더 비쌀 때

A Hi, I'm looking for a digital camera.

B How about this one?

A I like it, but **it's much more expensive than my budget.**

B Then how about that one? It's 200 dollars,

   and just for today, you can get 15% off.

A: 안녕하세요. 디지털 카메라를 찾고 있어요. B: 이건 어떠세요? A: 마음에 드는데, 제 예산보다 훨씬 더 비싸네요.
B: 그럼, 저건 어떠세요? 가격은 200달러고요, 오늘에 한해서 15% 할인 받으실 수 있어요.

문장 조립하기 다음 우리말을 영어 문장으로 만드세요.

1. 두 머리가 한 개보다 낫다.

....

- head 머리 / better 더 나은
  / one 하나, 한 개
- '백지장도 맞들면 낫다'의 영어식 표현
  은 '두 머리가 한 개보다 낫다'입니다.

2. 행복이 돈보다 더 중요해.

....

- happiness 행복 / important 중요한
  / than ~보다
- 2음절 이상의 단어 대부분과 3음
  절 이상 단어의 비교급은 단어 앞에
  more를 붙입니다.

3. 이 사과가 맛이 더 괜찮아.

....

- taste ~한 맛이 나다
  / better 더 좋은
- taste는 '~한 맛이 나다'의 뜻으로 뒤
  에 [taste+형용사] 형태로 맛을 표현
  합니다.
  e.g. taste weird (이상한 맛이 나다)

4. 좀 더 천천히 말씀해 주시겠어요?

....

- Could you ~? ~해 주시겠어요?
  / speak 말하다 / slowly 천천히
- slowly의 비교급은 more slowly입
  니다. 정중하게 부탁하듯 말할 때는
  Could you ~?로 시작합니다.

5. 우리는 우리가 필요한 것보다 돈이 더 적게 있어.

....

- less 더 적은 / than ~보다
  / we need 우리가 필요로 하다
- little (적은)의 비교급은 less (더 적
  은)입니다.

1. A Let's do it together. You know,
       two heads are *better than one.
    B Oh, thank you. You're a lifesaver.

그거 같이 하자. 뭐, 두 머리가 하나보다 낫잖아.
(= 백지장도 맞들면 낫잖아.)
오, 고마워. 네가 목숨 하나 살렸다.

---

better (더 좋은, 더 나은)는 good (좋은)과 well (건강한, 잘)의 비교급입니다. 이처럼 특정한 규칙 없이 불규칙하게 변하는 비교급 어휘들은 다음과 같습니다.

---

2. A **Happiness is more important
       than money.** Money isn't
       everything.
    B I don't agree with you. *Money
       talks. Money can even buy
       happiness.

행복이 돈보다 더 중요해. 돈이 전부가 아니야.

난 네 말에 동의하지 않아. 돈이 최고야. 돈은 심지어 행복도 살 수 있다고.

Money talks는 '돈이 최고다, 돈이면 다 된다'는 말을 할 때 원어민들이 즐겨 사용하는 표현입니다. 직역하면, "돈이 말을 한다"인데, 그만큼 돈의 파워와 권력을 강조하는 문장입니다.

---

3. A **This apple tastes better.** That
       *one tasted bad.
    B Can I have a bite?

이 사과가 맛이 더 괜찮아. 저건 맛이 별로였어.

나 한 입 먹어 봐도 돼?

앞에 등장한 명사를 받으면서 개수가 하나일 때 one을 쓸 수 있습니다. one은 this, that 등의 수식을 받아서 this one (이것) that one (저것)과 같이 말할 수 있습니다. 앞에서 This apple이라고 했고, 그 뒤에 That one이라고 했습니다. 이때의 one은 apple을 받고요, 하나라서 이렇게 표현한 겁니다.
e.g. Oh, you're looking for a pen. How about this one? (아, 펜을 찾고 계시군요. 이건 어떠세요?)

4. A Go down this street and turn right at the first corner.

 B I'm sorry, but *could you speak more slowly? My English isn't very good.

이 길을 따라서 내려가시다가 첫 번째 모퉁이에서 오른쪽으로 도세요.

죄송한데요, 좀 더 천천히 말씀해 주시겠어요? 제 영어 실력이 그다지 좋질 못해서요.

> 조동사 could는 의문문에서 can보다 더 정중하고 공손하게 상대방에게 무언가를 해 달라고 요청할 때 쓰입니다. 예를 들어, 상대방에게 도움을 요청할 때 Can you help me?보다 Could you help me?가 더 정중하고 공손한 느낌을 전달합니다.

5. A **We have *less money than we need.**

 B Then what should we do? Should we work *more hours a week?

우리는 우리가 필요로 하는 것보다 돈이 더 적게 있어.

그럼 우리 뭘 해야 하지? 일주일에 더 많은 시간을 일해야 하나?

> 형용사의 비교급은 바로 뒤에 오는 명사를 수식해 줄 수 있습니다. '더 재미있는 영화'는 more interesting movie, '더 조용한 사람'은 quieter person, '더 많은 시간'은 more hours처럼 말이죠.

> 비교급 표현들을 활용해 비교 대상 간에 누가 더 우위에 있는지, 아래에 있는지 다양한 문장을 말해 보세요.

그게 서울로 가는 가장 짧은 길이야.
It's the shortest route to Seoul.

모든 형용사에는 최고의 성질을 나타내는 '최상급'이 있다.

의미상 비교가 가능한 형용사/부사 어휘들은 '가장 ~한'의 최상급 형태로도 바꿀 수 있습니다. **최상급은 보통 [the+최상급 형태]로 쓰이며** 보통 어느 것 중에 최상인지를 나타내야 할 때가 있는데, 그때는 전치사 [in/of+비교 대상 집단] 어구가 따라옵니다. the best in Korea (한국에서 최고)처럼 말이죠. 형용사 최상급은 1음절 단어의 경우 형용사 단어 끝에 -(e)st를 붙이고, 대부분의 2음절 혹은 3음절 이상의 단어 앞에는 most를 붙입니다.

▶ 169-170

문법 감 잡기 다음 우리말이 영어로 어떻게 바뀌는지 확인해 보세요.

그게 서울로 가는 가장 짧은 루트야.
그것이 It / ~이다 is / 가장 짧은 길
the shortest route / 서울로 가는 to Seoul

It's the shortest route to Seoul.

존이 우리 반에서 가장 작아.
존은 John / ~이다 is / 가장 작은 the smallest
/ 우리 반에서 in my class

John is the smallest in my class.

난 이 책이 가장 좋아.
나는 I / 좋아한다 like / 이 책을 this book
/ 가장 많이 the most

I like this book the most.

이 남자가 세계 최고의 개 훈련사예요.
이 남자가 This guy / ~이다 is / 최고의 개 훈련사
the best dog trainer / 세계에서 in the world

This guy is the best dog trainer in the world.
미드: Ghost Whisperer

그들이 여기서 가장 위험한 수감자들이에요.
그들이 They / ~이다 are / 가장 위험한 수감자들
the most dangerous prisoners / 여기서 here

They are the most dangerous prisoners here.
미드: Smallville

궁금해요 -(e)st나 most가 붙지 않는 형용사 최상급도 있어요?

비교급에서 봤던 many/much, good/well, bad, 그리고 little이 비교급과 최상급 모두 불규칙한 형태를 띕니다. 이들의 원급, 비교급, 최상급은 아래 표와 같습니다.

many/much 많은	-	more 더 많은	-	most 가장 많은	little 적은	-	less 더 적은	-	least 가장 적은
good/well 좋은/잘하는	-	better 더 좋은/더 잘하는	-	best 최고의/가장 잘하는	bad 나쁜	-	worse 더 나쁜	-	worst 최악의

아마존에 대해서 대화를 나눌 때

A Karen, you're from Brazil, right?
B Yes, I am. I was born in Sao Paulo
A Have you been to the Amazon?
B Of course, I have. **It's the most beautiful rain forest in the world.**

A: 캐런, 너 브라질에서 왔지, 그렇지? B: 응, 맞아. 상파울루에서 태어났어.
A: 아마존에 가 봤니? B: 당연히 가 봤지. 아마존이 세계에서 가장 아름다운 열대우림이라고.

문장 조립하기   다음 우리말을 영어 문장으로 만드세요.

1. 제인은 최고로 훌륭한 몸매를 가지고 있어.

....

- has got 가지다
  / incredible body 훌륭한 몸매
- 대부분의 2음절 단어와 3음절 이상 단어의 최상급은 앞에 the most를 붙입니다.

2. 이게 내 인생의 가장 로맨틱한 밤이야.

....

- This 이것이
  / romantic night 로맨틱한 밤
- '～의', '～에서', '～ 중에서'란 의미로 전치사 of가 쓰입니다.

3. 내 전 인생에서 가장 최악의 실수를 했어.

....

- the worst mistake 최악의 실수
  / of my entire life 내 전 인생에서
- '실수를 하다'는 do가 아니라 make 를 쓰는 것에 주의하세요.

4. 세계에서 가장 높은 산이 뭐지?

....

- What 무엇 / the highest 가장 높은
  / mountain 산
- be동사 의문문은 be동사가 주어 앞으로 이동합니다.

5. 가장 가까운 버스 정류장이 어디인가요?

....

- Where 어디
  / the nearest 가장 가까운
  / bus stop 버스 정류장
- be동사 의문문은 be동사가 주어 앞으로 이동합니다.

■ 171

1.　A　**Jane has got the most incredible body.**

제인은 최고로 훌륭한 몸매를 가지고 있어.

　　B　Yeah, she's *the hottest girl in town.

응, 그녀가 동네에서 제일 섹시한 여자야.

> hot이 날씨를 지칭할 때는 '뜨거운, 더운'이고요, 음식을 지칭할 때는 '매운', 그리고 사람을 지칭할 때는 '섹시한, 끝내주는'의 뜻으로 사용됩니다. hot과 같은 1음절이면서 [모음+자음]으로 끝난 형용사나 부사들은 자음 하나를 더 쓴 다음 비교급은 –er을, 최상급은 –est를 붙여주면 됩니다.
> e.g. hot (섹시한) – hotter (더 섹시한) – hottest (가장 섹시한)

2.　A　*I hope I'm not too late.

내가 너무 늦게 온 게 아니면 좋겠는데.

　　B　Josh, you came! **This is the most romantic night of my life.**

조쉬, 너 와줬구나! 이게 내 인생의 가장 로맨틱한 밤이야.

> 자신이 바라고 희망하는 말을 할 때는 I hope로 시작하세요. 뒤에 자신이 바라고 희망하는 내용을 완전한 문장으로 붙여 주면 됩니다. e.g. I hope I can see you again. (널 다시 볼 수 있으면 좋겠어.)

3.　A　I want to die. **I made the worst mistake of my entire life.**

나 죽고 싶어. 내 인생 전체에서 가장 최악의 실수를 했어.

　　B　*Let it go. We all make mistakes.

잊어버려. 우리 다 실수하고 그러는 거야.

> 동사 let (~하게 하다)는 [let+목적어+동사원형]의 틀로 '목적어가 ~하게 하다'란 의미를 만듭니다. 즉, let it go는 직역하면 '그것을 가게 하다'란 뜻이죠. 여기서 it은 대화를 나누는 사람들 간에 알고 있는 어떤 특정한 상황을 가리켜서 그 상황을 보낸다, 즉 잊어버린다는 의미가 됩니다.

4. A **What is the highest mountain *in the world?**

   B It's Mount Everest.

세계에서 가장 높은 산이 뭐지?

에베레스트 산이지.

세상에 하나밖에 없는 world (세계), earth (지구), sun (태양), moon (달)과 같은 명사에는 반드시 그 앞에 the를 붙여야 합니다. **e.g.** Do not look directly at the sun. (태양을 직접적으로 쳐다보지 마.)

5. A **Excuse me. Where is the nearest bus stop?**

   B I'm sorry. I'm a stranger here *myself.

실례합니다. 가장 가까운 버스 정류장이 어디인가요?

죄송한데, 저도 여기는 처음이에요.

myself, yourself 같은 재귀대명사들은 '직접', '스스로'란 뜻으로 주어의 행동을 강조할 때 쓸 수 있습니다. 예를 들어, I did it. (내가 그거 했어.)라고 말할 때 내가 혼자 스스로 했음을 강조하기 위해서 문장 끝에 주어 I의 재귀대명사 myself 를 붙여서 I did it myself.라고 말하면 되는 거죠. 위의 문장은 '저 스스로도 여기가 낯섭니다' 즉, '저도 여기 처음 온 거예요.'의 의미가 되겠죠.

최상급 표현들을 활용해 비교 대상 간에 무엇이 최고의 위치에 있는지 말하는 다양한 문장들을 만들어 보세요.

난 너만큼 키가 커.
I am as tall as you.

두 대상이 특정 면에서 큰 차이 없이 고만고만하다면 [as+형용사/부사+as]로 설명해 보자.

말 그대로 **두 대상이 고만고만해서 '~만큼 ...하다'로 설명해야 한다면 [as+형용사/부사+as] 형태를 사용합니다.** 예를 들어, Tom도 키가 크고, Jane도 비슷하게 키가 크다면, Tom is as tall as Jane. (톰이 제인만큼 키가 커.), Jane is as tall as Tom. (제인은 톰만큼 키가 커.)라고 말할 수 있는 거죠. 두 번째 as 뒤에 비교 대상이 오고요, 비교 대상은 you 같은 대명사, Tom 같은 고유명사, a book 같은 일반명사 외에 it looks 같은 문장 형태도 올 수 있어요. 문장을 보면서 확인해 보세요.

▶ 172-173

문법 감 잡기 다음 우리말이 영어로 어떻게 바뀌는지 확인해 보세요.

난 너 만큼 키가 커.
난 I / ~이다 am / 키가 큰 as tall / 너만큼 as you

I am as tall as you.

릭은 자기 여동생만큼 춤을 아름답게 춰.
릭은 Rick / 춤을 춘다 dances / 아름답게
as beautifully / 그의 여동생만큼 as his sister

Rick dances as beautifully as his sister.

가능한 한 빨리 숙제 끝내.
끝내라 Finish / 그 숙제를 the homework /
빨리 as soon / 가능한 만큼 as possible

Finish the homework as soon as possible.

훈련은 전투 그 자체만큼 중요해.
훈련은 Training / ~이다 is / 중요한 as important
/ 전투 그 자체만큼 as the battle itself

Training is as important as the battle itself.
미드: Criminal Minds

나쁜 일은 좋은 일만큼 자주 일어나.
나쁜 일들은 Bad things / 일어난다 happen
/ 자주 as often / 좋은 일들만큼 as good things

Bad things happen as often as good things.
미드: iZombie

궁금해요 1 as many books as you라는 표현을 본 적이 있어요. 이건 뭐예요?

as ~ as 사이에 [형용사+명사] 덩어리가 들어갈 수가 있어요. 예를 들어, '나 너만큼 돈 많아.'란 말은 I have as much money as you.라고 합니다. as ~ as 사이에 [형용사+명사]인 much money가 한 짝이 되어서 위치하고 있지요.

궁금해요 2 두 번째 as 뒤에 비교 대상이 오잖아요. you, his brother 같은 명사 대상만 오나요?

아닙니다. 우리말로 생각해 보면 '네가 생각한 것만큼', '보이는 만큼', '가능한 만큼'처럼 꼭 명사가 아닌 표현들이 비교 대상으로 올 수 있습니다. 영어도 마찬가지예요. 두 번째 as 뒤에 명사 외의 것들이 위치할 수 있습니다. 대표적인 것이 바로 possible이죠. as ~ as possible은 '가능한 한 ~'의 뜻이랍니다.
e.g. as soon as possible (가능한 한 빨리)   as fast as possible (가능한 한 빨리)
as long as possible (가능한 한 오래)   as often as possible (가능한 한 자주)

누군가의 나이에 대해서 말할 때

A **Julia is as old as Kevin.**
B Really? How old is she?
A She is 42. She is the same age as my aunt.
B What? She looks much younger than that. She does have a baby face.

A: 줄리아는 케빈만큼 나이 먹었어. B: 진짜? 몇 살인데?
A: 42살. 우리 이모랑 동갑이야. B: 뭐? 그거보다 훨씬 어려 보이는데. 진짜 동안이구나.

문장 조립하기 다음 우리말을 영어 문장으로 만드세요.

1. 난 깃털만큼 가벼워.

   ....

   • light 가벼운 / a feather 깃털
   • 형용사 light (가벼운)가 '가볍다'란 동사의 의미를 전달하려면 be동사와 함께 쓰여야 합니다.

2. 톰은 영어를 원어민만큼 잘 해.

   ....

   • speak 말하다 / well 잘 / a native speaker 원어민
   • well (잘) 같은 부사들은 일반동사를 수식해 줍니다. **e.g.** I speak English well. (난 영어를 잘해요.)

3. 작년만큼 날씨가 춥지 않아.

   ....

   • cold 추운 / last year 작년
   • 날씨 관련 문장을 말할 때 주어 자리에는 It을 사용합니다.

4. 제인은 메리만큼 일찍 출근하지 않아.

   ....

   • go to work 출근하다 / early 일찍

5. 그건 보이는 것만큼 비싸지는 않아.

   ....

   • expensive 비싼 / look ~로 보이다
   • 비교 대상을 언급하는 두 번째 as 뒤에는 a feather, last year, Mary 같은 명사 외에 [주어+동사] 형태도 올 수 있습니다. **e.g.** I'm not as old as you think. (난 네가 생각하는만큼 늙지 않았어.)

09. 비교 **261**

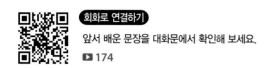

회화로 연결하기

앞서 배운 문장을 대화문에서 확인해 보세요.

▶ 174

1. A I don't think I can lift you. You're too heavy.

   나 너 못 들어올릴 것 같은데. 너 너무 무거워.

   B What are you talking about? I'm *as light as a feather.

   뭔 소리야? 나 깃털만큼 가벼워.

> as ~ as 사이에는 형용사 또는 부사가 위치합니다. 이 문장의 경우 light 즉, 형용사가 오는데 그 이유는 앞에 등장한 동사 am과 light가 짝을 이뤄서 am light '가볍다'란 동사 표현을 만들기 때문이죠. be동사는 뒤에 형용사가 위치해 '~이다'란 동사 표현을 만드는 것이 원칙이니까요.

2. A **Tom speaks English *as well as a native speaker.**

   톰은 영어를 원어민만큼 잘해.

   B Yeah, it's incredible. He has never been abroad in his life. Can you believe that?

   응, 놀라워. 걔는 살면서 해외에 나가 본 적이 한 번도 없는데 말이야. 믿겨지니?

> 이 문장의 경우, as ~ as 사이에 well 즉, 부사가 위치합니다. 그 이유는 앞에 등장한 speak과 같은 일반동사들은 형용사가 아닌 부사의 수식을 받기 때문이죠. 부사 well이 speak을 수식해 '잘 말하다'란 의미를 전해 줍니다.

3. A Oh, it's freezing. It's really cold this winter.

   오, 완전 춥다. 올 겨울은 정말 추워.

   B Yeah, but it's not *as cold as last year. I seriously thought about moving to Africa.

   응, 근데 날씨가 작년만큼 춥지는 않은데. 나 진지하게 아프리카로 이사 갈까 생각했었어.

> 이 문장의 경우는 as ~ as 사이에 cold (추운) 즉, 형용사가 옵니다. 그 이유는 앞에 등장한 동사 is와 cold가 짝을 이뤄서 is cold '춥다'란 동사 표현을 만들기 때문이죠. be동사는 뒤에 형용사가 위치해서 '~이다'란 동사 표현을 만드는 것이 원칙이니까요.

4. A **Jane doesn't go to work *as early as Mary.**

   B I know. But it doesn't mean Jane doesn't work as hard as Mary.

   제인은 메리만큼 일찍 출근하지는 않아.

   나도 알아. 하지만 그게 제인이 메리만큼 열심히 일하지 않는다는 의미는 아니야.

> 이 문장의 경우, as ~ as 사이에 early (일찍) 즉, 부사가 위치해야 합니다. 그 이유는 앞에 등장한 go 같은 일반동사들은 형용사가 아닌 부사의 수식을 받기 때문이죠. 부사 early가 동사 go를 수식해 go early 즉, '일찍 가다'란 뜻을 전해줍니다.

5. A I love your new necklace. It looks very fancy. It must be expensive.

   B **No, it's not as expensive as *it looks.**

   나 네 새 목걸이 완전 마음에 들어. 굉장히 멋져 보이는데. 틀림없이 비싸겠지.

   아냐, 그거 보이는 것만큼 비싸지는 않아.

> as ~ as 구문에서 두 번째 as 뒤에는 I'm as tall as you처럼 you와 같은 비교 대상이 위치해야 합니다. 하지만 '그건 보이는 것만큼 비싸지 않아'에서처럼 비교 대상으로 문장 형태가 오기도 합니다. 원래는 It's not as expensive as it looks expensive. (그것은 비싸게 보이는 것만큼 비싸지는 않아.)인데 expensive란 동일어가 두 번 반복되기에 생략하고 It's not as expensive as it looks. 라고 말하면 됩니다.

> [as+형용사/부사+as] 구문 형태를 활용해서 두 비교 대상의 비교 성질에 큰 차이가 없음을 말하는 문장을 만들어 보세요.

이 책은, 사실 빛을 보지 못할 뻔했습니다. 처음에 들어온 원고가 기존 영어책과 비교해 그다지 많이 다르지 않았거든요. 하지만 우리 회사 이름을 달고 나올 책이라 그랬는지 저는 왠지 이 원고를 그냥 놓기가 아쉬웠습니다. (나중에 안 사실이지만, 제가 저자와 10여 년 전에 한 회사에서 근무한 적도 있었더라고요.) 그래서 콘셉트를 새로 잡아 기획안을 작성하고 원래 원고와는 많이 다르게 구성을 틀었습니다. 이런 우여곡절 끝에 기획안이 통과되어 편집이 진행되었습니다. 그리고 무엇보다도 저자분이 편집부에서 요청하는 사항을 다 수용해 주시고, 그에 맞춰 거의 새로 쓰다시피 집필을 해주신, 정성이 많이 들어간 책입니다.

원고를 다듬고 교정을 보면서 든 생각은, '어려운 용어를 쓰지 않고도 이해가 가도록 참 쉽게 쓰셨다'였어요. 왜, 문법책들 보면 일본 문법책에 나온 어려운 용어를 그대로 가져다 쓰는 경우가 많잖아요. 저 역시 그런 용어를 줄창 외우고 공부한 세대라 일단 해괴한(?) 용어가 없어서 거부감이 덜했습니다. 또, '무작정 외워' 이게 아니라 '이러이러하니까 이렇게 써야 하는 거야' 하고 옆에서 과외 선생님처럼 이해를 시키는 책이라서 지금 한창 영어 공부에 재미를 들이는 초등학생 제 아이에게 첫 문법책으로 권해야겠다고 생각한 책이기도 합니다. 인생에서 처음 접하는 문법책이 얼마나 중요한지 다들 아시잖아요. 그런 초등생이 볼 첫 문법책으로 이 책을 생각했다면 이 책이 얼마나 괜찮은지 감이 오시나요?

앞서 언급했지만, 저자와는 짧지만 한 회사에서 같이 근무한 적이 있었습니다. 사실, 부서가 달라서 저는 어렴풋하게 이름만 가물가물 떠올랐는데 저자가 제 이름을 듣고 10년 전 저의 모습을 바로 기억하는 걸 보고 깜짝 놀랐습니다. 어쨌든 좋은 모습으로 얘기해 주셔서 다행이었고요, 사람 인연이라는 게 어찌 될지 모르는 것이니, 다른 이들 마음에 대못 박지 않고 행동거지 바르게 하고 살아야겠구나 하는, 바른생활 청년 같은 다짐을 다시 한 번 하게 되는 계기가 되었습니다.

아무쪼록 이 책을 공부하시는 여러분의 승승장구를 기원합니다.

김 현